"十四五"普通高等教育本科部委级规划教材
线上线下混合一流课程"创业营销：创业新手指南"教材
首届全国教学创新比赛（国赛）一等奖

创业营销

前沿、实训与微课

编　著◎姚　飞

中国纺织出版社有限公司

内 容 提 要

数字化时代，营销环境变化之快超乎想象，但不少人对营销的认知还非常传统。传统营销适合稳定、可预测的环境。创业营销适合复杂多变的环境。虽然二者采用的理论框架基本相同，但后者的具体内涵和方式迥异。本书整合创业营销理论前沿和作者最新探索，体现思政性、系统性和实用性，着力为有志于成为伟大创业者或卓越管理者的中国大学生升级营销认知提供实际指导。本书可作为创业营销相关课程教材或参考读物，也可作为MBA学生和营销培训的专门教材。本书目的是改变学生营销认知并提高创业营销实践能力。通过案例实训，培养学生创业营销思维并提高学以致用的能力，启迪学生创业营销智慧。

图书在版编目（CIP）数据

创业营销：前沿、实训与微课 / 姚飞编著. --北京：中国纺织出版社有限公司，2022. 3

"十四五"普通高等教育本科部委级规划教材

ISBN 978-7-5180-9345-8

Ⅰ. ①创… Ⅱ. ①姚… Ⅲ. ①企业管理—市场营销学—高等学校—教材 Ⅳ. ①F274

中国版本图书馆CIP数据核字（2022）第026426号

策划编辑：史 岩　　责任编辑：段子君
责任校对：楼旭红　　责任印制：储志伟

中国纺织出版社有限公司出版发行
地址：北京市朝阳区百子湾东里A407号楼　邮政编码：100124
销售电话：010—67004422　传真：010—87155801
http: //www.c-textilep.com
中国纺织出版社天猫旗舰店
官方微博 http: //weibo.com/2119887771
三河市宏盛印务有限公司印刷　各地新华书店经销
2022年3月第1版第1次印刷
开本：787×1092　1/16　印张：15
字数：334千字　定价：48.00元

高等院校“十四五”部委级规划教材

前 言

不确定时代升级营销认知的前沿读物

本书整合了创业营销理论前沿和作者最新探索，体现了思政性、系统性和实用性，着力为有志于成为伟大创业者或卓越营销者的中国大学生提供实际指导，可作为《创业营销》和《创业管理》两门慕课的教材或参考读物，也可作为 MBA 学生和营销培训的专门教材。

数字化时代，营销环境变化之快超乎想象，但很多人对营销的认知还非常传统。传统营销适合稳定、可预测的环境；创业营销适合复杂多变的环境。虽然二者采用的理论框架基本相同，但后者的具体内涵和方式迥异。例如，传统营销的市场定位是针对大众市场的稳定状态，而创业营销是针对小众市场的动态定位；传统产品开发追求尽善尽美，创业产品开发讲究不断迭代；传统渠道主要是线下渠道，创业渠道通常是线上线下全渠道；传统促销主要借助大众媒体，创业促销必须借力社交媒体。

其实，在不确定时代，创业营销适合任何企业，它是中小企业突破生存或融资困局的秘密武器，也是大企业避免烧钱式营销、保持营销创新活力和持续竞争优势的制胜法宝。从以制造企业（如海尔、格力等）为主的传统营销到以 BAT（百度、阿里巴巴和腾讯）为主的网络营销；从个人电脑端网络营销到智能手机端移动营销；从社交媒体营销到短视频营销、直播带货，这些都见证着创业营销实践的奇迹，呼唤着创业营销理论的升华和认知的升级。

讲好中国故事并真正落实案例教学的教科书

创业营销的案例浩如烟海，尤其近年来，随着中国经济迅速崛起，中国企业进入了创业营销群星灿烂的新时代。本书精选中外典型案例，突出了华为、海尔等中国创业典型案例，弘扬其创业精神及榜样作用，旨在立德树人，增强大学生“青年创业，中国强”的信念。在各章节中融入课程思政元素，将理论话语转化为教材话语，特别强调创新思维和中华民族诚信的传统美德在创业营销中的作用，润物无声，让教材有根、有魂、有效。

着眼于提高课堂教学效果，本书为教师的“教”与学生的“学”提供简明的理论要点，并解读了案例教学的具体操作步骤。在教师的指引下，学生可以像“解剖小麻雀”一样研究案例，潜移默化，不断增强新时代下的制度与文化自信，最终深悟创业营销之道。

总之，本书整合创业营销理论前沿和作者最新探索，体现思政性、系统性和实用性，希望大学生通过本书学习能在心中埋下了一颗“诚信创业、活力创新”的火种，有朝一日产生燎原之势！

本书体例与内容框架

根据创业营销过程，本书将内容分为四个模块，共包含 12 章：

- 模块 1　感悟创业营销的精髓（第 1 ～ 2 章）
- 模块 2　把握创业营销机会（第 3 ～ 6 章）
- 模块 3　设计创业营销方案（第 7 ～ 10 章）
- 模块 4　可持续创业营销（第 11 ～ 12 章）

每一章以引例、穿插案例、案例实训和微课观看为主线，这样可避免案例教学与理论学习脱节的问题，真正提高学生创业营销实际能力。在每一章的最后，笔者还设置了微课观看环节，目的是对每章内容进行提炼和升华。这样不仅方便学生随时随地进行高效学习，而且可节省任课老师备课时间并极大地减轻备课压力。

姚飞

2021 年 12 月于天津

教学建议

教学目的

本教材目的是改变学生创业营销认知并提高创业营销实践能力。通过中国创业典型案例实训，培养学生文化自信、创新思维和学以致用的能力。通过融入营销道德等思政元素，培育诚信创业的素养。通过微课讲解，启迪学生创业营销智慧。

课时安排建议

知识单元	理论要点	案例实训	微课观看	课时安排
第 1 章　不确定时代的创业营销	不确定时代任何企业都需要创业营销；创业营销的内涵；创业营销与传统营销的比较	史玉柱如何把握创业营销的精髓	创业营销的本质是什么	2.5h
第 2 章　步步为营创业营销的过程	步步为营创业的三大步骤；步步为营创业营销的切入点和基本原理、方式、优劣势及过程	华为公司步步为营的创业营销之路	没钱怎么步步为营开发市场	2.5h
第 3 章　洞察消费者需求	满足、创造消费者需求的要素及方法；创业调研的方式及方法	宜家在创业过程中如何洞察消费者需求	创业调研的4大陷阱	2.5h
第 4 章　把握创业营销机会	创业营销环境类型及分析方法；创业营销机会影响因素及来源	康师傅公司是否进入方便米饭市场	搜寻创业营销机会的诀窍有哪些	2.5h
第 5 章　创业 STP 战略	创业市场细分、创业目标市场选择、创业市场定位的方法及决策	小红书如何找准潜在用户与市场	创业营销者如何细分市场	2.5h
第 6 章　打磨商业模式	商业模式的内涵、逻辑、关键要素与环节；成功商业模式的主要特征与发展趋势	戈德公司为什么会创业失败	如何设计市场导向的商业模式	2.5h
第 7 章　创业产品决策	选准初创产品方向、产生产品创意、开发最小化可行产品、产品线和产品组合决策的方法	云南白药二次创业的产品决策	创业者如何提高新产品开发成功率	2.5h

续表

知识单元	理论要点	案例实训	微课观看	课时安排
第 8 章　创业价格决策	创业定价的魔力、考虑因素及方法	格兰仕的创业定价决策	创业产品如何提高性价比	2.5h
第 9 章　创业渠道决策	传统渠道结构、功能及流程；创业渠道设计与管理；中国创业渠道发展的阶段与趋势	格力董明珠的渠道创业	创业公司如何设计渠道	2.5h
第 10 章　创业促销决策	创业者的亲自推销、建设创业型销售队伍并开展创业销售工作；创业广告策略；创业促销组合决策	爱多创业：成也广告，败也广告	如何进行创业促销组合决策	2.5h
第 11 章　创业营销道德	评价创业营销道德的理论；创业营销活动中的道德失范问题及其影响；开明营销；灰色营销	临床药的灰色营销：一位医药公司营销总监的自白	创业者如何应对营销道德困境	2.5h
第 12 章　创业品牌管理	品牌的本质、价值及创业品牌建设的六个步骤	加多宝品牌建设的难题	创业公司有必要为品牌而战吗	2.5h

注：课时总计 30h，可根据不同学生（本科生、MBA、创业者和管理者）的实际情况进行调整。

目 录

模块 1　感悟创业营销的精髓

模块 2 把握创业营销机会

模块 3　设计创业营销方案

模块 4　可持续创业营销

模块1 感悟创业营销的精髓

认识不确定性时代的创业营销，可增强学习本课程的动力；透彻理解创业营销的过程，可形成学习本课程的理论框架。本模块分为两章：

- ■ 第 1 章　不确定时代的创业营销
- ■ 第 2 章　步步为营创业营销的过程

第1章　不确定时代的创业营销

创业公司成功或失败的原因通常是市场而非技术。

——沃顿商学院 Leonard.M.Lodish

要取得创业成功，找市长不如找市场。

——佚名

【学习目标】

1. 认识不确定时代创业营销的必要性；
2. 理解创业营销的内涵；
3. 比较传统营销与创业营销的区别。

【引例】

字节跳动张一鸣的创业营销

作为中国科技互联网巨头之一，字节跳动曾是全球估值（750 亿美元）最高的创业公司。其创始人张一鸣 2001 年进入南开大学学习，大学期间专注于做三件事：一是常热心地帮助同学修计算机，成了技术圈里的网红；二是不停地编写代码，这培养了他极具耐心的性格；三是不停地阅读各类书籍。

张一鸣善于学习，并且有强烈的目标导向，试图将所有行为精确掌握在可控范围内。但他不能控制的是他大学毕业后跌宕起伏的求职创业历程。2006 年，张一鸣进入旅游搜索网站酷讯，用两年的时间，从一个普通程序员成长为高管。2008 年，为积累大企业管理经验，他跳槽微软；因受不了大企业沉闷压抑的气氛，很快转身离开。2008 年 9 月，福建老乡王兴（现美团 CEO）找到他，一起创立饭否，其间他经常与用户沟通，所以学会了了解用户需求。

2012 年，张一鸣创立字节跳动，连续开发了“内涵段子”等几十款内容社区类 App。紧接着推出今日头条，智能地为用户推荐个性化信息。2016 年，字节跳动又推出了抖音短视频 App，随后收购北美音乐短视频社交平台 musical.ly，并以 TikTok 品牌（抖音短视频国际版）进军国际市场，迅速在越南、日本、泰国、菲律宾、马来西亚、柬埔寨等国家都处于市场领先地位，并在印度、美国市场迅猛增长。

2020 年 7 月，印度政府宣布禁用 TikTok；8 月，迫于美国政府的压力，字节跳动同意剥离并极有可能全部出售 TikTok 美国业务；11 月，字节跳动要求美国法院干预 TikTok 强制出售事宜。2021 年 2 月，《华尔街日报》报道，美国政府强行将短视频平台 TikTok 美国业务出售给沃尔玛和甲骨文的交易，已被无限期搁置。

（资料来源：作者整理）

思考：

1. 你认为张一鸣将自己的创业营销活动精确掌握在可控范围内了吗？

2. 假如你是张一鸣，如何掌控动荡不确定的国际创业营销环境？

1.1　不确定时代任何企业都需要创业营销

1.1.1　全球企业进入创业营销时代

当今世界，大环境在变、行业在变、政策在变、竞争加剧、垂直加深。不管是大企业还是中小企业，都时刻面对数字经济的冲击和多变营销环境的困扰，固守传统营销观念意味着营销思维落后和决策缓慢，决策慢就有可能错失先机，一步慢、步步慢，最终陷入被市场淘汰的危险境地。正如亚马逊创始人兼 CEO 贝佐斯（Jeff Bezos）在致股东信中所说："不要让外界把你变成 Day 2 公司，快速决策以及从客户产出考虑问题是避免企业陷入停滞的关键。"

营销者必须看清大势。在宏观上，数字经济是当前驱动全球经济增长的核心动力和新蓝海。据新华网报道，在第十九届中央政治局的集体学习中，有三次主题是关于大数据、人工智能和区块链等数字经济的。特别是新冠疫情的出现和新基建（包括 5G 基站、特高压、城际高铁和城市轻轨、电动汽车充电桩、大数据中心、人工智能、工业互联网等）国家战略的快速启动，更使中国各个行业数字化转型加速，与美国的数字化差距迅速缩小，在某些领域甚至反超美国。在微观上，数字化平台不断创造奇迹，比如 2020 年天猫"双十一"成交额超过 4982 亿元；中国消费者走到世界各地，感到最自豪的是中国移动支付弯道超车；新的大规模数字化应用场景（如健康码、远程办公、在线教育、直播带货等）也不断涌现。

在数字化时代，营销者应深刻认识到，变是唯一不变的企业营销法则。对大企业来讲，表面看赢者通吃，但实质上有拆分甚至坍塌风险。比如，一些大型数字化平台会陷入垄断与反垄断的旋涡。对中小企业来讲，虽在夹缝中求生，但有一线天，因为数字化赋能每一个人和企业。正像日本软银公司董事长孙正义所讲："要么数字化，要么灭亡。"遗憾的是，数字化之于许多人和企业，并不是主动进行的，而是走投无路被逼进行的。

与此同时，多种因素加剧了中国企业营销环境的不确定性。从中美合作共赢到中美贸易战、科技脱钩；从金融躺着盈利到推动金融业向实体经济让利；从单循环到构建以国内大循环为主体、国际国内双循环相互促进的新发展格局，这些历程和环境变化都正在促使中国企业的营销进入一个不确定的新时代。

不确定时代呼唤中国企业营销必须主动快速转型，顺势而为。从以制造企业（如海尔、格力等）为主的传统营销到以BAT（百度、阿里巴巴和腾讯）为主的网络营销；从个人电脑端网络营销到智能手机端移动营销；从社交媒体营销到短视频营销、直播带货，这些都见证着中国企业营销变革的伟绩。一些大企业用平台化营销思维，通过扶植中小制造企业和小微商业企业，提供高性价比商品和服务，将创业营销进行到底，为无数经常被忽略、不受“正规金融”待见的客户群体提供便捷及附加服务，创造“新零售”的奇迹。一些创业企业（如小米），确信“市场上所有产品都存在进步空间和创新机会”，这也是一种创业营销思维，更是技术和产品创新不竭的源泉。因此，抓住了互联网提供的制造业创业营销机会，阐释了“新制造”化平凡为神奇的速度和力量。

总之，随着市场环境越发不确定，企业的营销职能日益走向创业化趋势。在这种大势下，不少学者开始探索将市场导向与创业导向进行融合的可能性，使企业能够适应各种动荡复杂的环境。引例中的字节跳动公司所面临的营销困境具有典型性，是当前和未来较长时期内全球动态多变环境下许多企业（包括中小企业和大企业）营销活动的常态。

1.1.2 中小企业营销活动本身具有创业性

面对复杂多变的生存环境和大企业的激烈竞争，中小企业必须以变应变，才能抓住稍纵即逝的市场机会，获得一线生机。中小企业规模相对较小，尚缺乏强大的实力来做营销，但这并不代表他们就无法成功开展营销活动。其实，营销就像打仗，如果把大企业比喻成正规军，那中小企业就是游击队。正规军和游击队各有各的打法。但游击队若用正规军的打法和正规军作战，无异于以卵击石。因此，中小企业经常采用游击式营销，预算“以小搏大”，发挥灵活机动优势，不断尝试各种奇招异式，吸引消费者目光，不用花巨额营销费用便可获得潜在客户。简言之，中小企业营销活动本身具有创业性，具体来讲，呈现以下几个特点：

（1）营销手段灵活多变

中小企业所需的资金和技术条件较低，投入少、见效快，可选择的经营项目较多，因此进入市场比较容易，营销手段灵活多样。同时，中小企业可根据市场变化快速地调整产品结构、改变经营方向，迅速转产转行，从而较快地适应市场需求。

（2）新产品开发出其不意

中小企业大多主攻一门专业技术，善搞小而特、小而专、小而优。这是中小企业赖以生存和发展的诀窍之一。中小企业总是利用反应快、应变能力强的优势，出其不意地推出新产品，去占领新市场、赢得消费者。

（3）产品更新换代快

中小企业十分重视技术创新，善于运用新技术、新工艺、新材料，促进产品的更新换代。我国大部分技术专利是由中小企业开发研制并注册的。中小企业通常是技术革新的重要力量，是技术创新的尖兵。

（4）营销费用较低

中小企业通常就地加工、就地销售，这不仅可以缓解交通运输的紧张状况，还可以节省运费、推销费和售后服务费。不但降低了产品营销费用，而且易于和消费者建立互信关系。

（5）生存式营销

有研究表明，我国中小企业活过 10 年的占总数不过 7%，优秀的企业家更是不到 3%，最终能长期生存、获得发展的更少。中小企业的营销活动多靠创业者及其团队的经验或直觉，很少进行科学的调研，显得不系统、不规范，这样虽然可发挥决策速度快的核心优势，但同时会加大生存的风险。

1.1.3　大企业营销亟须向创业营销转型

与中小企业相比，大企业虽然生存压力小、实力雄厚、资源丰富，营销管理制度往往较为规范、系统，但大企业的营销也存在投入过大、风险过高的问题。具体来讲，大企业营销具有以下两个突出特点，亟须通过向创业营销转型，才能适应或改变当前复杂多变的营销环境。

（1）营销工作专业分工细，但决策慢

大企业营销通常分为市场和销售工作，市场工作涉及市场调研、产品促销和品牌推广，还经常与媒体机构、调研公司、广告公司、会展公司、印刷公司打交道，具体工作小到印制调查问卷、宣传单页，大到参加制定营销战略、发动大规模的市场推广活动。销售工作主要涉及客户开发、成交管理、客情维护等。大企业营销人员多，每个人做的工作只是营销工作的一小部分。中小企业一人做的事，大企业可能要 3 ～ 5 人才能做，且大企业营销流程涉及预算、执行和控制等诸多环节，所以决策速度往往较慢。

（2）易于进行烧钱式营销，见效快但风险大

大企业因营销预算高，容易出现烧钱式营销，突出表现在两个方面：

①广告（以电视、报纸、大型户外广告为主）投入巨大，但广告效果不理想。在广告界，流传着这样一句话："我知道我的广告费有一半是被浪费的，但我不知道究竟是哪一半。"中国改革开放以来，不少企业"成也广告，败也广告"，不少大企业因发动广告战而倒闭。

②密集性分销，花费巨大。大企业为进入大型商超卖场，在返利、回扣、进场费、物料包装、促销人员等方面往往会投入巨额费用，企业最后赚取的利润寥寥无几。这种通过

分销渠道而进行的烧钱式营销在一些没有品牌积累的大企业中非常普遍，通常风险巨大。

（3）容易过度营销，造成市场垄断

大企业为了自身利益最大化，容易采取过度营销战略，造成市场垄断，损害社会福利，为此，大企业必须保持高度警惕，否则会遭到政府的严惩。例如近年来，谷歌、苹果、Facebook、亚马逊四大科技巨头在全球范围内深陷反垄断调查，美国政府对科技大公司涉嫌垄断的明确“定性”逐渐占据上风。在中国互联网行业的搜索引擎、即时通讯和互联网安全领域，也出现了集中度较高的典型代表企业，分别是百度、腾讯和奇虎360。这些企业集中了用户、资本、技术等资源，不断加大在人才、技术、营销上的投入，发展成为行业巨头，市场垄断地位明显。2020年以来，国家开始对互联网行业加大监管力度，修订《反垄断法》，明确将互联网经营者纳入监管范围，制定《关于平台经济领域的反垄断指南》，明确要加大对平台经济领域所有市场主体的反垄断调查，着力解决VIE架构[1]、二选一[2]、大数据杀熟[3]等过度营销问题。

1.1.4 创业营销适合任何企业

从实践上看，创业营销常与有资源限制的中小企业或创业者的营销活动相关。大部分中小企业通常资源稀缺、资金有限、营销费用预算少，在这种情况下，创业营销者必须采取特殊方式，接触潜在客户并了解他们的需求。正像一位创业家所说，如果他剩1美元要花在公司上，那就用于营销。也就是说，没有什么比吸引顾客、创建业绩更重要的了。创业营销的价值在于在资源有限的情况下，建立有效顾客关系，从而帮助企业获得客户，突破创业生存或融资困境。例如，腾讯公司创业初期没有任何收入，融资的唯一理由就是“百万级的用户”，也就是说，客户是马化腾当年创业成功最重要的初始资本。

事实上，不少中小企业正是依靠创业营销获得生存和快速发展的机会。以三只松鼠公司为例，作为一家坚果类产品B2C销售企业，在2012年成立之初，便面临线下渠道竞争非常激烈的干果市场，它集中线上渠道进行创业营销，2016年“双十一购物节”销售额处于天猫全品类第7名。目前，该公司已经成功跻身于全国坚果类零售领导品牌之列。三只松鼠的成功体现了其对消费者心理变化的准确把握，能够持续满足顾客需求并创造新的顾客价值，以应对零食消费市场的新变化。这些都体现出该企业创业营销的实际技巧。

---

❶ “VIE架构”，即可变利益实体(Variable Interest Entities)，也称为“协议控制”，即不通过股权控制实际运营公司而通过签订各种协议的方式实现对实际运营公司的控制及财务的合并。

❷ “二选一”是指平台利用优势地位和经营者对其的依赖性，采取不正当手段强迫经营者在平台间进行唯一选择。例如某电商平台为了垄断市场，要求商家只能在本平台经营，否则不再合作或对其进行打击。“二选一”是滥用市场支配地位的表现，降低了社会效益，损害消费者权益。”

❸ “所谓“大数据杀熟”是指互联网厂商利用自己所拥有的用户数据，对老用户实行价格歧视的行为。也就是说：同一件商品或者同一项服务，互联网厂商显示给老用户的价格要高于新用户，并依此获得利润最大化。

一些大企业也依靠创业营销不断地进行产品或市场创新，如苹果、谷歌、腾讯、华为等中外高增长或高科技企业，这些企业会把公司拆分成不同的事业部或业务单元，使“大公司变小”，创业营销已成为这些企业保持营销活力、竞争优势与可持续发展的关键动力。相反，也有一些昔日辉煌的大企业如柯达胶卷、诺基亚，因不能主动进行创业营销而错失产品或市场创新的机会，导致惨遭市场淘汰的厄运。案例 1.1 描述了胶卷“霸王”柯达破产的过程。

案例1.1　胶卷“霸王”柯达破产的过程

1883 年，柯达公司创始人伊士曼发明了胶卷，摄影从此不再是空中楼阁，遥不可及。大概也就是从这时候开始，柯达公司逐步确立了胶卷帝国的统治地位。到 1930 年，柯达公司成功占据了世界摄影器材行业 75% 的市场份额，获取高达 90% 的行业利润。1935 年发明的柯达克罗姆胶卷，标志着全球第一款商用胶卷诞生。从胶卷到相机，柯达的产品畅销全球，并在接下来的几十年里，柯达胶卷如日中天，但在 2012 年轰然倒塌。

柯达的成功源自其在全球胶卷市场的领先优势和强有力的品牌竞争力。从 20 世纪 50 年代起，富士、樱花、爱克发等品牌就纷纷崛起，不断向柯达发起猛烈的进攻。面对这些进攻，柯达通过传统的产品、价格、渠道和促销 4P 组合进行反攻，使得霸主宝座不致被人夺走。

柯达胶卷最大的冲击者非数码相机莫属。而比较有戏剧性的是，最早的数码相机就是诞生在柯达的应用电子研究中心。1975 年，该中心工程师史蒂芬•沙森发明了第一台数码相机，即使成像粗糙，亦足以彻底颠覆传统摄影的物理本质。然而摆在柯达公司面前的，是选择继续开发数码相机还是永久雪藏。遗憾的是，柯达决策层为了不让柯达胶卷遭到冲击，最终选择了后者。

然而，这并不是柯达胶卷衰落的最大原因。即使在千禧年前，柯达重启数码技术的时机仍不算迟。如果加大投入力度，加快数码研究和营销步伐，柯达仍有可能保持住龙头地位。可悲的是，决策层仍然守着柯达胶卷不放，数码转型决策缓慢，营销乏力。柯达公司在数码技术上逐步被超越，而消费者也追随着新技术抛弃柯达胶卷。此后，柯达经历了几乎所有企业破产的路径——卖专利再到卖自己。2012 年 1 月 19 日，柯达公司正式发起破产保护。

2013 年 9 月，柯达公司完成破产重组，把战略重心转至 B2B，业务涉及 3D 印刷、包装和相关服务产业，保留部分柯达胶卷业务。2017 年 5 月，柯达智能手机正式在美国开售。截至 2020 年年底，根据柯达中英文官网，柯达仍在聚焦印刷行业，开展高科技影像业务。柯达能否实现逆转有待进一步观察。

（资料来源：作者整理）

在学术领域,"创业营销"(Entrepreneurial Marketing)一词糅合"创业学"与"营销学"于一体，其使用不局限于创业者和中小企业。大企业在面临动荡复杂的市场环境时，会发现传统的营销模式需要进行蜕变，其内部的经营战略(不单是营销战略)通常都要转换为创业导向的战略。在这一视角之下，创业导向的营销通常也被称为创业营销。

在充满变化、复杂、混乱、矛盾、危机与资源稀缺的市场条件下，大多数企业面临顾客需求多变、竞争激烈、技术革新、数字化转型等多重挑战，必须重新思考营销战略，采取创新手段，识别新的市场机会，创造新的顾客价值，进而实现企业的可持续发展。因此，创业营销是不确定时代所有企业的明智选择。

1.2 创业营销的内涵

1.2.1 创业营销的概念

关于创业营销的概念，有三种观点：第一种观点认为，创业营销就是创业者所进行的营销。为了减少营销投入，创业者常常以创新型、非常规的营销战术和个人网络进行各种营销活动。因此，创业营销就是对未经计划的、非线性的、理想化的创业企业营销活动所进行的理论总结。第二种观点认为，创业营销就是中小企业的营销。第三种观点与斯坦福大学、哈佛大学等西方主流高校所开设的创业营销课程相关，认为创业营销主要是指高科技企业机会驱动、高增长、高风险的市场营销活动。

综上所述，结合美国营销协会(AMA)和相关学者的研究，创业营销可定义为：是企业为突破资源束缚，通过创新、风险承担和超前行动，主动识别、评价和利用机会，以获取可保留的有价值客户的组织职能或过程。

根据此定义，创业营销适用于中小企业，也适用于大企业。只要是营销者不受当前资源限制、基于机会视角主动寻求新策略并为目标客户创造价值的活动都属于创业营销的范畴。需要说明的是，本书一些地方以创业者视角叙述，只是出于行文方便的考虑，并不代表相关内容只适合创业企业。

1.2.2 创业营销构成要素

创业营销包含先发制人、执着于机会、亲近顾客、关注创新、风险评估、资源整合和价值创造七个构成要素。

(1)先发制人

创业营销认为企业面临的外部环境是不确定的，因此，企业不能只是被动地响应或适应。传统营销是通过评估现有环境、预测环境、改变营销组合来创造价值，而创业营销要求引领市场，重新定义产业实践，创新市场定位或动态调整定位，快速开发恰当的营销方法，先发制人地关注顾客的差异性需求，有目标地采取行动，从而影响环境。为主动抓住机会，创业营销者应通过降低不确定性、减少企业对环境的依赖来重新定义环境，把营销变量用作创造变化和适应变化的手段。

（2）执着于机会

机会代表了未被注意但可带来持续利润的市场，创业营销者既要主动探索和发现机会，增强营销活动的创业性，又要重视对现有资源的有效利用，加强对营销活动的有效管理，这样才能创造市场。对机会的认知和寻求是创新的基本面，也是创业营销的核心维度。环境分析有助于管理者看清发展趋势，但要想识别出被忽视或不完善的市场，则需要创业营销者具备带有创新性质的洞察力，通过拓展视野、增加机敏来发现市场机会。

（3）亲近顾客

创业营销活动不是单纯的理性决策，而是融合了信念、激情、热忱和信仰，反映企业对目标和信念的深层感知，依靠直觉、辨别力和洞察力不断发展与顾客的亲密关系。创业营销注重亲近顾客包括两层含义：一是通过亲近顾客，可了解不断变化的客户情况，创造动态的客户需求，从而将营销活动与顾客资产、内在关系和情感维系关联起来，通过评估顾客终身价值和顾客资产来指导企业制定客户投资和客户定制等方面的决策。二是通过亲近顾客，可与企业的主要客户建立共生关系，从而通过建立新关系或利用现有关系来开创新市场。

（4）关注创新

树立创新思想是创业营销重要的哲学观，关注创新需要不断重新定义产品和市场环境，组建创新团队，创造性地开发新产品和服务。在创业营销过程中，创新往往持续发生，它涉及细分市场、定价、品牌管理、包装、客户沟通与关系管理、信用、物流及服务水平等方面的持续创新。这种持续创新就是在内外环境的作用下产生新创意，进而转化为新产品、新服务、新流程、新技术或新市场的所有活动。在这个过程中，创业营销者应通过资源整合，管理创新组合，识别机会、产生创意并提供技术支持，最终帮助企业实现创新型增长甚至逆势增长。

（5）风险评估

在企业创业或营销过程中，无论是资源分配过程，还是产品、服务或市场选择过程，都存在着风险，一方面，需要采取一定措施识别风险因素，减少或分散风险，从而不断减少环境的不确定性；另一方面，要进行灵活的资源管理，如与其他企业合作开发项目、创新市场测试、分阶段推出产品、联合主要客户建立战略联盟、外包关键营销活动、提供资源支持并与绩效挂钩等来管理风险。

（6）资源整合

资源整合是指以最少的投入获得最大的产出。创业营销不受当前资源的限制，通过各种途径实现对资源的利用，包括将过去的资源延伸利用、挖掘被他人忽视的资源用途、利用他人或其他企业的资源、资源重新组合、资源交换等。所以，创业营销者应具备创造性的资源利用能力，能够识别出未被最佳利用的资源，并以非常规的方式使用，如易货贸易、借款、出租、租赁、分享、回收利用、订约和外包等活动。

（7）价值创造

价值创造是实现交易和建立关系的前提，创业营销聚焦于创新型的价值创造，其任务是发现未经开发的客户价值，建立独一无二的资源组合，最终实现价值创造。在动态发展的市场中，价值不断被重新定义，这就要求创业营销者必须以不同于其他竞争对手的眼光理解顾客的需求，创建基于价值的顾客关系，利用每个营销组合元素，不断开发出新的顾客价值来源。

需要说明的是，企业可对创业营销的全部或部分要素进行组合，要素的数量和程度体现创业营销的强度。在企业发展的不同阶段，创业营销的强度会有所不同。在一个企业中，如果创业营销的七个要素都不具备，那么这个企业的营销就缺乏创业性。其实，七个要素并非完全独立。比如，以外包形式利用资源可减少风险；以战略伙伴形式利用资源，可促进创新，但增加了对合作伙伴的依赖，会增加营销风险。企业可通实施多样化的创业营销活动，为公司创造持续的竞争优势。

在当前高度不确定的市场环境下，国内市场竞争激烈，国际市场群狼环伺，不管企业规模大小，处于何种发展阶段，创业营销所强调的先发制人、执着于机会、亲近顾客、关注创新、风险评估、资源整合和价值创造等要素都至关重要。这些要素能促进企业更好地适应动态复杂的市场环境，迅速精准地识别和创造市场机会，从而获取和保留有价值的顾客。如本章引例中的字节跳动公司，目前就处于内忧外患的市场境地，必须创造性地组合创业营销的各种要素，才能顽强生存并持续发展。因此，通过创业营销提高长期营销绩效是任何企业必须动态关注的现实问题。案例 1.2 描述了哈雷－戴维森公司创业营销成功的七个要素。

案例1.2　哈雷-戴维森：创业营销者的典范

哈雷－戴维森是全球知名摩托车和自行车品牌，始创于 1903 年，2005 年正式进入中国市场，2008 年在上海设立亚洲代表处。该公司不是简单地通过产品、价格、渠道、促销策略来影响消费者，而是通过重新定义行业及其标准，特立独行，系统实践创业营销的七要素。

主动出击。以“成为首选”为经营哲学，对摩托车行业进行根本性变革，让消费者感到拥有一辆哈雷摩托车是生活的一种梦想，并逐渐演变成一种生活方式，进而成为美国文化的一部分。哈雷品牌象征着自由、粗犷的个人主义，象征着激情与叛逆，它能引领美国甚至全球的消费潮流。

持续创新。哈雷定期推出新车型，个性化定制车型，在线提供维修与服务建议，并为客户创建在线愿望清单。这样既增加了客户的期待，又能不断收集新需求，促进新创意的产生。

风险管理。类似戴尔模式和即时管理模式，哈雷不故步自封且善于利用他人资源。例如采取订单式生产，顾客的首付款用于购买原材料或为他人融资贷款。

资源整合。哈雷利用非传统手段保持产品的高质量和低成本，如让客户和员工做营销，保证营销部门的小规模；利用旗下的一些品牌探索和开发新市场。

亲近顾客。哈雷注重与客户保持良好的情感关系，客户社区（如车主会）规模不断壮大；在政策上规定 CEO 和高层经理必须骑摩托车参加各项事宜："你需要边骑车边决策"，这增加了层级间面对面接触的机会，方便决策者随时随地进行营销调研。

机会利用。将哈雷定位为人们生活的主要装饰品，业务扩展至商品零售、骑车培训、财务建议等多个领域，商品种类涵盖男装、女装、中装及其附属品、家具收藏品、玩具和游戏等。

价值创造。哈雷对客户价值有着深刻的领悟，通过建立持久的顾客关系创造价值，产品设计和品牌形象深受不同顾客的喜爱，包括男人与女人、年轻人与老年人、富人与穷人。

（资料来源：米内特•辛德胡特，迈克尔•H. 莫瑞斯，莱特•F. 皮特 . 创业营销：创造未来的顾客 [M]. 金晓彤，等译 . 北京：机械工业出版社，2009）

当然，创业营销必须坚守商业文明和诚实守信的道德底线。面对激烈的商业竞争，企业需要宣传、需要吸引眼球、需要病毒式营销，这些都无可厚非。但企业不能为了营销成功不择手段，采取制假售假、虚假宣传、低俗营销等手段，误导消费者，扭曲其价值观，甚至破坏社会风气。这些不但会遭到政府相关部门的管控和重罚，而且从长远来，会使企业品牌建设遭受灭顶之灾。关于"创业营销道德"这一主题，请学习本书第 11 章。

1.3　创业营销与传统营销的比较

创业营销旨在为营销者提供更有针对性、更有效的营销新方法，它并不排斥传统营销的基本框架及手段。所以，创业营销与传统营销所采用的许多营销方法是相同的，很难用简单的二分法加以区分。为了突出创业营销的创新性和特殊性，这里对创业营销与传统营销进行对比，见表 1.1。

表1.1　创业营销与传统营销的区别

项目	传统营销	创业营销
对环境的反应	外部市场环境相对稳定，通过低程度的创新被动反应	外部市场环境很不确定，试图影响、重新定义或细分市场
对消费者的态度	针对现存市场，通过调研识别消费者需求	创造崭新市场，引导消费者，通过动态创新或逆向调研洞察消费需求
营销主角	聘请营销专业人士；品牌推广者	创业者及其核心创业团队；新品类的创立者
营销焦点	对营销组合进行有效管理	通过关系、联盟、资源整合和新产品、新价格、新渠道、新媒体为客户创造新的价值

续表

项目	传统营销	创业营销
对待风险	最小化营销活动风险	承担必要风险，强调减少、利用或分散风险
营销导向	是一门客观、中性的科学	激情、热忱、持久和创造力发挥主导作用
营销目标	目标市场明确，维持稳定发展	目标市场模糊，进行生存营销，促进高增长
资源利用	利用有形资源和匮乏的智力资源识别并满足现有用户需求	不受当前资源限制，创造性地使用智力、人脉等无形资源，以最小投入发现领先用户需求
营销心理	依靠经过验证的公式和确定的经验法则	挑战共同假设的心理学
营销职能	营销作为企业职能的起点	营销作为跨学科和跨职能的追求
市场开发	有研发部门和其他技术部门支持新产品、新服务的开发	营销是创新的主体；顾客是积极的共同创造者
客户角色	提供知识及反馈的外在资源	是企业营销过程的积极参与者，共同议定产品、价格、分销和传播策略
市场响应	市场驱动	驱动市场

资料来源：Hisrich，Robert D.，Eland Ramadani. Effective Entrepreneurial Management：Strategy，Planning，Risk Management and Organization. Springer International Publishing，2017：75－99.

需要强调的是，创业营销最重要的目标是要解决企业的生存及创新发展问题，帮助企业敏锐地捕捉到新的市场机会，并快速采取营销行动。例如，TCL 集团在创业初期进军彩电市场时，根本没有自己的彩电基地，他们倡导"先有市场，再有工厂"新模式，没有工厂找人代加工，大力筹建自己在全国的营销网络，在各地进行强有力的市场推广，奇迹般地在五年内跻身于中国彩电业三强之列，成为创业营销实践的典范。

进一步地，有学者提出市场驱动行为（Market-driven behavior）和驱动市场行为（Market-driving behavior）概念。前者是指在既定的市场中，为满足明确的需求而采取的吸引、服务客户并维系客户关系的营销行动。后者是指在不确定的市场中，重新定义市场需求，通过巩固与所有市场利益相关者（如客户、分销商、媒体等）的关系，采取新的营销行动。传统营销通常采用市场驱动方式，而创业营销通常采用驱动市场方式。表 1.2 总结了市场驱动和驱动市场两种方式的主要区别。

表1.2 市场驱动和驱动市场方式的主要区别

市场驱动方式	驱动市场方式
响应市场需求	创造新市场，建立新标准
增加创新数量	侧重突破性、革命性创新
强调品牌忠诚	重新定义新客户

续表

市场驱动方式	驱动市场方式
讲究品牌识别（名称、标志、标语）	讲究品牌体验（顾客参与）
从产品或服务中获益，强调产品功能	从可感知、被认可的体验中获益，强调对生活方式的影响
强调交易、关系和全面渠道合作	强调整体、社区、客户网络和深度合作
利用现有资源	建立联盟
领导市场	拥有市场
客户是提供知识与反馈的外在资源	客户是合作伙伴
定量分析市场	多种方法并用洞察市场

资料来源：米内特•辛德胡特，迈克尔•H. 莫瑞斯，莱特•F. 皮特 . 创业营销：创造未来的顾客 [M]. 金晓彤，等译 . 北京：机械工业出版社，2009.

传统营销采取市场驱动方式，目的是帮助企业适应相对稳定的市场环境，减小营销风险。当前和未来，面对复杂多变的全球市场环境，更多企业会克服各种文化与技术障碍，推动营销活动由市场驱动向驱动市场方式转型，通过引领或创造市场，快速把握稍纵即逝的市场机会，突破企业生存或持续增长的困境。例如，特斯拉汽车的崛起就是通过驱动市场的方式，抓住电动汽车市场的机会，并通过深耕汽车智能化，满足了 5G、物联网技术飞速发展的需要，打造出一系列“产品驱动市场”的标杆车型。

【本章小结】

中小企业经常采用游击式营销，预算“以小搏大”，创造性地获得潜在客户。而大企业营销分工细，但决策慢，易于采用烧钱式营销，以电视、报纸、大型户外广告来建立品牌知名度，以密集性分销来促进销售。

在充满变化、复杂、混乱、矛盾、危机及资源稀缺的市场条件下，创业营销适合任何企业，它是企业为突破资源束缚，通过创新、风险承担和超前行动，主动识别、评价和利用机会，以获取可保留的有价值客户的组织职能或过程。

创业营销包含先发制人、执着于机会、亲近顾客、关注创新、风险评估、资源整合和价值创造七个构成要素。企业必须创造性地组合创业营销的各种要素，才能提高生存能力和长期营销绩效，这是任何企业必须动态关注的现实问题。

创业营销与传统营销很难用简单的二分法加以区分，但二者在对环境的反应、对消费者的态度、营销主角、营销焦点、对待风险、营销导向、营销目标、资源利用、营销心理、营销职能、市场开发、客户角色、市场响应等方面有明显差异。

市场驱动和驱动市场方式存在明显区别，未来会有更多的企业由市场驱动向驱动市场方式转型，目的是抓住稍纵即逝的市场机会，突破企业创业或可持续增长的困境。

【关键术语】

游击式营销（guerrilla marketing）
中小企业营销（marketing for small and medium sized enterprises）
大企业营销（marketing for large enterprises）
烧钱式营销（money-burning marketing）
创业（entrepreneurship）
营销（marketing）
销售（sales）
密集性分销（intensive distribution）
传统营销（traditional marketing）
创业营销（entrepreneurial marketing）
创业营销构成要素（elements of entrepreneurial marketing）
先发制人（pre-emption）
执着于机会（commitment to opportunities）
亲近顾客（close to customers）
创新（innovation）
风险评估（risk assessment）
资源整合（resource integration）
价值创造（value creation）
市场驱动行为（Market-driven behavior）
驱动市场行为（Market-driving behavior）

【思考题】

1. 有人认为创业营销只适合中小企业，对吗？请简要说明理由。
2. 创业营销的构成要素有哪些？
3. 简述传统营销与创业营销的区别。

【案例实训】

项目1　理解创业营销的内涵

1.实训目的

（1）加深理解游击式营销与烧钱式营销差异；
（2）加深理解创业营销的构成要素；
（3）训练驱动市场的营销技能。

2.背景材料

案例1.3　史玉柱如何把握创业营销的精髓

机会的陷阱

1989年，史玉柱辞职下海在深圳创业，成立公司专门推销巨人汉卡。他利用报纸先打广告后收钱的时间差，用全部的4000元做了一个8400元的广告："M-6401，历史性的突破"。13天后，史玉柱即获15820元；1个月后，4000元广告已换来10万元的回报；4个月后，他成了一个年轻的百万富翁，"巨人"也诞生了。史玉柱第一次认识到广告的魅力，砸广告和人海战术的商业观，由此成型。

1995年2月10日，史玉柱下达了"三大战役"的"总动员令"，第一个星期就在全国砸了5000万元广告费，把整个中国都轰动了，风光无限。可后来一评估，知名度和关注度都有，但广告效果是零，因为当时还不知道要向消费者卖什么。这种盲动肆虐，是史玉柱走下坡路的起点。两年后巨人大厦坍塌。巨人破产，让史玉柱领悟到一个真理，那就是无论是政府还是媒体都帮不了你，只有客户才能真正帮助你。经营的方略只能来自对客户心智的求索过程，不能来自其他任何地方，一天不把客户琢磨透，就多一天的痛苦。正是这种隐忍与决心，让史玉柱奇迹般起死回生。

发现商业帝国的根据地

史玉柱曾说，十来年一直在吃那一次巨亏的老本，他把3000多家媒体的狂批乱轰、内部的一场场批判会，看成是自己得以东山再起的资本。他变得谦卑起来，知道那些成功的经验和教训往往会欺骗他，他必须清除成见，必须专注于现实，必须一刻接一刻地把握真实。

经过反思，他决定采取农村包围城市的战略：了解农民，了解农村市场。他更看重在全球化还没有被波及的地方建立根据地。巨人大厦的倾斜，让史玉柱看到了把事业建立在心思变化太快的城市人身上是多么大的风险。于是，他把重点放在了农村。

最早在江苏省江阴市推广的脑白金产品具有象征意义。起初还没有产品，史玉柱就带上策划，拿个很漂亮的包装盒去当地农村一户一户地推荐。村里年轻人都出去了，剩下的多是些老太太、大嫂大婶。史玉柱就拉个板凳坐下来跟她们拉家常。村里人很有戒心，无论史玉柱怎么说都打动不了他们。于是，他就换了一个说法，把脑白金的各项功能详细描述，人们听得津津有味。

史玉柱看到，即使平时这些不在乎饮食营养的群体，其实在深层意识中，对于强身健体和延年益寿有着特别强烈的追求。但让他们自己掏钱买，还是有障碍。他们不会把钱花在不是生活所必需的事情上，却期望能够收到这样的礼物。

终于，史玉柱心里有底了。他信心十足地对团队说："行，我们有救了。脑白金很快就能做到10个亿。”于是，“今年过节不收礼，收礼就收脑白金”的广告便诞生了。在人们的“傻冒”广告的骂声中，很快达到了他预期的目标，而且脑白金销售十年不衰。脑白金的收益，让史玉柱还上了巨人大厦的欠款，还拥有了投资民生银行和华夏银行的财力，投资银行又使他获得超过百亿元的市值，同时为他进入网游业提供了资金支持。

史玉柱的想法永远跟常人不同，他认为创业者都不是摇着鹅毛扇指派他人干活的主儿，什么对营生举足轻重他就干什么，绝不假手他人。他喜欢打破旧的模式，走别人认为行不通的路。脑白金起步至关重要的是营销策划，史玉柱当仁不让地走在最前边。

在起伏的商业江湖中浸泡，史玉柱对人性有了更为深刻的把握。早期公司有了点钱就开始闹矛盾，以至于史玉柱当众摔电脑说，“我从此再不搞股份制了！”他主张不给员工股份，愿意给员工高工资，高奖金。史玉柱的公司一个人说了算，再也没有内斗了。正是这种义无反顾的魄力，使得巨人从一开始就有了凝聚力很强的内核。

当年，巨人辉煌的时候，销售额一度达到5.6亿元，但烂账有3亿多元，由此导引出巨人大厦的资金链危机。残酷的现实，使得史玉柱体悟到商业必须时时刻刻保持危机意识。

脑白金起步时，史玉柱果断切断了营销团队与现金的联系。推广团队可以大力度去接触最终消费者，但是现金货物由经销商经手，不是他不信任自己的团队，而是人性的飘忽不定和贪婪无处不在。史玉柱愿意跟那些纯粹的商人交易，不愿意跟他的团队立章程。任何章程都有漏洞，为去除烦恼的根子，史玉柱恪守一个商人的本分，以无声的行动和见得到的利益带领团队所向披靡，核心成员在巨人破产时不离不弃。

人性至察，研发“征途”爆款产品

2004年10月，盛大公司的一批研发人员离职寻找投资。史玉柱连忙投入2000万元网罗这批人开发一款名为《征途》的游戏，他不但是投资人，还是一个研发的领军人物。对于他来说，没有经验是他从事所有创业的资本。他不需要经验，只需要把自己与繁华的世界隔离开来，专注于网游研发。他的方式很奇特，就是找玩家聊天，他坚持在游戏开发过程中与600个玩家聊天，每人至少2小时。按2小时计算，600个人，就是1200个小时。一天10个小时的话，也要聊120天。跟人聊天很容易，尤其是目的性不强的聊天，很可能是难得的消遣。可是真要抱定目标去与新新人类聊120天而不生厌，史玉柱怕是第一人了。

在聊天过程中，他一个一个地洞悉了网游的乐趣、激情、义愤、郁闷、心跳、欢畅、紧张、张狂、好奇、窃喜、嫉妒、悔恨、无奈、宣泄、控制、霸气、说一不二、倚剑昆仑、饮马天河等。这些复杂甚至对立的情绪，他先前还没有体验过，甚至连想象都不可能。给所有这些情绪一种载体，一种释放机制，正是《征途》最吸引人的地方。史玉柱这个40多岁的成熟男性，却平心静气地进入十几岁少年的情怀。对人性的这种把握和定力，是史玉柱主导的《征途》不同于任何一个网游的根本。

修炼市场感觉

2006 年 12 月，史玉柱被评为“中国互联网新锐人物”。而 2007 年 12 月史玉柱已经傲视群雄，处于网络游戏领头羊位置。他自己说，那是一种市场感觉，使他与众不同。

一般人做网游关注城市市场，而史玉柱关注农村和中小城市市场。他在全国设立了 1800 个推广办事处，一年之间将推广队伍扩充到 2000 人。2000 多人的推广队伍穿行于农村网吧。农村网吧土气，是容易被人忽视的角落，有商家上门免费送张贴画，网吧老板们乐呵呵地接过《征途》游戏海报，在网吧显眼处张贴。史玉柱还给这些农村网吧定期“包机”——将网吧内所有机器全部包下来只允许玩《征途》游戏。全国 5 万个网吧同时参加活动，一个月的费用上百万。农村网吧上座率低，包场当然是求之不得的天大好事。史玉柱还推出了网吧分享卖《征途》游戏卡 10% 的折扣，几大措施实施以后，一下子形成了星火燎原之势。

史玉柱打出了“给玩家发工资”的广告：只要玩家每月在线超过 120 小时，就有可能拿到价值 100 元的以虚拟货币方式发出的“全额工资”，且可通过与其他玩家交易而获得现金。史玉柱潜入价值链相关者的心智之中，不辞辛苦，不像大多数老板那样忙于去各种论坛和 EMBA 班学习，也不习惯于跟政府要员和名商大贾私密聚会，更没有和许多老板打高尔夫球的雅兴，他将大把时间用在了客服上，每天就是住房、汽车、办公室三点成一线的走动。

“我现在很闲，基本没什么事情。每天大概有 10 个小时，做客服，很喜欢做。”史玉柱说。他喜欢帮助游戏中的玩家解决碰到的问题，那也是《征途》能够一刻接一刻地更新的原动力。这种问题，老板冲在第一线，跟老板听汇报来决策，完全是不同的两回事。通过一天十几小时做客服，史玉柱真正掌握了业务的核心和客户的心智。

史玉柱的超越与隐忧

史玉柱对人性的认识，引发了空前的争议。《征途》游戏中传递的金钱至上与权力欲望膨胀的价值观，都是引发争议的焦点。中国游戏如果一直迎合人性中低劣的成分，势必为游戏产业带来重重阴影。那些沉迷于网游而耽误了功课的孩子，那些因为要置办高级配置铤而走险去偷去抢的少年，那些因孩子沉迷网游而忧伤失意的家长，会毫不犹豫地把罪恶归结到史玉柱身上。史玉柱缺乏一种对世人的悲悯之心与对人类福祉的关怀。

2008 年，巨人获得运动休闲游戏《运动王国》在中国大陆、香港、台湾和澳门的代理权。该游戏涉及网球、篮球、滑冰等各类运动的游戏，可能预示着史玉柱开始悄然转型：从迎合放大恶俗到开发人们的志趣。2016 年，史玉柱带领全公司研发高管聚焦精品手游研发。2017 年，向浙江大学捐资人民币 5000 万元。2019 年排名“福布斯中国富豪榜”第 258 位，财富值 102.5 亿元。

（资料来源：王育琨，史玉柱：抓住了商业本质 . 现代企业文化，2008（7）：22-27，有删减并增加最新内容）

3.实训任务

（1）你认为史玉柱的营销活动属于游击式营销还是烧钱式营销？

（2）你认为史玉柱抓住创业营销的本质了吗？如何坚守创业营销的道德底线？

（3）你认为史玉柱的营销活动属于市场驱动还是驱动市场行为？请加以分析。

4.实训步骤

（1）个人阅读

督促学生针对“实训任务”进行阅读，并在课前完成。针对中国学生的特点，课堂上老师或学生还需再花费 10 ～ 20 分钟对案例学习要点及相关背景进行简单的陈述。

（2）小组讨论与报告（20 ～ 30 分钟）

主要在课堂进行，围绕“实训任务”展开讨论，同时鼓励学生提出新的有价值的问题。要求每个小组将讨论要点或关键词按小组抄写在黑板上的指定位置并进行简要报告，便于课堂互动。小组所报告的内容尽可能是小组所达成共识的内容。

小组讨论与报告

小组名称或编号：________ 组长：________ 报告人：________ 记录人：________

小组成员：____

①小组讨论记录：

发言人1：____

发言人2：____

发言人3：____

发言人4：____

发言人5：____

发言人6：____

发言人7：____

发言人8：______________________________

②小组报告的要点或关键词（小组所达成共识的内容）：

任务1：______________________________

任务2：______________________________

任务3：______________________________

（3）师生互动（30～40分钟）

主要在课堂进行，老师针对学生的报告与问题进行互动，同时带领学生对关键知识点进行回顾。并追问学生还有哪些问题或困惑，激发学生学习兴趣，使学生自觉地在课后进一步查询相关资料并进行系统的回顾与总结。

（4）课后作业

根据课堂讨论，老师要求每位学生进一步回顾本节所学内容，形成正式的实训报告。建议实训报告以个人课后作业的形式进行，其目的是帮助学生在课堂学习的基础上，进一步巩固核心知识，联系自身实际思考并解决问题，最终形成一个有效或学生自认为最佳的解决方案或行动计划。要求学生在制订方案时应坚持主见，学以致用。实训报告的提纲如下：

实训报告

史玉柱的哪些营销活动属于烧钱式营销：______________________________

____

史玉柱的哪些营销活动属于游击式营销：______________________________

____

史玉柱的营销活动属于创业营销吗？______________________________

请从创业营销构成要素视角分析：______________________________

____

____

____

史玉柱应坚守的创业营销道德底线是：______________________________

____

____

____

史玉柱的营销活动属于市场驱动还是驱动市场行为？______________________________

请具体加以分析：______________________________

（5）实训成果的考核：根据学生课堂表现和实训报告质量，评定实训成绩

【微课观看】

微课 1：创业营销的本质是什么?

第2章　步步为营创业营销的过程

在确定企业的宗旨和使命时，“谁是顾客？”是首要而关键的问题。

——现代管理学之父　彼得•德鲁克

【学习目标】

1. 理解步步为营创业营销的切入点与基本原理；
2. 了解步步为营创业营销的方式与优劣势；
3. 掌握创业营销的过程模型。

【引例】

新东方在挖掘市场中滚大

新东方教育科技集团创办于 1993 年，2006 年在美国纽约证券交易所上市，是中国第一家在海外上市的教育机构。创始人俞敏洪原为北京大学英语教师。自成立以来，新东方累计面授学员 2000 万人次。2020 年 3 月 20 日，新东方市值达 1225 亿元人民币；5 月，入选“中国品牌 500 强”，位居第 186。

新东方刚开始只是办了一个托福班，当时只招到 13 个学生，而老师就是俞敏洪自己。创业初期，面临中关村一带众多培训机构的竞争，俞敏洪没有钱做市场广告，就想到给大家免费上课。很多北大清华的学生因免费试听而直接留了下来。如今免费讲座已经成为新东方的一个传统，也是市场推广的重要手段之一。

很多老师就是听了俞敏洪的免费讲座才决定加入新东方的，新东方集团市场营销总监孔建龙就是其中之一。孔建龙除了具备新东方老师们身上常见的激情外，还继承了俞敏洪敏感的市场嗅觉。俞敏洪认为：“一个教师的问题，是怎么吸引学生，让学生满意。”出于对学生心态的了解，俞敏洪从一开始就赋予了新东方人文价值关怀的色彩。从平实的亲身经历引出人生哲理的心灵鸡汤，成了俞敏洪乃至新东方老师们讲课的特色，这也吸引了越来越多的学生，产生了口碑效应。直到现在，在新东方官网上经常可以看到俞敏洪以及高管、名师们的生活随笔，故事有趣，道理易懂。

在新东方之前，中国大陆没有一个完整的出国考试培训中心。这种看准市场未被满足的潜在需求、提供创新服务的能力，是新东方站稳中国市场的第一步。除了 TOEFL、GRE

之外，新东方的短期培训项目有二十多种，还拓展到其他培训课程，包括国内考试、国外考试、基础教育、远程教育、图书出版等。2000 年，互联网“热”的时候，新东方和联想公司合资成立了新东方教育在线平台，提供以外语培训为主、以多种职业考试培训为辅的在线教育和远程培训服务。2011 年，新东方官网进行了改版，突出选课报班、名师问答、在线咨询、网上测评、学习资讯、学员服务等功能。同时，推出了 ios、Android 等平台的各类 App 应用。

2021 年，随着中央《关于进一步减轻义务教育阶段学生作业负担和校外培训负担的意见》（简称“双减”政策）的出台和落地，新东方校外培训业务在暑期陷入停滞。（资料来源：作者整理）

思考：

1. 你认为俞敏洪在创业初期没钱的情况下是如何获得顾客的？

2. 你认为俞敏洪是怎样一步一步地把新东方做大的？“双减”政策对新东方的成长有何影响？

2.1 步步为营创业的三大步骤

为弄清步步为营创业营销的过程，这里首先给出步步为营创业的三大步骤，见图 2.1。

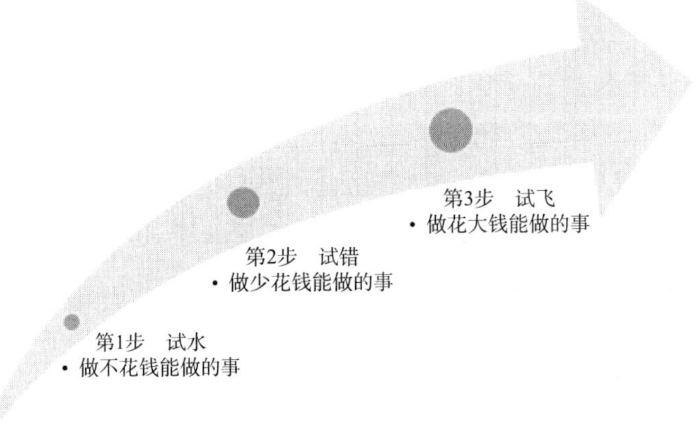

图2.1　步步为营创业的三大步骤

第 1 步：试水，即先做不花钱能做的事，试水的目的是帮你克服怕淹死的心理，反思一下自己是否适合创业，同时，实现创业从 0 到 0.1 的突破。打工族、大学生或事业单位职工，特别需要试水。这一阶段，不怕没有钱，就怕不下水。其实，万事开头难，别看就做到创业的 0.1，但对大部分人而言，都是一生中最难迈出也是最容易胎死腹中的一步。

要迈出这一步，建议先在泳池浅水区练游泳。比如，对大学生来说，最好从身边的需求切入，戴尔创建戴尔电脑公司时，就是先在大学宿舍组装电脑。

对打工族或事业单位职工来说，试水可从兼职或内部创业开始。对绝大数打工者来说，如果没有创业试水，可能一辈子就是打工者，和创业无缘。通过试水，才能在行动中反思自己是否适合创业。切记：一定在行动中反思。特别在职场发展不顺利时，可通过试水进行自我探索，判断自己是否适合创业，是否具备创业的潜能。

第 2 步：试错，即做少花钱能做的事。试错的目的是实现创业从 0.1 到 1 的突破，这个阶段关键是发现创业机会在哪里。首先，你得有想法，不怕没有钱，就怕没想法。要敢于胡思乱想，不要怕不靠谱，空想多了，才有比较，最终找出靠谱的想法。其次，这个阶段要设法找到 1，这个 1 就是找到最小化可行产品，并不断打磨你的商业模式，这个有可能就是创业的引爆点。

若创业者解决了这个 1 的问题，就相对好办了，如果没有这个 1，很容易放弃。这里需强调，从 0.1 到 1 越快越好，环节越少越好，尽量简单一些，不追求尽善尽美。

这里提醒有志于创业的大学生或创业新手，一定是有愿景和大方向的试错，通过试错不断提高自己的想象力、创造力和对未来的判断力，否则低水平试错，很容易迷失方向且失去继续创业的信心。2000 年前后许多 B2B 电子商务遭遇互联网泡沫，确实面临诸多挑战，如没有交易、买卖双方不信任和物流不畅等问题，当时许多创业者因看不到未来和希望，很快就倒闭了，根本没有时间去琢磨商业模式的事。

第 3 步：试飞，即做花大钱能做的事。就是如何实现创业从 1 到 N 的爆发式增长。这一步，突出问题是如何为快速成长做好准备。例如，没钱谁会陪你一起创业？如何建立适应高速成长的团队和文化？如何融资？失败了怎么办？在这一步，创业公司很容易膨胀、猝死。比如小黄车，借助风险资本的力量，直接站在了风口，好像飞起来了，但事实上，它没有经历过试水和试错阶段，也不能增强造血功能，所以很快就会摔下来，甚至会断送创业生涯。相反，字节跳动公司成立之前，面对微信、QQ 等社交媒体的激烈竞争，其创始人张一鸣做了 12 个 App 来摸索用户的阅读喜好，最后把全部用户和高热内容导入今日头条，集中做用户留存，获得用户爆发式增长。

2.2　步步为营创业营销的切入点和基本原理

（1）步步为营创业营销的切入点

在创业的试水阶段，创业营销者缺人、缺资金、缺营销经验，所以，开展创业营销活动不能全面出击，必须找到步步为营创业营销的有效切入点，才能突破创业初期的生存困境。创业营销者经常采用以下三个切入点：

切入点之一：寻找冷门或“不起眼”的细分市场。比如选择插座行业，而不是家用电器行业。也许有人会说：“小小的插座，怎么可能做成大生意呢？”但事实上，家用电器大企业林立，竞争太激烈。所以，聪明的小本创业者，往往都会绕开那些大企业的正面竞争，而去寻找一些不起眼的细分市场来做。通过做这些不起眼的细分市场，快速地积蓄力量，等到大企业反应过来时，你已经做大了。

切入点之二：选择资金回笼快的营销方式。进行步步为营创业营销，不怕本钱少，只怕资金睡大觉。也就是说，步步为营创业营销要避免积压库存而挤占资金。因为本钱少，所以一旦一笔资金周转不灵就会直接导致企业倒闭。比如，有些创业营销者会认为，产品进了超市就能很快发展起来，但超市的结算制度是月结，这对于处于试水阶段的企业来说，无疑是笔巨大的负担。此外，超市费用高，且对销量要求也较高，许多中小企业因为承受不住压力，而被超市淘汰出局。

切入点之三：利用互联网进行小本创业营销。办法有很多，比如可以做自媒体创业、在线教育、网络主播、网络推广、知识付费等。这些创业营销活动只需要一台能上网的电脑或手机，利用网络平台或手机 App 就可以。互联网创业营销者常常利用自身的技术降低营销成本，例如，陈士骏 27 岁时用一张信用卡和几台计算机，利用所学专业计算机，与两位朋友一起创立了 YouTube，不到两年时间，公司卖给 Google，他从信用卡负债中获得了 130 亿美元的收入。

（2）步步为营创业营销的基本原理

在创业的试错和试飞阶段，为提高试错成功率或减少试飞风险，创业营销者更需要采取步步为营的创业营销，即不能只考虑一些广告或促销等营销手段，而要采取一种系统思考和解决问题的方式，即如何让所有相关营销活动共同奏效来实现其营销目标，要紧紧围绕公司的使命，确定公司的目标市场：谁会买？为什么买？在此基础上，开展营销活动。

在试错阶段，信息的影响力比信息的数量重要得多，高质量、有针对性的信息沟通可大大降低试错成本。创业营销不会像传统营销那样投放大量昂贵的广告，创业营销者通常只有有限的机会与潜在顾客沟通并交流信息，所以必须学会想顾客之所想，要确切知道顾客去哪里寻找信息，然后通过什么媒介将有限的营销资源聚焦于这些顾客。如果顾客喜欢在电脑网络寻找有关特定类型业务的信息，那么营销资源就应该集中于网络；如果顾客喜欢在智能手机上寻找有关特定类型业务的信息，那么营销资源就应该集中于手机终端。这对大企业来说，可大大减少营销资源的浪费。对中小企业而言，会浪费本来就较少的营销费用，甚至使企业陷入生存困境。

在试飞阶段，必须寻求与顾客建立终生的联系，增加顾客终身价值，这是创业营销的最高境界。一方面，要与消费者建立私人关系，发现和记住消费者的私人细节，例如，记住顾客的生日并在特殊的日子给他们送上祝福与关爱等，让顾客满意甚至感到无比幸福；另一方面，想尽一切办法激发消费者的自信心和对产品或品牌的信心。这要求企业具有制作各种营销材料的专业水准和长期一致的品牌识别，同时营销人员出色的口头传播和顾客服务水平。只求企业眼前利益而忽视顾客长期价值的营销行动常常让企业陷入烧钱式传统营销的陷阱。

2.3　步步为营创业营销的方式

步步为营创业营销的方式很多。口碑效应是创业者在创业初期常用的一种营销方式，它是通过人与人之间口口相传的方式进行营销传播的。据调查，美国有 82% 的创业者运用口碑效应拓展业务，有 15% 的创业者完全依赖于此。网络为口碑传播创造一种新的促销方式，称为病毒式营销，YouTube 便是运用这种营销方式取得了创业成功。案例 2.1 描述了 YouTube 病毒式营销及其面临的挑战。

案例2.1　YouTube病毒式营销及其面临的挑战

YouTube 是世界上最大的视频分享网站，由美国华裔企业家陈士骏和另两名 PayPal 公司前雇员于 2005 年创办。2006 年 11 月，被 Google 公司以 16.5 亿美元收购。

网站借由 Flash 视频来播放各式各样由上传者制成的影片内容，包括电影剪辑、电视短片、音乐录像带、VLOG 及原创影片等。大部分 YouTube 的上传者仅是个人自行上传，但也有一些媒体公司如哥伦比亚广播公司、英国广播公司、VEVO 以及其他团体与 YouTube 有合作伙伴计划，上传自家公司所录制的影片。

随着标签分类、集体编辑等技术的创造性应用，YouTube 成为一个提供丰富视频内容的，可供用户搜索、分析、共享自己感兴趣的原创性内容并建立志趣组群等用户关系的平台。在这个平台上，网站的未注册用户可以直接观看视频，而注册用户则可以上传无限制数量的影片。这是一种滚雪球效应，YouTube 正是以这种病毒式营销的策略获创业的成功。

目前，YouTube 占据美国娱乐市场的 29%，社交网站 MySpace 则占 19%，雅虎、微软、Google 和 AOL 分占 3% ～ 5%。但因发展速度过快，所需服务器和宽带等成本不断攀升，收入利润模式并不清晰，而且版权诉讼风险巨大。据悉，目前，YouTube 每个月的花费为 90 万～ 150 万美元，其中大部分都用在服务器和宽带上，公司最棘手的问题就是如何去处理盗版视频。

在法律的压力下诉讼赔偿可能会成为 YouTube 的大负担。更重要的问题是，YouTube 如何在保持显著增长的前提下实现盈利。YouTube 会很容易因为大面积的广告而被用户抛弃，与此同时，YouTube 还需要从大量的视频中过滤掉涉及版权问题、重复性以及带有攻击性内容的短片。

（资料来源：作者整理）

公共宣传也是一种步步为营创业营销的有效方式。可通过“抓人的新闻稿”和有效的媒体沟通，寻求免费的宣传报道。当然，名片、宣传册、横幅、展销会和新闻稿，也是中小企业与顾客建立关系的有效手段。另外，基于网络的新方法，比如公司网站、博客营销、

E-mail 营销、微信营销也为中小企业提供不可或缺的商机。

现如今，许多大企业也纷纷采取创业营销的方式，不断进行营销创新，深化品牌对用户的影响力、认知度和依赖度。大企业常见的创业营销方式有以下四种：

（1）利用企业创始人或者高层领导进行创业营销

一般来说，企业创始人或者高管本身代表着这家企业的形象，所以很多大型企业很在意对企业创始人形象的打造。任正非、马化腾、刘强东、王健林、雷军、董明珠、李彦宏、王兴……提起这些商业大佬，很多人都能关联到他们所代表的企业或品牌上。用户除了通过新闻资讯了解他们的动态，很多创始人也纷纷在各大自媒体平台开通了自己的账号，为自己的企业和品牌代言。在创始人代言方面，最典型的一个营销案例，就是阿里巴巴创始人马云多年来一直亲自为公司代言的各种宣传活动，取得了良好的创业营销效果。

（2）利用发布会进行线上线下一体化创业营销

企业的产品发布直接影响着产品的销量，以前的企业产品发布会更多的是针对线下，仅仅影响现场参加者，现在通过互联网技术，一场直播发布会除了影响在场的观众，还第一时间触达千千万万或者上亿的网友，影响力大大提升。例如，苹果公司创始人乔布斯的新产品发布，总能抓住整个会议的节奏，牢牢吸引听众的注意力，引起共鸣并为苹果增加巨额的销售收入。小米公司创始人雷军通过新产品发布会一度带火了“Are you ok？”这句流行语。

（3）利用行业垂直网站、媒体和书刊报纸营销

大企业的很多动态代表着整个行业的发展，需要一些权威发声的媒介，因此，几乎所有的大企业都会在行业垂直网站、媒体和书刊报纸上发声，这一类的营销手段主要有两个层面的意义：一是树立在整个行业中的威信和地位，为行业做一些贡献，带动整个行业的发展；二是给竞争对手看，因为越大的企业竞争越激烈，为了在整个行业中获取更大的市场份额，很多大企业都选择主动出击，进行创业营销。

（4）利用内部和外部所有自媒体平台

很多企业在内部都有自身的一些媒体平台，比如企业网站、线上商城、OA 系统、CRM 管理系统、社区论坛、内部媒体矩阵等。除此之外，几乎所有大企业都会选择开通自媒体平台，如微博、微信、头条号、百家号等，建立自己的团队进行专业化运营，或者委托第三方服务商进行代运营，方便用户了解企业动态或促销信息。

2.4 步步为营创业营销的优劣势

步步为营创业营销的方式既有优势又有劣势。创业营销实践表明，步步为营的创业营销优势多于劣势，它是任何企业提高销量的高效方法，特别对绝大部分创业者来说，在创业初期别无选择，只能采用步步为营的创业营销方法。表 2.1 描述了步步为营创业营销的优劣势。

表2.1 步步为营创业营销的优劣势

劣势	优势
耗费创业营销者的时间、精力和创造力，使其更为繁忙而疲惫	帮助创业营销者在起步期运用有限资源获得销售量，突破生存困境
匆忙使用步步为营的营销会忽视营销技巧，带来严重的道德伦理问题	帮助创业营销者建立与消费者的坚实关系
需与资金实力强、能进行持久宣传的大公司打硬仗	帮助创业营销者有效争夺顾客，比大公司省钱

资料来源：Schindehutte M，Morris M，Pitt L. Rethinking Marketing，Upper Saddle River，NJ：Pearson Education，2009.

步步为营的创业营销受局限的不仅仅是资金，创业营销者的想象力或所投入的时间、精力和创造力更为重要。案例 2.2 描述了美国 Evans 工业公司利用创造力成功进行创业营销的情况。

案例2.2 美国Evans工业公司的创业营销

总部位于美国底特律的 Evans 工业公司主要生产原材料工业产品。2001 年，Evans 公司希望能够找到一个刺激渠道销售的方法，但必须划算。Evans 公司首席运营官 Salvatore Aliotta 说：“我们当时没有太多的资金。因此，不得不考虑其他的方法，让经销商更注意我们的产品。”当时，加州彩票最高奖项的价值为 2000 万美元，Evans 公司买了几百张彩票，将它们寄给了各个经销商。Evans 公司在每个信封里都附了一张首席运营官亲笔签名的信，信中说，“这张彩票或许能帮你们成为百万富翁，但是销售 Evans 公司的产品成为百万富翁的可能性更大”。这次小小的营销活动只花费了 300 美元，却让经销商们津津乐道。

在这次花费 300 美元却极大地抓住了客户注意力的营销活动中，创造力是唯一的法宝和利器，也是创业营销成功最为关键的因素。

（资料来源：作者整理）

2.5 步步为营创业营销的过程

创业营销是一个过程和体系，而非简单与有效技巧组合而成的一次性事件，其本质是运用创业营销者所能利用的有限资源，感悟创业营销精髓、把握创业营销机会、设计创业营销方案，步步为营进行可持续创业营销，从而获得最大顾客价值的过程。图 2.2 所示为创业营销的过程，包括四个模块，这也是本书的基本框架。

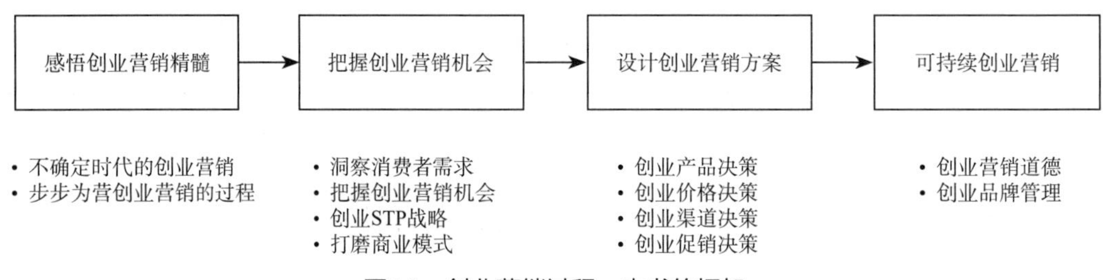

图2.2 创业营销过程：本书的框架

（1）模块一：感悟创业营销精髓，包括第 1 ～ 2 章

不确定时代任何企业都需要创业营销，理解创业营销的内涵、与传统营销的异同、步步为营创业营销的步骤，对寻求创业营销的切入点并取得创业成功至关重要。

（2）模块二：把握创业营销机会，包括第 3 ～ 6 章

洞察消费者需求、识别创业营销机会、制定创业 STP 战略并打磨商业模式是提高创业营销活动效果的前提。本模块帮助创业营销者了解满足、创造消费者需求的要素及方法，掌握创业调研的方式及方法。在此基础上，了解创业营销环境类型及分析方法，理解创业营销机会的影响因素及来源，学会创业市场细分、创业目标市场选择、创业市场定位的方法及决策，并掌握打磨商业模式的关键环节和技巧。

（3）模块三：设计创业营销方案，包括第 7 ～ 10 章

设计创业营销方案是提高创业营销活动效果的有效武器。本模块帮助创业营销者通过营销要素组合来确定创造性的营销方案，即以适当的价格和渠道、采取适当的促销组合向适当的顾客提供适当的产品或服务。在设计创业营销方案过程中，首先要选准初创产品方向，在此基础上，进行产品创意、最小化可行产品开发、产品线和产品组合决策；其次要理解创业定价的魔力与考虑因素，掌握创业定价的方法；再次要学会创业渠道设计与管理，并认清中国创业渠道发展阶段与趋势；最后，创业者还要学会亲自推销、建设创业型销售队伍并开展创业销售工作的方法，掌握创业广告与创业促销组合决策的方法与技巧。

（4）模块四：可持续创业营销，包括第 11 ～ 12 章

可持续创业营销是实现创业长期价值的保障。本模块将帮助创业营销者了解创业营销道德和创业品牌管理相关知识。着重了解创业营销活动中的失范问题及其影响，学会做出开明营销决策，掌握避免落入灰色营销陷阱的系统方法。同时，要理解品牌本质及其价值，掌握创业品牌建设的六个步骤，为创建一个伟大的品牌奠定基础。

【本章小结】

试水、试错和试飞是步步为营创业营销的三大步骤，可为低成本创业营销提供行动指南。步步为营创业营销的基本原理是围绕公司的使命，通过试水、试错和试飞来开展有效的创业营销活动。

创业营销者经常采用三个切入点，即寻找冷门或“不起眼”的细分市场；选择资金回笼快的营销方式；利用互联网进行小本创业营销。

步步为营创业营销的方式很多，如基于口碑效应的病毒式营销、公共宣传、名片、宣传册、横幅、展销会和新闻稿、公司网站、博客营销、E-mail 营销、微信营销。

大企业常采用四种创业营销方式，即利用企业创始人或者高层领导进行营销；利用发布会进行线上线下一体化营销；利用行业垂直网站、媒体和书刊报纸进行营销；利用内部和外部所有自媒体平台进行营销。

创业营销并非简单与有效技巧组合而成的一次性事件，而是运用创业营销者所能利用的有限资源，感悟创业营销精髓、把握创业营销机会、设计创业营销方案，步步为营进行可持续创业营销，从而获得最大顾客价值并取得创业持续成功的过程。

【关键术语】

步步为营创业（bootstrapping entrepreneurship）
步步为营创业营销（entrepreneurial marketing by bootstrapping）
口碑效应（word of mouth effect）
公共宣传（public propaganda）
自媒体（we media）
病毒式营销（viral marketing）
创业营销机会（entrepreneurial marketing opportunities）
创业营销方案（entrepreneurial marketing program）
可持续创业营销（sustainable entrepreneurial marketing）

【思考题】

1. 大学生如何在校园进行创业营销？结合步步为营创业营销的三大步骤加以说明。
2. 常见的步步为营创业营销的方式有哪些？分别寻找自己熟悉的案例加以说明。
3. 假如你将来打算从事创业营销工作，你应学习的关键知识是什么？

【案例实训】

项目2　理解步步为营的创业营销

1.实训目的

（1）认识步步为营创业营销的切入点；
（2）巩固对创业营销方式的理解；
（3）加深对创业营销过程的理解。

2.背景材料

案例2.3　华为公司步步为营的创业营销之路

任正非，毕业于重庆建筑工程学院（现已并入重庆大学），43 岁创立华为技术有限公司。华为发展的 30 年历程，大致上可以划分为以下四个阶段：

第一阶段（1987—1994 年）：活下去

1987 年，任正非与五位合伙人共同出资 2 万元成立了华为公司。公司成立初期，任正非一直为华为生存问题绞尽脑汁。一个偶然的机会，任正非通过老友介绍拿到了香港一家公司的小型交换机代理权，本着“什么赚钱做什么”的思路，华为误打误撞投身于交换机代理业务之中。1987—1990 的三年间，国内市场的大好形势让华为赚到第一桶金，完成了原始积累。1990 年夏天，任正非招聘技术人员，成立研发小组，开始专注自有交换机的研制。1992 年，华为的销售额突破 1 亿元人民币。

1994 年，华为整合高校和研究所人才资源，不断瞄准市场上火爆的数据通信路由器、2G 移动通信等领域，在模仿改进的基础上，先后上马了技术含量高、迎合客户需求的路由器等产品，还是采取农村包围城市的低价策略，所有的市场营销策略都可以第一时间从公司高层直接传到第一线。任正非将绝大多数销售员从城市派往各个县级和乡镇市场并给他们划分了固定区域，把战壕修到离客户最近的地方。销售人员并不是一味地宣传自己的产品多么好，而是把关系当成敲门砖，同当地的客户培养感情，不仅帮客户解决一些技术上的问题，还经常给电信局领导和员工一些物质上的馈赠。此外，华为还积极与各省市级电信局成立合资公司，打造利益共同体，承诺每年给予高达 50%～70% 的丰厚红利。就这样，销售规模迅速突破 8 亿元人民币，员工人数 600 多人。

第二阶段（1995—2003 年）：在混沌中前行

1995 年，华为公司在北京成立研究所，销售规模达到 15 亿元人民币，员工数量也达到 800 人。1996 年，开始广泛进军国际市场。首先与长江实业旗下的和记电讯合作，提供以窄带交换机为核心的“商业网”产品，打入香港市话网，开通了许多国内未开通的业务。在“狼性文化”支撑下，华为在农村市场发展势如破竹，截至 1997 年年底，华为在全国建立了 33 个办事处和 33 个用户服务中心，初步形成规模化的市场营销网络。

自 1997 年开始，国内通信市场经过一轮高速发展后，市场逐渐饱和，最直接的表现是产品供过于求。1998 年，华为全年销售额 89 亿元，任正非痛下决心花费了全年销售额的一半，约 40 多亿元聘请美国 IBM 公司 200 多名专家对华为的管理流程进行量身定做。尽管如此，华为的高速成长步伐开始受阻。1999 年，中国刚刚加入 WTO 就遭遇全球经济衰退，运营商基础设备投资大幅下降。从 2000 年到 2002 年，华为销售额增长率开始逐年降低，2001 年和 2002 年更是连续两年零增长。

危机之下，任正非不断拉响了名为“华为的冬天”的警报，谋求转型求发展。任正非决心走出去，为了避免和西方巨头的正面交锋，华为将欧美市场放到了后期发展规划，并将目光聚焦到俄罗斯、巴西、南非、埃塞俄比亚等快速崛起新兴发展中国家经济体。以华为国际化的首站为例，1997 年初入俄罗斯，爱立信、西门子等国际巨头已占领该市场，当地人的第一句话就是，俄罗斯不会使用任何新的机型，也不会和中国的公司合作，华为以往的低价竞争策略稍显乏力，在俄罗斯市场坚守一年，竟然颗粒无收。

1999 年，俄罗斯经济陷入低谷，电信投资几乎停滞，西门子、阿尔卡特、NEC 等西方巨头纷纷撤离，在俄罗斯市场屡吃闭门羹的华为却选择坚持，从 2000 年开始，华为在俄罗斯市场进入迅猛发展期，接连几年年营业收入以 100% 的速度增长，2002 年销售额超过 1 亿美元，市场占有率达 14%，成为该市场主导品牌。2003 年后，外部环境开始复苏，华为一直保持超过 50% 的增长。

第三阶段（2004—2013 年）：厚积薄发，决胜全球化

2004 年，华为 NE 高端路由器荣获“2004 年国家科学技术进步二等奖”。华为成为全球少数几个能够提供从系统技术到芯片设计全套商用系统的厂商之一。

2005 年，华为国际销售总额达 47.5 亿美元，占公司全球金额的 58%，这是华为海外收入首次超越国内收入，华为在亚太、非洲、中东等市场都处于前三的位置。2006 年，华为针对欧洲一家小运营商客户的机站选址困难、运维成本高等难题，通过技术集成研发出分布式基站解决了欧洲客户的痛点，使得客户运营成本降低了 30%，加上结盟政策的实施，华为逐渐在欧洲市场打开局面。随后，华为不断对产品进行更新迭代。

2008 年，华为国际专利申请量 1737 件，居全球第一，行业影响力不断增大，业务拓展至无线接入网络、全 IP 宽带网络、核心网、软件、专业服务和终端等领域，主流产品均位列全球前三，海外收入已经占其总营业额的 75%，从而成为一家名副其实的国际化公司，并将发展目标瞄向欧美等发达国家市场。2009 年，华为市场份额超越阿尔卡特朗讯。2010 年年底，华为公司成为欧洲所有顶级运营商的合作伙伴，市场份额高居欧洲第一，首次进入全球 500 强企业，排名 397 位，实现合同销售额 340 亿美元。2012 年，其销售额已经达到 2202 亿元人民币，员工人数达 13.8 万人。

第四阶段（2013 至今）：与世界交换能量，把“黑天鹅”转化成“白天鹅”

2013 年，为应对复杂多变的营销环境，华为搭建了“基础研发—应用升级—产品开发”的三层研发体系，并成立了“2012 实验室”，加强对基础理论的研究，构建公司未来技术的基石，抢占技术创新的制高点。

“华为要炸开金字塔尖，与世界交换能量，汇聚全球智慧。”任正非在与科学家的座谈会上说，“团结全球所有同方向的科学家，可以多进行人才‘众筹’，多与大学的教授喝杯咖啡进行沟通，与人思想碰撞，一杯咖啡吸收宇宙能量，即使有‘黑天鹅’，也是在华为的咖啡杯中飞，我们可以及时把‘黑天鹅’转化成‘白天鹅’。”

2017 年，华为明确了公有云战略。2018 年，华为发布新的愿景与使命：把数字世界带

入每个人、每个家庭、每个组织，构建万物互联的智能世界。随后美国26位国会议员致函教育部部长Betsy DeVos，警告华为与至少50所美国大学的合作“可能对国家安全构成重大威胁”。6月21日，美国议员敦促Alphabet旗下的谷歌重新考虑与中国科技巨头华为之间的合作关系。8月23日，澳大利亚政府在以国家安全担忧为由，禁止中国公司华为和中兴为其规划中的5G移动网络供应设备。10月11日，华为和百度在5G MEC领域达成战略合作。12月1日，任正非之女孟晚舟在加拿大温哥华被捕，美国向加拿大要求引渡。12月24日，华为发布智能计算战略。

2019年，在中美贸易摩擦的大环境下，对于华为来说注定是不轻松的一年。1月，美国政府禁止华为在美国的子公司FutureWei的产品和技术出口。3月，美国政府涉嫌攻击华为服务器，窃取邮件和源代码，华为决定起诉美国政府。3月19日，世界知识产权组织发布的年度报告显示，华为公司的专利申请量在企业中位居全球第一。5月16日，美国商务部工业和安全局将华为及其68个附属公司加入限制名单，这意味着，没有美国政府的许可，美国企业不得给华为供货。很快，高通、英特尔、ARM、安森美、泰瑞达等收到邮件要求禁止向华为出货。

对此，任正非表示，公司早已做好准备，即使没有高通和美国其他芯片供应商供货，华为也不会有事。随后，华为海思总裁何庭波宣布启用备胎计划。据了解，华为海思成立于2004年，其前身是华为集成电路设计中心。任正非透露在成立海思时，曾对何庭波说过“我给你4亿美元作为每年的研发费用，给你两万人，何庭波一听吓坏了。但我还是要给，一定要站立起来，适当减少对美国的依赖”。海思十年磨一剑，不仅打造出了自主研发的麒麟芯片，与三星、苹果PK的华为手机正是使用此芯片。除此之外，海思研发的服务器芯片（鲲鹏系列）、基站芯片、基带芯片、AI芯片、物联网芯片等已经跻身于世界科技产业的第一梯队。

2019年5月20日，美国宣布对华为禁令推迟90天实施。截至6月6日，华为已在全球30个国家获得了46个5G商用合同，5G基站发货量超过10万个。8月9日，华为正式发布鸿蒙系统。2020年3月，华为发布2019年年度报告，华为实现全球销售收入8588亿元人民币，同比增长19.1%；净利润627亿元人民币，经营活动现金流914亿元人民币，同比增长22.4%。2020年前9个月，华为总收入为6713亿元人民币（合985.7亿美元），比上同期的6108亿元人民币增长9.9%，但增速明显放缓。

（资料来源：罗彪，夏李慧.从“抄”到“超”：华为创新发展之路.中国案例共享中心，2018.有精简和更新）

3.实训任务

（1）华为公司在创业起步阶段，进行步步为营创业营销的切入点是什么？

（2）你认为华为公司发展的四个阶段都分别采取了哪些创业营销方式？

（3）面对复杂多变的营销环境，华为公司下一步该如何进行创业营销呢？

4.实训步骤

（1）个人阅读

督促学生针对“实训任务”进行阅读，并在课前完成。针对中国学生的特点，课堂上老师或学生还需再花费 10 ～ 20 分钟对案例学习要点及相关背景进行简单的陈述。

（2）小组讨论与报告（20 ～ 30 分钟）

主要在课堂进行，围绕“实训任务”展开讨论，同时鼓励学生提出新的有价值的问题。要求每个小组将讨论要点或关键词按小组抄写在黑板上的指定位置并进行简要报告，便于课堂互动。小组所报告的内容尽可能是小组所达成共识的内容。

小组讨论与报告

小组名称或编号：________　组长：________　报告人：________　记录人：________

小组成员：____

①小组讨论记录：

发言人1：____

发言人2：____

发言人3：____

发言人4：____

发言人5：____

发言人6：____

发言人7：____

发言人8：____

②小组报告的要点或关键词（小组所达成共识的内容）：

任务1：____

任务2：____

任务3：____________________

（3）师生互动（30～40分钟）

主要在课堂进行，老师针对学生的报告与问题进行互动，同时带领学生对关键知识点进行回顾。并追问学生还有哪些问题或困惑，激发学生学习兴趣，使学生自觉地在课后进一步查询相关资料并进行系统的回顾与总结。

（4）课后作业

根据课堂讨论，老师要求每位学生进一步回顾本节所学内容，形成正式的实训报告。建议实训报告以个人课后作业的形式进行，其目的是帮助学生在课堂学习的基础上，进一步巩固核心知识，联系自身实际思考并解决问题，最终形成一个有效或学生自认为最佳的解决方案或行动计划。要求学生在制订方案时应坚持己见，学以致用。实训报告的提纲如下：

实训报告

华为公司在创业起步阶段，进行步步为营创业营销的切入点是：____________________

____

华为公司发展的四个阶段都分别采取了哪些创业营销方式？

第一阶段：____________________

____

第二阶段：____________________

____

第三阶段：____________________

____

第四阶段：____________________

____

面对复杂多变的营销环境，华为公司应采取的创业营销战略举措是：____________________

____

____

____

____

____

____

（5）实训成果的考核：根据学生课堂表现和实训报告质量，评定实训成绩

【微课观看】

微课2：没钱怎么步步为营开发市场？

模块2
把握创业营销机会

洞察消费者需求、把握创业营销机会、制定战略并打磨商业模式是把握创业营销机会的关键，是提高创业营销活动效果的前提。本模块分为四章：

- 第 3 章　洞察消费者需求
- 第 4 章　把握创业营销机会
- 第 5 章　创业 STP 战略
- 第 6 章　打磨商业模式

第3章　洞察消费者需求

优秀的企业满足需求，杰出的企业创造需求。

——现代营销之父 菲利普·科特勒

【学习目标】

1. 掌握满足需求和创造需求的有效方法；
2. 掌握创业调研的原则和方法。

【引例】

拼多多如何洞察消费者需求

拼多多成立于2015年，2018年年度活跃用户达到3.855亿人，超过京东的3.052亿人，成为中国第二大电商平台。2019年营收301.4亿元，活跃买家5.8亿人，10月市值增至464亿美元，超过京东。2020年9月，拼多多成为2021年春晚独家红包互动合作伙伴。在消费升级、电商进入红海的背景下，它以高性价比快速崛起。

拼多多打造了全新的“电商＋社交”商业模式。引进社交巨头腾讯作为其战略股东，依托微信，以拼团和砍价作为手段，活跃在朋友圈。将购物和社交相结合，用低价买到自己理想的产品之余，消费者还可享受和朋友“拼着买，更便宜”的乐趣以及砍价过程赋予的情感联系。

其实，无论一线、新一线、二线、三线、四线等城市的中老年女性或老人，货比三家，哄抢超市的特价打折商品，追求的更多的是自己用很少的钱买到心仪物品的快感而已，并不是真正节省几元钱。几个好友聚在一起讨论发现了什么好物，相互推荐，联络又增进感情，获得快乐和成就感，都是用户需要的。并在无形之中，依托微信，用户不自觉地为拼多多平台增加了指数级的新增用户。

“三亿人都在用的购物App”“拼着买，更便宜”，拼多多的口号和其象征喜气的红色大小箱频繁出现在各大电视端和网络端，广告推送和综艺真人秀冠名乐此不疲。其“魔音音乐哼唱”，让人想记不住都难。

（资料来源：作者整理）

思考：

1. 你觉得拼多多引爆消费者需求的关键是什么？

2. 你觉得拼多多是满足了现有需求还是创造了新的需求？

洞察消费者需求可分为满足需求和创造需求。满足需求是在现有需求上通过产品的质量和服务提升，让消费者有更好的产品体验。大部分企业通过满足现有需求而获得营销机会。创造需求就是企业采取各种经营手段，激发消费者的潜在需求，从而从无到有培育出新的需求。只有少数伟大的企业通过发现消费者未被满足的需求并创造需求而获得成功。无论满足需求还是创造需求，都需通过创业调研提供决策基础并获得创造需求的灵感。

3.1　满足消费者需求

3.1.1　理解消费者行为基本要素

创业营销者在开发产品前，应提出问题：为何（Why）；何时（When）；何地（Where）；何事（What）；何人（Who）；如何（How）。这就构成了消费者行为基本要素的“5W1H”法，又称六何分析法，见图 3.1。

为何（Why）：消费者的购买行为动机。创业营销者在开发产品前，应给目标消费者一个明确的购买理由，或者一个令人信服的消费承诺。消费者为什么需求某种商品或劳务？为什么从多种商品中选购了某种品牌的商品？随着时代的变化，人们在基本消费诉求得到满足后，能够给消费者带来消费动机的驱动力发生了新的变化。创业营销者应关注消费者求新、求异、求优、求廉价、求便捷的消费趋势，从中发现产品开发的灵感。

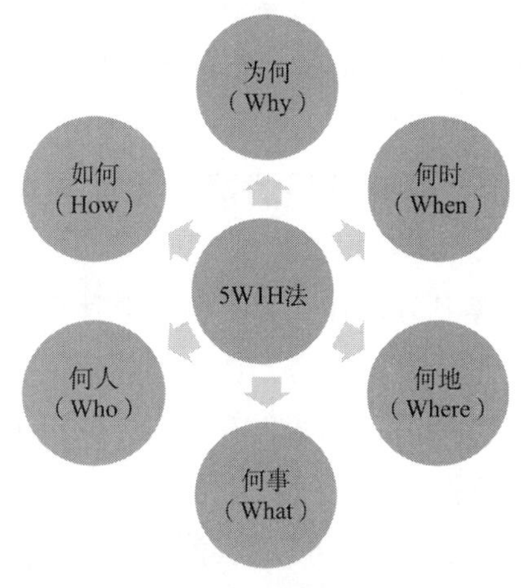

图3.1　消费者行为基本要素的“5W1H”法

何时（When）、何地（Where）：消费时间以及消费场景、地点。创业营销者必须恰当地确定销售渠道或消费终端，让消费者更快、更方便地实现购买。过去人们更多的是业余时间的线下消费购物，现在线上消费购物从时尚变为普及，人们随时随地可以购买并实现消费。例如，在候机厅里，用户手机电量过低时，第一时间会想到充电，由此可开发出新型充电器。外卖之所以在中国能兴起，源自人口结构变化。如果是四口、五口之家，较少点外卖。从效率和经济成本上来讲，一个人吃饭时机的增多，才需要大量外卖。

何事（What）：消费什么。现代消费观的核心理念是追求绿色、健康、快乐、品质、环保、可持续。这是未来消费的主流价值观。在消费内容方面包含互联网、数字、绿色、健康、智能、个性化定制等概念。创业营销者应关注消费升级的趋势，如从传统到新兴消费、从物质到精神消费，从基础到健康消费、从线下到线上消费，从非信用到信用消费，从大众到小众消费，由此开发出畅销或爆款产品。例如，服装网店韩都衣舍，就是把创业公司打散成 280 多个小组，不断捕捉个性化小众需求，快速设计、快速铺货、快速销售，打造特立独行的快时尚品牌，不断开发出畅销服装产品。

何人（Who）：谁在消费、消费者是哪些人。创业营销者应与时俱进，选择适合自己的目标消费群体。当前年轻群体、高职高薪群体、都市潮流男士、都市单身贵族、活跃的银发老年人等都是主力消费群体。消费主体不断发生变化。数据显示，目前的消费主体是“85 后”“90 后”，甚至“95 后”都已经登上了消费主体的历史舞台，他们出生时，生活比较富裕，甚至很多家庭都有房有车、生活无忧无虑，吃喝更是不愁。创业营销者应关注新兴群体，通过市场细分获得开发新产品的机会。

如何（How）：如何消费与购买。互联网让个性消费和购买充满无限商机，无论是畅销款还是冷门产品，99% 的商品都有机会被销售，那些原本冷门的、购买低密度的产品都有了出头之日，成为目前被各商家寄予厚望的利润增长点，这叫作长尾理论。创业营销者须关注消费者购买与消费的群过程，如搜集资料、比较评价、购买决策、售后服务，通过精准营销，找到创业营销机会。

总之，“5W1H”法抓住了消费者行为要素的本质和主骨架，简单、方便，易于理解与使用，它是创业营销者系统洞察消费者需求，进而开发出适销对路产品的基础。

3.1.2 形成满足消费者需求的思维

小白思维，就是把自己调整到好像什么都不懂、对什么都好奇的状态，在考虑消费者需求时，能把自己切换到用户的角度去思考。伟大创业营销者往往能快速从用户的角度去思考问题、开发产品。例如，苹果公司创始人乔布斯、腾讯创始人马化腾、微信之父张小龙在开发产品时就具有明显的小白思维，他们常常提到把自己“瞬间变成小白用户”，这样可以体会到小白用户使用产品时的心态、反应、预期。这里需要强调的是，创业营销者不要把自己当专家，而要像这些伟大创业营销者那样，具有小白思维，这样才能真正洞察消费者需求。

共情思维，又称移情或同理心。这是心理学上的一个专业词汇。从营销学角度，就是设身处地，将心比心，让消费者真正有一种被理解和怦然心动的感觉。不少消费者通常不确切知道自己原本的需求到底是什么，一旦发现你比他更了解他自己，消费者会认同你，会认为你非常懂他的心思。例如，一般儿童出门不肯坐推车，为解决这一问题，某童车公司重新设计儿童座位，由背对面改为面对面，这样儿童感觉被理解了，于是愿意坐了。

洞察人性，这是洞察消费者需求的捷径。不少创业营销者利用人们的怕死、惰性、后悔、贪婪、嫉妒、恐惧、怀疑、犹豫、冲动、爱面子等弱点，发现创业机会。比如，早期人们买东西，顾客上门取东西，后来到处出现便利店、商场、超市，再后来电话营销，打个电话，货就邮寄过来了。现在点一下鼠标，送货上门，这些都是利用了人们的惰性。优秀创业营销者能巧妙地利用人的好奇心、爱心等优点，来洞察消费者的真实需求，据此开发新的产品。例如，农夫山泉有点甜，就是利用人的好奇心。

戴尔·卡耐基在《人性的弱点》中写道：这个世界充满掠夺和自私的人们，因此极少数无私帮助他人的人拥有巨大的优势。谁能设身处地为他人着想，理解他人的想法，谁就能永远不必担心未来。

3.1.3　系统认识消费者购买行为的影响因素

文化、社会、个人和心理等因素对消费者个人的购买决策过程影响显著，见图 3.2。文化因素包括文化、亚文化和社会阶层，这些因素均对消费者购买决策产生极大的影响力。社会因素是指消费者与影响群体之间相互作用的概括，如受到家庭、所属群体、社会角色和地位的影响。个人因素包括性别、年龄和生命周期的阶段、职业、经济状况、生活方式、个性或自我概念等，这些影响消费者行为的个人因素对每个人都是不同的，并且对消费者需求的产品和服务类型产生重要影响。心理因素包括感觉、动机、学习、信仰和态度，这些因素决定了消费者对环境的认知以及他与环境之间的相互作用，并且影响着消费者的最终决定。一个出色的创业营销者应该经常研究这些因素，以确保本企业营销活动的创新性和有效性。

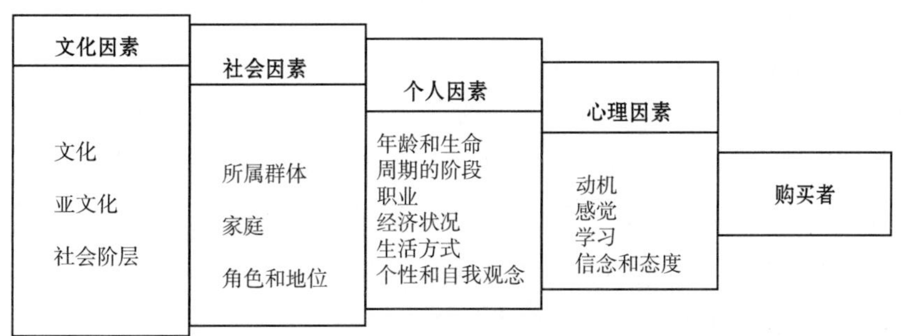

图3.2　影响消费者行为的主要因素

在图 3.2 所示的因素中，创业营销者需特别关注消费者的态度。态度很难改变，营销者应将自己的产品和消费者的现有态度相吻合，而不是试图改变。否则，可能产生出乎意料的后果。案例 3.1 描述了可口可乐更改配方这一经典营销案例。

案例3.1　可口可乐更改配方事件

1886 年，亚特兰大药剂师约翰•潘伯顿发明了可口可乐配方，1975 年，百事可乐开始发起“口味挑战”，怂恿越来越多的美国消费者参加未标明品牌的可乐饮料口味测试，并不断传播人们更喜欢口味偏甜的百事可乐的结论。在一浪高过一浪的攻势中，百事宣扬青春、激情、冒险的品牌精神，声称其产品口味足以担当起挑战经典与传统的重任，并引发了美国年轻一代的共鸣。口味挑战导致可口可乐的国内占有率稳中微降，而百事却在缓慢而顽强地增涨。

为扭转局势，1982 年，可口可乐开始实施一项划时代营销行动。2000 名调查员在十大城市调查顾客是否愿意接受一种全新的可乐。结果显示，只有 10% ～ 12% 的顾客对新口味可口可乐表示不安，其中一半顾客认为以后会适应新可口可乐。受此结论鼓舞，可口可乐技术部门在 1984 年终于拿出了全新口感的样品，新饮料糖量更高、更甜、汽泡更少，柔和且略带胶黏感。

1985 年 4 月 23 日，新可乐取代传统可乐上市。共有 700 余位媒介记者出席了新闻发布会。在 24 小时之内，81% 的美国人知道了可口可乐改变配方的消息；更有 70% 以上的美国人在“新可乐”问世的几天内品尝了它。但这是可口可乐公司的一场营销噩梦。仅以电话热线的统计为例：在“新可乐”上市 4 小时之内，接到抗议更改可乐口味的电话 650 个，仅仅 3 个月，这个数字上升为 8000 多个——相伴电话而来的，是数万封抗议信，大多数美国人表达了同样的意见：可口可乐背叛了他们，“重写《宪法》合理吗？《圣经》呢？在我看来，改变可口可乐配方，其性质一样严重”。为此，可口可乐公司不得不新开辟数十条免费热线，雇用了更多的公关人员来处理这些抱怨与批评。

但任何劝说也无法阻止人们由此引发的震惊与愤怒。大惑不解的可口可乐市场调查部门紧急出击，他们从新的市场调查结果中发现，在 5 月 30 日前还有 53% 的顾客声称喜欢“新可乐”，可到了 6 月，一半以上的顾客说不喜欢了。到了 7 月，只剩下 30% 的顾客说喜欢“新可乐”，且销量不见起色。7 月 11 日，焦头烂额的可口可乐决定恢复传统配方的生产，定名为古典可口可乐；同时继续生产“新可乐”。这一消息使美国上下一片沸腾，当天即有 18000 个感激电话打入公司免费热线。经典可口可乐的复出几乎成了第二天全美各大报纸的头版头条新闻，民主党参议员大卫•普赖尔在议院演讲时称为“美国历史上一个非常有意义的时刻，它表明有些民族精神是不可更改的”。当月，可口可乐的销量同比增长了 8%。

（资料来源：作者整理）

3.1.4　挖掘消费者痛点

投资者之所以喜欢问创业者“目标用户的痛点是什么”，是因为他们想让创业者想清楚：自己能给用户带来什么价值，能满足用户哪些需求。

从广义上讲，消费者痛点和消费需求是一个概念，都是指消费者尚未得到的满足，或者尚未得到完全满足的一种缺失状态。在狭义上，消费者痛点是指消费者在体验产品或服务过程中原本的期望没有得到满足而造成的心理落差或不满，这种不满最终在消费者心智模式中形成负面情绪爆发，让消费者感觉到很痛，这是对消费者需求的一种更精准描述。创业营销者可从狭义上快速挖掘消费者痛点，通常可遵循以下三个步骤。

步骤 1：细分消费者市场。创业营销者应学会消费者细分，把消费者分成不同的群体，根据不同的群体特征来梳理其需求和焦虑，这样就相对容易和准确地找到消费者的真正痛点。例如，智能手机市场，拍照是需求，但不够精准，自拍的时候不够美，夜间拍照的时候不够清晰，这才是痛点。

步骤 2：聚焦消费场景。创业营销者应该弄清楚消费者具体在什么时间什么地点使用你的产品和服务。例如，vivo 和 OPPO 手机在东北地区卖得特别好，有些地方的受欢迎程度甚至超过了苹果和三星手机。主要是因为东北的冬天太冷了，哈气成冰，苹果手机易于自动关机，而 vivo 和 OPPO 手机耐寒性能更好，所以会有更多人选择。

步骤 3：体验消费者使用产品的全过程。创业营销者通过体验消费过程的每一个环节，真正了解消费者购买使用产品的实际感受，包括购买时间、金额、精力、情感花费及购后在使用过程中的真实感受，这样才能挖掘消费者的痛点。例如，维珍航空的理查德•布兰森，就因为亲自体验了极其糟糕的航空旅行，洞察到有些消费者宁可多花钱也想改善这种体验，于是他创立了以服务和创新闻名的维珍航空。

3.2　创造消费者需求

3.2.1　创业营销更强调创造需求

在一个激烈竞争的成熟市场中，消费者需求基本都能被满足，不易发现新的创业营销机会。例如，早年的手机市场，三星、诺基亚、摩托罗拉等都是知名的手机品牌，他们都可以满足消费者对手机的基础功能、牌子、面子等各种需求。但苹果公司创始人乔布斯曾在产品发布会上指着自己的窄小裤兜说“如果我们想在裤兜里塞进去一个产品，那它应该是什么？”紧接着，乔布斯拿出了 iPhone：“没错，就是它！”“消费者并不知道自己需要什么，直到我们拿出自己的产品，他们就发现，这是我要的东西。”他通过苹果小而精致的外观对消费者的需求进行诱发，并使其有完美的体验，最终改变了人们的生活方式，开辟了智能手机时代。乔布斯作为创业营销者，不再仅仅是开发出传统意义上通话手机的新功能，而是创造出全新的需求。

进入 21 世纪以来，信息技术推动了电子商务及相关业务的发展，也带来了买卖双方的互动，这种互动使市场成为消费者主导的舞台，进而导致市场千变万化，新的消费需求层出不穷。越来越多的消费者发现，刚需（消费者的基本需求）这座独木桥并不好走，反而那些可有可无的非刚需产品有更多的商机，如引发抢购热潮的奢侈品、快速升级的数码产品、纯娱乐属性的各种游戏 App，这极大地激发了创业营销者创造需求的热情。以抖音短视频内容创作为例，必须有创意，才能把故事讲得生动有趣、贴近生活，以调动对未知的兴趣，形成互动，进而引发潮流，图 3.3 给出了抖音用户创造需求的过程。

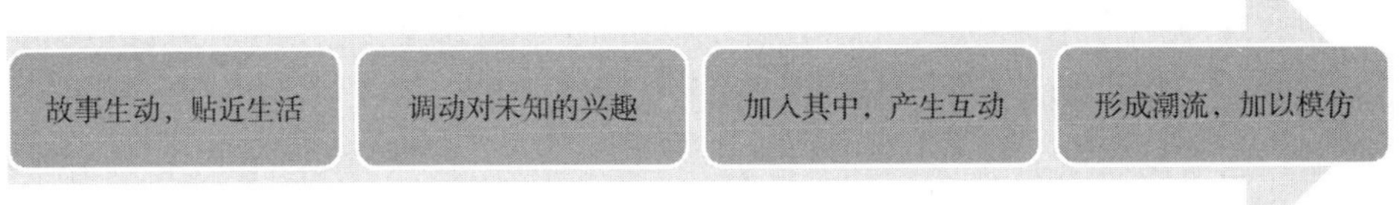

图3.3　抖音用户创造需求的过程

创业营销者应把握趋势，预见问题，在越来越个性化和多元化的消费者人群里，主动创造和激发消费需求。

3.2.2　如何创造需求

（1）比现有消费者更懂消费者

如今，消费者虽然驾驭市场的能力越来越强，但大多数消费者不会花时间去思考自己需要的产品或服务。即使消费者清晰地描述出了自己真正需要的商品，但等到企业获知时，往往意味着竞争对手已经获得了相同的信息，从而失去核心竞争力。创业营销者必须把自己完全当作消费者进行换位思考，创造出消费者真正需要的产品和服务，企业的产品营销才能获得成功，赢得消费者的认可，占据有利的市场地位。

消费者有时只知道其最想解决的问题，却不知道他们需要的是什么样的产品。而如何解决这个问题则是企业稳固市场的有利手段。因此，创业营销者要加强与客户的沟通，从为消费者提供问题解决方案的角度反推回来看如何创造需求。比如，在过去的 20 年里，苹果一直与微软在操作系统领域展开竞争。在大多数时间里，微软的 Windows 系统在桌面系统上一直占有明显优势。而苹果 iOS 通过创造需求成为移动操作系统的一次革命，使消费者获得了更加方便、简洁、快速、极致的操作体验，体现了比消费者更懂消费者的创业营销能力，成就其在新型移动市场绝对的领导地位。

（2）重新定义一个产品创造新品类

创造新品类是从无到有造出一个新的需求，是做新蛋糕，不会损失竞争对手的利益，反而会造福整个行业。例如，江小白将自己定义为“青春小酒”，从而创造了一个全新的小装白酒的新品类。

现有产品功能混搭也可创造新品类。比如，世界上本没有履带式旋耕机这一产品，只是湖南某公司在全喂入水稻联合收获机的底盘后面加上了旋耕机，于是就有了这一全新品类，目前已成为拥有 10 万台的大行业，不仅造就了该企业，也成全了整个农机行业。

通过变换场景应用创造新品类。有很多脑洞大开的思路，如烘干机，用在粮食上就是粮食烘干机；如果稍加改造，用于油菜烘干就是油料烘干机；用于麦冬烘干就是中药材烘干机。又如挖土豆的设备，用于挖黄芪和板蓝根就是中药材挖掘机。同样的农机产品，只要使用在不同的场景就是全新的品类，从而进入一个全新的市场，产生新的需求。

（3）关注未来消费者

未来消费者既不会被动接受产品，也不会总是按照企业的意图使用产品，这使市场需求变得更加复杂多变。作为创业营销者，应关注两类典型的消费者，即领先型用户和创新型用户。

领先型用户是在一项创新的生命周期初期采用该创新的顾客。领先型用户的需要与市场上大多数顾客相同，但敢在创新尚具有很大技术和市场不确定性的情况下，早于大多数顾客数年或数月采用创新。领先型用户能产生重要的示范效应，推动创新的扩散和普及。领先型用户比普通用户具备更丰富、更好的实际生活经验和产品相关知识，所以，他们可以扩展性地使用产品，对产品的性能、优点和好处更熟悉；他们的知识可能用来发明更新更好的产品，从而帮助企业创造新的需求。

创业营销者可与领先型用户一起构思新产品创意或概念，邀请识别领先型用户与自己合作，为开发和改进产品提出他们的创意。当然，要找出合作欲望最高、创新能力最强的领先型用户需要进行筛选，不愿意与企业合作的将被排除在领先型用户之外。

创新型用户是能够调整、修正或改造产品或服务的个人或组织，它不同于领先型用户。前者关注产品的形式改变，后者关注产品的更新或升级。创新型用户的历史源远流长，如福特早期的 T 型汽车，农夫可以改进发电机、工厂和车床，成为福特的创新型用户。虽然时过境迁，创新型用户目前仍是营销学者和实践者关注的重要问题。未来，产品数字化、精细化和关联性日益增强，低成本创新将越来越容易，创新型用户有增加或增强的趋势。例如，Linux 操作系统就是一群由创新型用户志愿者组成的开放软件源代码组织开发的，其目的是替代 Windows 系统。这些创新型用户没有任何报酬，只是为了获得朋友和用户的赞许。这样的创新会带来一系列挑战，不少企业会进行劝阻或抵制。

创业营销者可通过鼓励或促成创新型用户来创造需求。比如，Skype 是互联网语音协议（VOIP）的先驱，它非常欣赏用户的创新行为，如今耳熟能详的同步博客、在线广播就是由创新型用户创造的，但 Skype 并没有改进系统支持这些行为。与 Skpye 不同，英国 BBC 广播公司会主动促成用户的创新行为，在允许用户免费浏览其新闻内容的同时，促成用户运用软件和工具定制新闻。当然，创新型用户行为可能给公司带来法律、品牌和战略等方面难以解决的复杂问题。比如，芭比娃娃制造商起诉一名女子将一个儿童的玩具改变成令人作呕的成人玩具——冷艳芭比，因为公司不希望消费者损害其原创性及唯美的商品。技术黑客是创新型用户的极端例子，他们通过黑客攻击破坏公司技术和产品的安全性，危害公司的正常经营。创业营销者应加深了解其创新型用户的行为，权衡利弊，洞察市场潜在需求，从而创造市场。

（4）改变消费者的生活方式

生活方式是人们展现出的关于自身活动、兴趣和看法的模式。每个人都有自己认同和向往的生活方式。有的人喜欢自由奔放和无拘无束，有的人喜欢豪华与尊贵，有的人喜欢挑战和冒险，有的人喜欢恬淡与安逸……无论哪种生活方式，都是人们个性化生活历程中的一种宝贵体验。人们的生活可以分为物质生活和精神生活两个方面，物质生活是基础，但当物质生活达到一定水平后，消费者关注精神享受的因素也越来越多。

从创业营销的角度，要改变人们的生活方式，其一是必须在产品同质化的时代创造一个让消费者接受的概念；其二是要在概念的挖掘上引起消费者的注意和共鸣。创业营销者不仅局限于物质生活层面的诉求，而更多地从精神层面去挖掘触动人心的东西，以新颖独特的生活方式去打动或说服消费者。例如，年轻人更喜欢自由而充满挑战性的生活，所以，“百事新一代”的营销定位选择了青春、动感的形象宣传；而可口可乐则始终强调“经典”的永恒地位。两种品牌可乐之间的竞争，不再是单纯的口感的竞争，甚至不再是两家公司的较量，而是分别以百事可乐和可口可乐为代表的两种生活方式的竞争。

无论哪种生活方式，都是人们生活历程中的一种宝贵体验。创业营销者可通过体验营销，在产品的营销过程中融入能够带给人们感官刺激的元素，让消费者在消费过程中主动感知产品的属性特点，得到视觉、听觉、味觉、嗅觉、触觉的全方位满足。案例 3.2 描述了宜家如何通过体验式营销改变消费者生活方式。

案例3.2　宜家如何通过体验式营销改变消费者生活方式

来自瑞典的宜家家居（IKEA）自 1943 年成立以来，经过数十年发展，已成为全球最具影响力的家居用品零售商，占据着不可撼动的市场地位，这与其形式多样且独特的体验式营销方式密切相关。

视觉影响法，即利用场景进行营销。宜家的营销从顾客踏进店面那一刻就开始了，简洁醒目的 LOGO，具有艺术气息的装潢，整齐罗列的商品，通过打造出最佳的视觉效果来刺激消费者的眼球神经，激发消费者的购买欲。宜家的商品布置是通过产品的使用情景模拟出来的，通过设计师的布置来创建一个小房间。在这里，顾客能感觉到产品的使用效果，可以考虑选择什么样的产品进行搭配。此外，宜家的样板间随着新品和季节的不断变化，让消费者可以迅速了解到家具应该如何布置。

听觉影响法，即利用口碑进行营销。宜家的目标群体是中等收入的家庭，使人们不必支付昂贵的价格就可以得到精美的产品，打造出口口相传的好口碑，赢得了消费者的持续关注。

感受影响法，即利用体验进行营销。宜家不会在沙发、床垫等产品上标明“损坏赔偿”“样品勿坐”等警告标志。相反，则是让消费者可以随心所欲地浏览和感受自己感兴趣的商品，能够触碰所有商品，并且，不会有喋喋不休的导购员推荐，他们通常都是安静地站在一边，除非有消费者需要询问才会走上前来。

宜家这种让消费者尽情体验的方式，极大地增强了与消费者之间的互动与信任，是利用体验式营销改变消费者生活方式的典范。

（资料来源：作者整理）

3.3　创业调研

3.3.1　创业市场调研的重要性及特殊性

企业会做出许多营销决策，例如，在新产品开发过程中，会涉及产品属性定位、目标市场选择、定价、营销沟通和渠道策略等，每一项决策背后都有若干选项，如果没有市场调研，许多决策只能靠决策者猜测或拍脑门，这样就会导致不断犯错，如价格过高、目标消费者选择错误、媒体选择失误，导致大量营销费白白浪费，甚至造成许多公司没有机会反思错误就破产倒闭了。

许多大公司通常设有专职部门负责进行市场调研工作，而中小企业，尤其是处于创业阶段的企业通常难以仿效他们的做法。创业企业通常在人力上，既没有专职的市调人员，更没有独立的市场部门；在财力上，请不起专业的市场调研公司，而市场调研工作又不能不做，否则，就不了解客户和竞争对手的情况。为此，创业营销者必须担当起市场调研的职责，了解调研的基本过程和方法，创造性地设计调研方案，具体执行工作可由创业营销者自己承担，也可借助销售人员、一般员工、经销商或代理商来完成。

3.3.2　正向市场调研

市场调研无论目标多么简单，都会有一个严谨的逻辑过程，见图 3.4。创业营销者应当遵循这个过程，以保证研究结果的有效性和可靠性，也可在时间和预算约束下实施创新或创造。

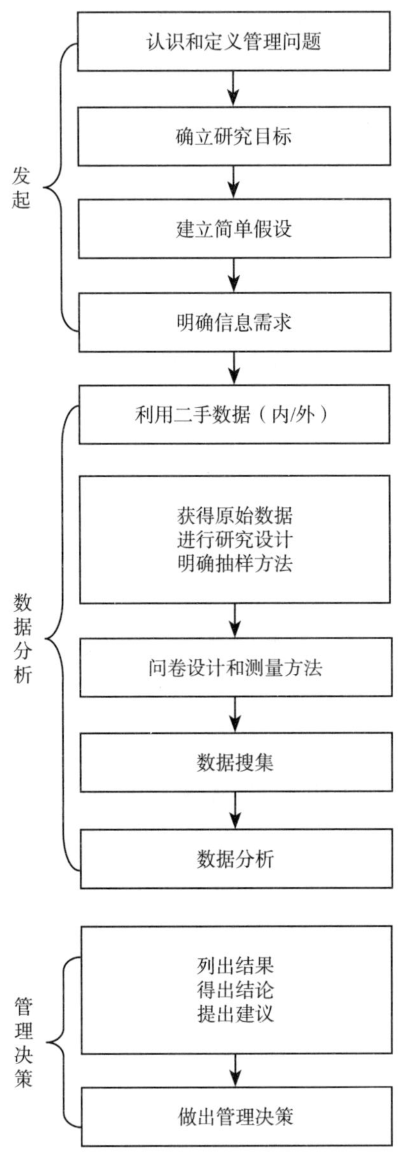

图3.4　正向市场调研的逻辑过程

（1）发起

首先，创业营销者需具体思考与决策制定相关的几个关键问题，这是发起市场调研过程的起点。创业营销者在解决这些问题时没有固定模式可借鉴，获取答案势必存在困难：

- 公司应该追求这个机会吗？它的潜在收入有多大？
- 公司在市场中的最佳定位是什么？
- 与竞争者使用同一媒体做广告是否有意义？
- 初期的营销投入所针对的目标受众是谁？
- 产品应该卖多少钱，产品定价是否依赖于目标客户？
- 通过自己还是他人建立销售渠道？

其次，由于管理问题通常涉及多个决策选项，创业营销者应根据这些选项提出相关的研究目标，即“要测量什么”，如市场规模大小、客户的想法、购买者行为等营销问题。明确测量的内容有助于剔除一些无关问题或者无关信息的干扰，最终得到真实的结论，确保研究质量。然后，列出一些简单的假设，揭示研究的主旨。此外，还需明确研究目标和研究问题所需要的具体信息，通常为目标客户细分有关的信息，如人口统计变量、行为倾向等。

（2）数据分析

创业营销者应做好二手数据的搜集和分析工作。二手数据来源包括互联网、各种专业报纸杂志、政府报告、贸易组织的研究、营销学者的研究以及公司内部的数据文件等，若能从中获取有用信息，能为公司节省很多费用。

若二手数据不能满足要求，需着手搜集一手数据。一手数据是调研人员在处理具体研究问题时产生的，它需要科学的研究设计和严谨的研究过程，也需要一些权衡和取舍，如采用焦点小组还是实施一个全国性的抽样调查？采取实验的方法还是实地观察消费者的购买行为？问卷设计是面面俱到还是突出重点？选取何种统计方法？这些都需要提前设计好。

数据分析往往是在假设的约束下进行的，需计算均值、百分比并分析变量之间的关系。创业营销者可在成本最低的情况下使用个人电脑以及廉价的统计软件包实现上述步骤。

（3）管理决策

市场调查的结果是一些统计数据，其可靠程度取决于两个方面：一是数据的来源，即访问者和被访者的诚信以及样本的大小决定了数据的可信度；二是统计的方法和置信区间的选择。无论是定量还是定性调查都蕴含着许多不确定因素，在利用调研结果进行营销决策时需要决策者从中领悟和取舍，综合考虑多种因素，做出正确的决策。

3.3.3　逆向市场调研

在现实中，虽然很多调研结论非常有趣，但很少能帮助公司做出正确的决策。为改善调研效果，创业营销者可采用逆向市场调研方法。它是和图 3.4 相逆向的决策过程，具体见图 3.5。

正向和逆向市场调研有明显的区别。正向方法认为消费者是理性的，常常借助专业的调研公司和公司的营销研究部门来完成，调查样本量大，主要通过设计问卷来有意识地思考一系列问题。这类研究常常是机械的或非人为的，很多时候，研究者不仅要考虑产品或服务特点，还要考虑定量分析中所选择的数学统计方法。

逆向方法，亦称为创业营销调研，是在低成本和低复杂程度条件下提出的。由于每个创业问题都会涉及新的研究设计，所以逆向方法经常会提供更丰富的见解，也不存在单一的研究范式。逆向方法认为消费者是感性的，他们的情感本能地影响着他们的行为，真正的挑战是要创造性地进入购买者无意识的头脑中，以此来洞察客户如何形成对产品或服务的想法或偏好。为此，可创造性地采取直接观察或间接技术了解顾客的购买行为。

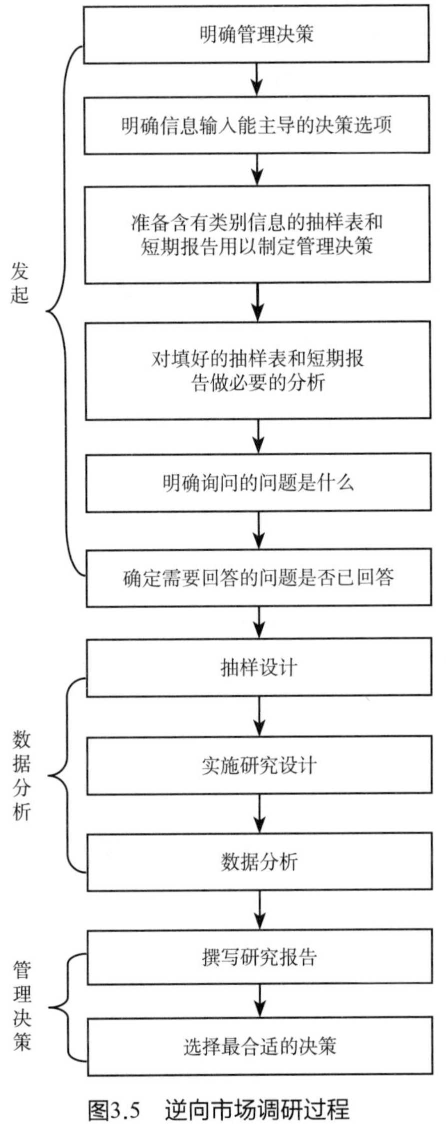

图3.5　逆向市场调研过程

资料来源：A.R. Andreasen. Cheap but good marketing research. Homewood, IL Dow-Jones Irwin,1998.

3.3.4　创业调研的原则

（1）像游击队那样思考和行动

创业营销者应把自己想象成一个游击战士，为解决某一特定问题，机动灵活地运用多种方法，尽量少花钱，多办事，充分利用各种信息来源，独辟蹊径获取重要信息。特别要巧妙利用周围环境和已知商业模式，识别顾客抱怨、购买模式和消费趋势。

（2）借力

销售人员是冲锋在第一线的战士，他们最了解“敌情”，借助销售人员一方面可以节省公司人力、物力和财力，达到事半功倍的效果；另一方面可以督促销售人员加深对市场的了解。

经销商或代理商做好本地市场工作的基本愿望是与公司完全一致的，在这一前提下，公司可以策划、指导他们做好本地区的市场调研工作，包括本地区基本状况、消费者状况、竞争品牌状况、当地媒介状况、当地政府、民间活动等方面的调查；同时，实施“动态营销”，抓住机会，巧妙借势，做好在当地的广告、促销活动。这样不仅解决了调研的一大难题，也有助于巩固双方的合作关系。

（3）捕捉无意识瞬间

消费者的感情和直觉是不易被识别和破译的，需创业营销者运用非直接的提问方式，捕捉顾客无意识的发言、措辞和非语言沟通，引起顾客情感反应，一些重要信息可能隐藏其中。

（4）全员持续调研

创业营销者应把市场调研看作一个连续的活动，时时处处搜集资料、学习并获得更多的信息、了解客户及其需求。为更快搜集信息，公司的每一个员工都应把自己看成一个市场调研者，都有责任观察潜在顾客面临的问题及顾客之间的任何细微差别，询问顾客满意和不满意的地方。关键是要建立员工时刻记录和跟踪消费者的管理制度。例如，公司每天会接到许多客户电话，要求了解产品信息或订购产品，这便是调研的大好时机，做好记录可形成一手数据，这些数据可能包括顾客未满足的需求。

（5）创造性地使用各种调研技术

拥抱技术的创业营销者才会赢得调研的主动。创业营销者可以创造性地运用各种新旧调研技术。例如，一些跟踪软件可以检查顾客在公司站点的行为特点、停留时间等；一些设备可监控带有 GPS 跟踪装置进入商场的顾客对零售商所采取的奖励措施的反应；还有一些视觉跟踪方法可以了解顾客在各种刺激下视觉注意和内部的反应，可利用神经科学工具（如脑电图、核磁共振成像等技术）来洞察顾客的心理过程；此外，创业营销者还应了解数据库相关技术，建立顾客数据库，利用软件包管理现有和潜在客户，使其成为市场调研的重要储备资源。对这一跟踪系统的合法性在国内外尚有争议，需经司法部门论证才能最终确认是否违法。

3.3.5 高效低成本创业调研的方法

（1）创业营销者亲身观察消费者行为

创业营销者不要只看市场调查的结果，而要去观察真实的消费者行为。观察方法有很多创造性形式，可以突然对被访者进行直接询问和观察，也可以从侧面进行间接观察。

（2）网络调研

在线调查是目前普遍使用的调查方法。创业营销者可逐字逐句地设计调查问项，形成网上调查问卷。被访者通过登录指定网址，在指定的日期内完成调查。然后，将这些数据导入电子表格，就可以利用一些统计软件进行分析并得出调查结论。在线调查成本低、时间短且比较灵活，可以适时进行互动。同时，创业营销者可以在线展示图像，能够实现很高的调查相应率并识别不同客户群的反应类型。案例 3.3 介绍了思科公司的网络调研。

案例3.3　思科公司的网络调研

思科公司是全球领先的互联网解决方案供应商。1984 年由斯坦福大学的一对教授夫妇创办，1986 年生产第一台路由器，实现了不同类型的网络可靠地互相连接，引发了一场通信革命。自 1990 年上市以来，思科公司的年收入已从 6900 万美元上升到 2020 财年的 519 亿美元。目前，思科公司在全球范围内的员工超过了 63000 名。思科公司于 1994 年进入中国市场，目前在中国拥有员工超过 2300 人，分布在销售、客户支持和服务、研发、业务流程运营、IT 服务外包、思科融资及制造等工作领域。思科公司在中国设立了 13 个业务分支机构，并在上海建立了一个大型研发中心。

通过思科中国首页可以看到思科公司对网络调研的重视程度，在首页最引人注意的图片播放位置邀请网站的访问者参与问卷调查，主要调查内容如下：

- 多长时间访问一次 Cisco.com（思科官网）。
- 您是如何得知 Cisco.com 的？［比如，互联网搜索引擎，思科合作伙伴，在线广告，报纸，社交网站（如 Facebook、Blogs、Twitter）］
- 今天访问 Cisco.com 的主要目的是什么？（比如，了解思科的产品或服务，购买思科的产品或服务，查找思科合作伙伴，寻求客户支持，了解培训或活动，管理我的 Cisco.com 个人资料）
- 客户如何描述其在 Cisco.com 上查找具体信息的体验。
- 评价思考网站的设计和外观，内容的数量，内容的质量，信息的覆盖面，信息的条理性，导航的便利性，良好的访问者支持，内容的时效性等。
- 通过网络问卷询问访客通常采用哪种途径访问 cisco.com，是否出于休闲或工作目的使用一些社交网站，多久访问一次，经常访问的其他高科技网站以及喜欢那些网站的原因。

通过网络调研，思科公司完成了通过传统的线下调查几乎无法操作的工作。通过回馈的问卷分析，思科能把握信息的传播途径，网站的接受程度，有待改进的地方及相关信息，这对于思科公司的相关营销决策具有积极的作用。

（资料来源：作者整理）

（3）焦点小组

焦点小组是一种灵活性很强且能有效洞察消费者需求的调查方法。它通常把顾客聚集到一个小组，每组 6 ～ 10 人，对研究问题进行 50 分钟的讨论。参与者可以畅所欲言，可以随意谈论起对某一产品或服务的情感、信任、感知和经验。因此，该小组产生的一些想法、意见等宝贵的信息能够为有效决策提供参考。

（4）领先型用户和创新型用户研究

创业营销者为发现市场机会，可物色一批领先型用户和创新型用户来进行突破式创新，从中摄取学习的信息，发现新的机会窗口，以避免错失良机。

（5）滚雪球调查

滚雪球调查是一个非常复杂、耗时但效果良好的调查过程。该方法可明确那些拥有相关经验和需求的客户，这些客户通常是一个组织。比如，为了明确 B2B 企业之间重大购买决策中的关键人物，常用此法。首先通过初步的电话沟通，明确目标组织内能够对购买决策产生重要影响的 4 个人，然后让这 4 个人中的每个人再推介 4 个有决策影响的人，依次循环往复，这个群体的人会迅速增长。随后，统计 2 ～ 3 个常被提到的名字，在多数情况下，这些人就是营销的重点。

（6）垃圾检验

垃圾检验在市场调查中被广泛应用。例如，可口可乐公司要评估一个局部区域不同饮料的市场份额，则可以去公园通过对丢弃瓶子的计数来识别市场领导者。

（7）博客调查

博客是一个网站，包含一些文本或针对一些议题的讨论、图片、视频等内容。所有人都可以在博客上发表自己的观点、信息，也可进行互动讨论。海量的博客信息可能是有价值的情报资源，从中可捕获到客户的想法、需求和行为要素，通过简单分析可确定一些重要的研究命题。此外，通过博客来观察人们之间的沟通与反馈，由此产生的洞察力有助于设计相应的营销活动。

（8）灵活运用移情图

移情图（empathy map）是一个工具，它可以帮创业营销者在研究过程中产生移情。通过移情图可洞察消费者的隐性需求，见图 3.6。说、思、感、做分别代表消费者的所说、所思、所感与所做。在一张白板上画下这个矩阵，首先根据现场观察，在不同颜色的便签纸上写下消费者的所说和所做，区分积极和消极内容，贴在白板左侧的相应位置。其次根据消费者言行推测出其所思和所感，贴在白板右侧的相应位置。最后纵观整个移情图，从所说与所做之间的矛盾、所思所感与事实之间的差异发现消费者的隐性需求，将其写在醒目的便签纸上，贴在移情图的旁边。

（9）探索其他人类学调查方法

人类学研究通常在实地捕捉人们对外在条件的反应和行为，这些条件通常是多方面的、具体的，是一系列因素共同作用的结果。例如，通过乘飞机来感受其他乘客的行为；通过扮演“神秘顾客”，观察零售环境中客户对产品或服务的行为和反应；通过一次性成像技术来记录社会生活中的消费者对产品和服务的反应，据此进行产品和广告设计。

说（Say）	思（Think）
做（Do）	感（Feel）

图3.6 移情图

资料来源：戴维•凯利，汤姆•凯利．创新自信力．中信出版社，2014.

【本章小结】

洞察消费者需求可分为满足需求和创造需求。大部分企业通过满足现有需求而获得营销机会。只有少数伟大的企业通过发现消费者未被满足的需求并创造需求而获得成功。

创业营销者可通过理解消费者行为基本要素、形成洞察消费者需求的思维、系统认识消费者购买行为的影响因素、挖掘消费者痛点等环节来满足消费者需求。

挖掘消费者痛点，通常可遵循三个步骤，即细分消费者市场、聚焦消费场景、体验消费者使用产品的全过程。

创业营销更强调创造需求，创业营销者可通过比现有消费者更懂消费者、重新定义一个产品创造新品类、关注未来消费者、改变消费者的生活方式等方法创造需求。

创业市场调研决定公司的决策质量甚至生死存亡。创业营销者可采取正向调研和逆向调研的思路，坚持像游击队那样思考和行动、借力、捕捉无意识瞬间、全员持续调研、创造性地使用各种调研技术等原则，并采用创业营销者亲身观察消费者行为、网络调研、焦点小组、领先型用户与创新型用户研究、滚雪球调查、垃圾检验、博客调查、灵活运用移情图、探索其他人类学调查方法等高效低成本的创业调研方法来了解消费者需求。

【关键术语】

满足需求（to satisfy demand）

消费场景（consumption scenarios）

消费者痛点（consumer pain points）

创造需求（to create demand）

领先型用户（leading users）

创新型用户（innovative users）

创业调研（entrepreneurial market research）

正向市场调研（positive market research）

逆向市场调研（reverse market research）

网络调研（internet-based market research）

焦点小组（focus group）

滚雪球调查（snowball survey）

博客调查（blog survey）

移情图（empathy map）

【思考题】

1. 满足需求比创造需求更易于成功吗？如何挖掘消费者的痛点？
2. 只有大企业才能创造消费者需求吗？创造需求有哪些方法？
3. 正向和逆向市场调研有哪些本质区别？简述高效低成本创业调研的方法。

【案例实训】

项目3　洞察消费者需求

1.实训目的

（1）巩固满足需求与创造需求的主要方法；

（2）训练制定创业调查方案的技能。

2.背景材料

案例3.4　宜家在创业过程中如何洞察消费者需求

英格瓦•坎普拉德1926年3月30日出生在瑞典南部的埃耳姆哈耳特，父亲是农场主。坎普拉德的幼年生活无忧无虑，家中并不缺钱，但他却热衷于骑着自行车，四处向邻居推销商品，从中体会赚钱的乐趣。他善于发现别人的需要，也善于为自己的商品做宣传。1943年，年少的坎普拉德在长辈帮助下建立了自己的公司，取名IKEA（宜家）。

宜家最初是一家邮寄公司，经营钢笔、皮夹、手表、尼龙袜等琐碎东西，几年后，坎普拉德发现了家具市场的巨大潜力。当时恰逢二战结束，瑞典人迫切需要重建家园，需要装修房子。1953年，坎普拉德决定放弃所有的其他业务，专门从事低价位家具的经营，宜家家居时代由此开始。当时瑞典国内家具市场被制造与零售商卡特尔垄断，它们靠彼此间的订货合同排斥新的竞争对手。为了对付国内各类家具展对宜家产品的封杀，坎普拉德寻找了一家被废弃的旧厂房，并把它改造成第一个宜家仓库兼展厅，从此第一间“宜家专卖店”正式诞生。他还另辟蹊径，开创了融制造商和零售商于一体的经营方式。此举大大降低了家居产品的价格，深受消费者欢迎。

坎普拉德的专卖店生意日益红火，这使它的竞争对手们恼羞成怒，他们联手挤压、限制宜家。但坎普拉德总是不断寻找各种方法绕开这些限制，他成立了一系列不同的公司，在市场上扮演不同的角色。同时，他展开了一次比较猛烈的反击，其中最狠的一招就是在交易会上公布令竞争对手难以想象的特别价格。

自此，宜家在坎普拉德不屈不挠的带领下步步扩张。1963 年，坎普拉德在挪威奥斯陆开了第一个瑞典以外的分店，而后业务很快发展到丹麦和瑞士。1974 年宜家又开辟了它在全球最大的德国家具市场，之后进入加拿大、荷兰。1985 年和 1987 年，宜家成功打入美国和英国市场。今天，宜家集团已成为全球最大的家具家居用品商家，销售主要包括座椅、沙发系列、办公用品、卧室系列、厨房系列、照明系列、纺织品、炊具系列、房屋储藏系列、儿童产品系列等约 10000 个产品。目前宜家家居在全球 38 个国家和地区拥有 310 个商场，其中有 11 家在中国大陆，分别在北京、天津、上海（两家）、广州、成都、深圳、南京、无锡、大连、沈阳。

宜家自 1998 年进入中国大陆市场以来，其扩张一直不温不火，尤其与沃尔玛、家乐福等外资零售商在中国的扩张相比，宜家显得过于缓慢。据报道，宜家 2012 年上半年在中国的销售额增长了 20% 以上。同时，宜家开始加速在中国的扩张，计划从 2012 年开始到 2016 年，每年在中国新增三家门店。宜家为什么一改在中国"蜗牛式"的扩张方式呢？深入了解消费者需求是最为重要的原因。

宜家在欧美等发达国家主要针对的是广大中低收入家庭，但是进入中国以来，由于中国人普遍消费水平低，宜家反而成了奢侈品，只是中产阶级才消费得起。

为了适应中国市场，宜家不断寻求降低成本的方法。包括扩大在中国本土的采购量。目前，宜家中国产品的原料本土采购比例已达 65%，并建立了比较成熟的供应链体系。在中国内地拥有 350 多家供货商。此外，中国物流成本的急剧上升使得宜家开始加大对物流体系建设。早在 2005 年，宜家就在上海成立了松江物流分拨中心，位于北京的第二个分拨中心正在建设。

在欧美国家，私家车非常普遍。来宜家购物的消费者并不需要提供送货服务。因此，在全球化标准中，宜家的惯例是概不送货。而对于中国消费者而言，能否提供送货服务，往往在顾客决定是否购买上起了很大作用。因此，宜家在中国本土卖场开始与中外运、宅急送等第三方快运服务商合作，为中国顾客提供有偿送货服务。同时考虑运输不便情况，将 14 天的退货时限延长为 60 天，进一步满足中国本土消费者需求。

另外，宜家产品都采用平板包装，以方便顾客自行运送，顾客需自行组装。而中国缺乏 DIY 的文化氛围，买来的产品还需费劲组装着实让中国消费者感到头疼。于是宜家针对中国市场，开始提供上门组装服务。

同时，宜家在中国创造了家居样板间的先例，将整套家居按照实际的居住形式进行布置，通过感官和实际体验来刺激了消费者前来消费。

宜家成立了专门的调研团队，收集中国人梦想中家的样子。将一个城市的家庭按照收入水平、年龄、婚姻状况、是否有孩子等分为若干个组，从每一组中随机抽取一些样本进行家访和研究。将同一需求的梦想划分为一组，根据这些需求设计出解决方案。

针对中国城市住房紧张的问题，宜家提出了“小空间，大梦想”的构思，以设计出最适合中国家庭的产品和设计方案。2012年宜家《家居指南》中70%以上的产品涉及小空间利用的灵感。如可变形的沙发，多层分隔的橱柜，衣柜门改滑动式减少空间占用等。

宜家(IKEA)俱乐部的会员申请表格上，有一条重要项目——你准备何时开始装修？选项是：正在装修，1个月内，3个月内，6个月内和没有计划。如果没有勾选，在领取会员卡时可能还会被“宜家俱乐部”的工作人员追问一遍。

ACXIOM公司是总部位于美国阿肯萨斯州的数据管理公司，他们为宜家中国市场提供客户关系数据整理和分析。该公司发现，正在装修的中国消费者，有部分会在当天就形成购买；但大量的购买将会出现在1个月之内,3个月之内的购买量也很强劲；但6个月以后，就会趋于平稳。

数据分析的结果提示宜家，与正在装修的会员消费者之间的沟通，要更多的集中在一个月内。事实上，任何有装修计划的新会员，都会很快收到宜家寄出的一整套家装资料，从视听组合到储物一应俱全，当然少不了宜家圣经般的产品目录。宜家会跟踪这些新会员的信息，看看他们是否再次来到门店或者实现购买——吸引这些新会员的未来计划还包括，向他们的会员卡中注入“电子优惠券”，以促进购买。

对宜家这样的家居零售商来说，消费者生活中的几个重要节点，比如结婚、生孩子和装修，正是有可能形成大额购买的最佳时机，其中尤以家庭装修与宜家的关联度最高。不过，基于消费者个人隐私的缘故，数据分析只能专注于研究消费者在宜家自己门店的行为，因此难以形成足够的数据以做出准确判断，消费者是否正在经历那些重大时刻。

货比三家正是中国消费者的习惯——在做出消费决定之前，他们几乎要跑遍所有的建材家具家居市场，一般都不会落下宜家。所以，最好的解决办法显然是，让消费者自己告诉宜家。而宜家则希望通过会员计划，抓住这些新顾客。

这只是宜家培养一个忠诚顾客的开端。大量的工作还在后面——零售商宜家对会员的消费行为的分析越来越细微，就能够越来越准确的把握消费者的心理，让数据分析实现一个有经验的销售人员的思维，来准确了解并预测会员消费者的需求。

这就有点像很多年以前，家门口那个杂货店的老板永远记得住每一个顾客的名字和喜好。宜家也有类似的故事，一个叫罗杰•彭吉诺的家伙在宜家亚特兰大店享有特权，他只要一走进门店，导购人员就会立刻认出他并向他介绍各种新上架的商品。罗杰让宜家人记住他的脸，靠的是他在该店开张前在门口支着帐篷苦守7日，最终获得了宜家承诺的4000美元礼券。

这只是特例。宜家的门店导购不可能记住每一个消费者，更何况在中国市场只有区区7家门店，而注册的会员数量已经达到350万，占宜家全球会员数量的1/6。在门店留心观察消费者一言一行几乎是不可能的，现在，对消费行为的分析也许能帮助宜家增强洞察消费者的能力。

那么，“Data is the key”，宜家俱乐部中国区经理曾岚强调说。“企业发卡的目的就是搞清楚，谁买了什么东西，这样就可以通过这些数据去了解消费者”，ACXIOM 亚洲 CRM 业务总监陈晓平说，“但企业需要给消费者一个理由，为什么消费者应该将你的卡放进他 (她) 的钱包”。

这听起来像是一个蛋生鸡鸡生蛋的循环过程。企业需要通过会员卡来了解消费者的消费习惯和需求，反过来还要为其提供足够的诱惑力，以保证消费者在每次实现购买时都“刷会员卡”，而这种诱惑，很大程度上产生于对消费行为细致分析后的反馈。

宜家想了很多办法来解决这个会员卡使用频率的问题。有很多是单纯为收集消费行为数据而设立的，比如一些折扣只有会员享有；会员的退换货时间延长到 180 天等等。

即便如此，“一定要刷卡”始终挂在曾岚嘴边。它揭示出会员消费行为的数据，对宜家而言是最核心的意义所在。2006 年起，宜家在全球市场上推广“宜家俱乐部”的客户忠诚计划，尽管将大量数据分析业务外包，但宜家选择自己研发消费者行为分析模型，对宜家会员消费者进行细分，核心坐标之一是会员的来店频率而不是花钱多少。

显然，频繁来店并且购买量大的会员会深受重视，但来的次数是一个比花了多少钱更重要的指标，对这些数据的分析，将决定宜家是否将会员划归类入“Loving IKEA”或者“IKEA Good Friend”这样的宜家核心消费群，和他们保持更为紧密的沟通，对这些消费者的消费行为数据进行分析，了解满足甚至预测他们的需求。

这体现出宜家在核心消费群体选择上的价值观。宜家着眼于与核心消费者建立长期联系，让他们在任何需要的时候都能想起宜家，而不仅以当前消费数额来决定是否投资于这个顾客。而在消费行为分析领域，对产品购买者的类型和购买习惯的分析，可能意味着几百个参数变量和上千亿种可能，越多的个人购买信息，越细微的分析，将越有可能提升对购买行为预测的比例。

事实上，宜家的选择迎合了潮流，越来越多的企业在选择核心消费者的时候，不再把钱看得这么重，而是根据自身行业特征提高其他筛选标准的比重。北京毕越管理咨询公司董事田同生在给《IT 经理世界》的著文中也提到，对于房地产而言，从客户忠诚度的角度来细分客户，应该是客户生命周期和客户忠诚度，而不是支付能力。但国内房地产企业往往是从价格承受能力上将客户划分为高端、中端、低端。他提供的数据还显示，国内一些优秀的房地产开发商，客户推荐带来的销售额能够占到其销售量的 45% 以上。

即使是对消费额很敏感的服装和化妆品零售商也在尝试改变，这些零售商的发卡策略绝大多数都是买够多少钱才有办卡资格。ACXIOM 公司将购买频率引入 Esprit 公司，重新细分了其消费群。接下来的一个会员日体现出收效——Esprit 以往的风格是挑选过去一年内花钱最多的那一群人，而数据分析的结果却显示其中有一部分不仅不是有价值的会员，甚至是最没有价值的“深度睡眠”会员。重新调整过邀请名单的会员日活动，投资回报比往年高出200%多。

接下来的问题是，当找到了与企业价值观吻合的核心消费者，该如何与他们沟通。很多企业通常都不知道什么才真正吸引消费者，而不仅仅是吸引消费者的注意力。这不是简单的事，掌握了大量消费者数据资源的企业有大把，但至今仍还在探讨如何更好的分析利用这些资源。上个世纪90年代末，亚马逊和其他一些公司推出了所谓关联筛选的方法，他们发现购买同一本书的人对其他一些书籍也同样感兴趣。时至今日，我们依然能在卓越亚马逊的网站上看到这种方法的应用——进步的是，两本书打包购买会更便宜。但似乎也没有更好的办法，其发给注册用户日均一封邮件几乎沦为"病毒"，尚未打开就被删除。

这也是宜家关心的问题。随着网络的不断普及，电子邮件正在成为商家和消费者之间常用的沟通方式，但"打开率很关键"，曾岚说。宜家与ACXIOM合作组成一个专门的数据分析团队跟踪这些电子邮件的去向，是否被打开，打开后是否链接往网站；是否经常被打开，打开后的购买行为又如何。通过这些繁琐的数据，宜家希望能逐渐找到有效的电子邮件沟通方式——哪一类邮件对哪一类会员消费者有效。

这并非唯一的方法。2009年宜家夏季折扣的信息，通过电子邮件发给大量会员。宜家尝试在同类细分客户群中使用不同的邮件标题，三种标题"宜家夏季折扣"，"旧的不去新的不来"和"快来占我便宜吧"分别被递送到会员邮箱，以测试那种标题更有效——后台数据分析显示，"快来占我便宜吧"成为打开率最高的邮件。

消费行为的数据分析也许是最让人崩溃的事情，不断增长的海量行为数据提供了无穷的数据源泉，我们只能希望计算机的数据分析功能强大的速度与之相匹配，要不然就只能进行海量的测试。现在，宜家每年都制定消费行为的测试计划——根据当年宜家经营策略不同重点，决定什么样的信息用什么样的方法传递给哪些消费者——测试将用来分析如何才能更有效。

与此同时，面对350万会员群体，宜家正在尝试与消费者新的沟通方式。2009年8月3日，宜家的核心消费群都收到了来自宜家俱乐部的邮件，宜家为会员消费者创建了全新的家居知识网站——乐学宜家。当然，宜家的数据分析团队将密切关注会员是否通过邮件链接上网站，并记录其在网站停留的习惯，加以分析。

这实际上是此前宜家线下课堂的线上版，内容主要是推广家居装修的知识——这是宜家信仰推销的一部分，教给消费者家装的各种知识，与此同时让这些核心消费群体从一开始就接受宜家推广的生活方式——使用价廉物美的当代设计产品，但能体现出高雅品位和价值鉴赏力。正是这种生活方式的推销，让宜家成为全球首屈一指的家居零售商。

这些消费行为数据分析真的有用么？宜家正在考虑随机找出一小组核心消费群，在一段时间内完全不与之沟通(除了收到宜家产品目录册以外)，不发邮件不发短信，折扣季新产品等等消息都不告诉他们，以量化评估其作用。请放心，你不会这么好运正好被选中；但如果被选中，那恭喜你，你是宜家的核心消费者。

2016年，宜家电商业务销售收入增长了30%，覆盖了14个国家，达到14亿欧元。同时，宜家还在全球开了19家订货提货中心（click-and-collect points），这将方便消费者线上购买产品，线下直接提货等。比如中国今年就在温州开了一家订货提货中心，在上海率先开始提供网上订购服务。2018年10月，宜家于官网宣布其线上网上商城正式试运营，该商城开放位于安徽、江西、上海、江苏和浙江等区域内的35个服务城市。

2020财年，宜家全球共开设了33家新门店，线下门店总客流量达8.25亿。受疫情影响，电商销售同比大增45%，已经占到零售总额的15%，宜家网页访问人次达创纪录的40亿。电商业务拓展到三个新市场，包括中国（3月10日，宜家在中国的官方购物APP推出，同时上线了宜家天猫旗舰店）。

在宜家推出的《家居生活报告》中，宜家用四个维度定义“家”：物品、关系、空间、地方，并在这四个维度的基础上，去探索家之所以成为家的原因。该报告提出，40%的受访者表示他们的家有一种独特的气味；23%的受访者认为，在家里拥有信号强大的Wi-Fi比社交空间更重要，而在上海，这个比例达到49%。“这些发现都能让我们更进一步地去了解每一个人的日常生活，帮助我们设计出更符合每一个普通人的产品。”宜家中国零售总裁朱昌来表示。宜家东亚产品中心产品研发主管兰尼（Lennie）在接受采访时强调说：“我们不是设计产品，我们是让事物变得更加美好。”他认为，优秀的设计应该是美观、实用、优质、可持续和低价的完美结合，这就是宜家的“民主设计”，宜家产品开发人员和设计师在整个开发过程中一直在寻求这五大要素的平衡。

（资料来源：作者整理）

3.实训任务

（1）宜家在欧美国家和中国的消费者行为类型有何不同？你认为其创业成功是创造需求还是顺应需求的结果？

（2）请根据5W2H模型分析宜家中国市场消费者行为的关键要素有哪些？

（3）从购买决策过程来看，宜家在中国市场的哪些营销策略需要改进？

4.实训步骤

（1）个人阅读

督促学生针对实训任务进行阅读，并在课前完成。针对中国学生的特点，课堂上老师或学生还需再花费10～20分钟对案例学习要点及相关背景进行简单的陈述。

（2）小组讨论与报告（20～30分钟）

主要在课堂进行，围绕“实训任务”展开讨论，同时鼓励学生提出新的有价值的问题。要求每个小组将讨论要点或关键词按小组抄写在黑板上的指定位置并进行简要报告，便于课堂互动。小组所报告的内容尽可能是小组所达成共识的内容。

小组讨论与报告

小组名称或编号：________　组长：________　报告人：________　记录人：________

小组成员：____

①小组讨论记录：

发言人1：____

发言人2：____

发言人3：____

发言人4：____

发言人5：____

发言人6：____

发言人7：____

发言人8：____

②小组报告的要点或关键词（小组所达成共识的内容）：

任务1：____

任务2：____

任务3：____

（3）师生互动（30～40 分钟）

主要在课堂进行，老师针对学生的报告与问题进行互动，同时带领学生对关键知识点进行回顾。并追问学生还有哪些问题或困惑，激发学生学习兴趣，使学生自觉地在课后进一步查询相关资料并进行系统的回顾与总结。

（4）课后作业

根据课堂讨论，要求每位学生进一步回顾本节所学内容，形成正式的实训报告。建议实训报告以个人课后作业的形式进行，其目的是帮助学生在课堂学习的基础上，进一步巩固核心知识，联系自身实际思考并解决问题，最终形成一个有效或学生自认为最佳的解决方案或行动计划。要求学生在制定方案时应坚持自己的主见，学以致用。实训报告的提纲如下：

案例分析报告模板

班级：________ 姓名：________ 学号：________ 撰写时间：______年____月____日

案例名称：____

写作目的：____

____

问题解决：

问题1：____

____

问题2：____

____

问题3：____

____

行动计划：

假如你是一个创业者，结合案例讨论，请访问宜家上海网上商城（https://www.ikea-sh.cn/），制定一个行动计划，分析宜家现有电商存在的问题，并说明如何帮助宜家创造新需求或者在家具市场发现新的创业机会。

5W2H	现有电商存在的问题	创造新需求 / 新创业机会
Why		
What		
When		
Where		
Who		
How		
How many		

（5）实训成果的考核：根据学生课堂表现和实训报告质量，评定实训成绩

【微课观看】

微课 3：创业调研的 4 大陷阱。

第4章　把握创业营销机会

如果在 80 年代那位“眼光远大的工程师”（王安电脑创始人）没有贻误战机的话，今天可能就没有什么微软公司了。

——比尔•盖茨

【学习目标】

1. 了解创业营销的微观环境及宏观环境的构成要素；
2. 掌握创业营销环境分析的技能；
3. 理解环境变化对营销机会产生的影响；
4. 认识创业营销机会的来源与途径；
5. 提高从环境变化中把握创业营销机会的能力。

【引例】

李嘉诚如何抓住创业营销机会

李嘉诚是香港长江实业集团创始人，多年名列《福布斯》全球富豪榜香港首富。2006 年 4 月 8 日，内地 30 位顶尖企业家集体拜访李嘉诚，午餐时，汇源集团总经理朱新礼问道：“国外的经济环境与中国有什么区别？”李嘉诚回答说，“很多人抱怨环境不好，实际上是没有静下心来认真去找机会。中国机会太多，到处是金矿。中国企业家应该好好抓住这些机会。”

1936 年，李嘉诚一家辗转来到香港，其父李云认识到以前对李嘉诚的那套教育完全不适应香港社会现实，于是摒弃四书五经，让李嘉诚“学做香港人”，首先学会熟练地讲广州话和英语，从而更好地适应并融入香港社会。创业初期，李嘉诚是一名推销员，推销过五金及塑胶产品，凭借勤劳、机敏和对用户心理的洞察，销售业绩骄人。1950 年，李嘉诚创办长江塑胶厂，由此开始，李嘉诚总是认真寻找每一个机会。到今天，他已经勇敢地跨越了一个又一个行业，由制造业到地产业，再到港口业、电信业，之后又进入零售业，尽管他在每一个行业都属于后来者，但他不断地超越前人和自己，最终成为每一个行业中的数一数二的人物。李嘉诚说过：“一个新生事物出现，只有 5% 的人知道时赶紧做，这就是机会，做早就是先机；当有 50% 的人知道时，你做个消费者就行了；当超过 50% 时，你看都不用去看了！”

李嘉诚对政治一直保持距离，在商言商，颇有欧美早期的清教徒之风，但他的生活和事业已与政治、经济、文化、科技牢牢地系在一起了。20世纪50年代从事加工企业与全球性的政治动荡相关，60年代在香港的所有收购举动都与内地政治变化有关：内地“文化大革命”造成的香港移籍潮使其在1967—1969年收购了不少廉价地产；70年代后英资怡和在香港的信心出现动摇，李嘉诚趁机与其直接竞争并一举收购和记黄埔；80年代初，中英双方在香港问题上的争端再度给市场带来动荡，李嘉诚逢低收购港灯和青州英泥；在中英签署联合声明后联合其他地产商一举收购置地公司。这期间，他在股市中低进高出而大获其利的操作更是数不胜数。他曾说过：“生意人也要讲政治。中国向来商政不分家，经商必须要靠国家政治上和经济上的稳定来保证，所谓的‘商人莫谈国事’完全是狭隘的观点。”

（资料来源：作者整理）

思考：

1. 你认为李嘉诚创业成功是偶然的吗？
2. 你认为李嘉诚靠什么来抓住创业营销机会的？

把握创业营销机会是一个复杂的过程，它涉及微观环境和宏观环境的诸多因素。创业营销者应未雨绸缪，洞察营销环境的微妙变化，创造、发现和识别营销机会并进行价值创新，才能抓住稍纵即逝的创业营销机会。

4.1 创业营销环境类型及分析

4.1.1 创业营销的微观环境

微观环境为创业营销提供直接的机会，它涉及公司、供应商、营销中介、顾客、竞争者、公众等主要参与者，见图4.1。

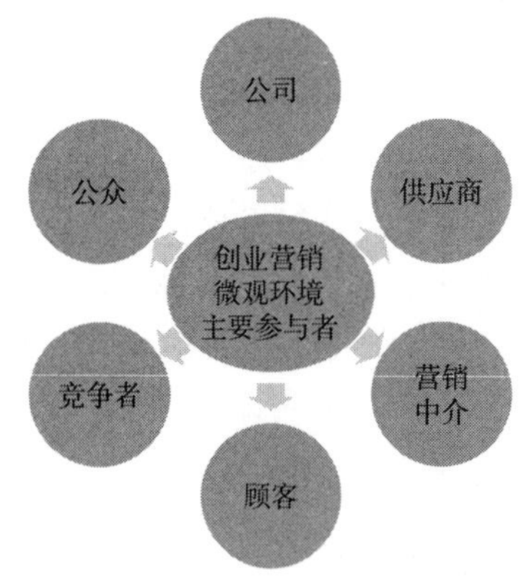

图4.1 创业营销微观环境的主要参与者

（1）公司

公司是营销微观环境的首要因素。成功的创业营销者都是一流的营销人员，但创业营销者通过创建新公司，可以吸引更多的营销人才一起创业，创建有效的创业营销团队，从而更好地整合各种营销资源。

（2）供应商

原料、材料、燃料、机械设备、技术、信息、资金和劳务等资源供应的可靠性、价格变动趋势和质量水平是创业公司进行创业营销的重大挑战。创业营销者需通过建立创新而有效的商业模式，与供应商建立一种共同创业、利益共享的长期关系，从而创造性地整合各种资源。

（3）营销中介

营销中介主要包括：

①经销商，包括批发商和零售商。

②物流公司，包括包装、运输、仓储、装卸、搬运、库存控制和订单处理功能等实体分配要素。

③营销服务机构，包括营销调研机构、广告代理商、媒体和营销咨询机构等。

④金融中介机构，包括银行、保险公司、信托投资公司和其他从财务上支持交易。

营销中介可提高创业营销的效率、专业性和有效性，但通常情况下，创业公司难以获得这种机构的支持，因此，需要创业营销者与之建立一种创新型的关系，如吸纳这些机构的主要负责人进入创业团队。

（4）顾客

彼得•德鲁克认为，企业唯一有价值的目标就是创造顾客。创业营销者要进行有效的营销，就必须认真研究顾客市场。顾客市场依不同标准和特点可划分成许多类别，主要包括消费者市场、生产者市场、转卖者市场、政府市场和国际市场等。

（5）竞争者

创业营销者不管选择哪种市场，都会面对形形色色的竞争对手。在竞争性的市场上，除来自本行业的竞争外，还有来自代用品生产者、潜在加入者、原材料供应者和购买者等多种力量。要取得创业营销成功，创业营销者就必须提供比其竞争对手更大的顾客价值和顾客满意。

（6）公众

公众主要包括融资公众、媒体公众、政府公众、社团公众、社区公众、一般公众、内部公众七类。许多创业营销者针对银行、投资公司进行大量营销活动，以吸引投资，解决创业初期资金紧张的问题。

4.1.2　创业营销的宏观环境

在当前中美贸易战、科技脱钩叠加之下，许多企业痛彻地认识到，宏观营销环境并非无关企业营销的因素。事实上，每一个转折、转型的关口，忽略宏观营销环境的变化，都有可能将企业置于死地。而新兴企业正是基于对宏观环境的洞察发现机会，顺风甚至逆风而起。宏观环境对创业营销活动产生诸多间接影响。图 4.2 所示为创业营销宏观环境的六种主要因素，包括人口环境、经济环境、自然环境、政治法律环境、科学技术环境、社会文化环境。

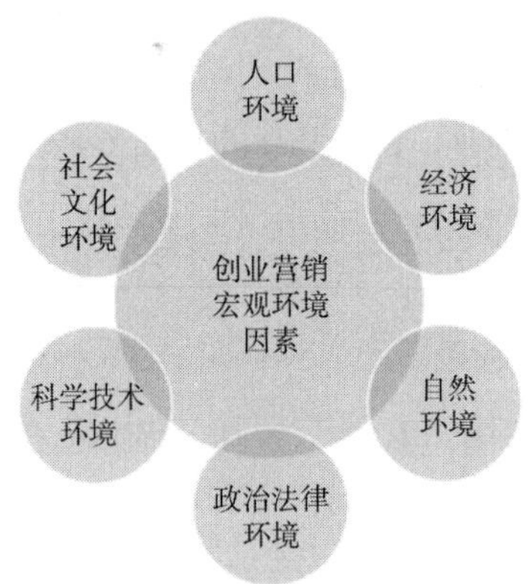

图4.2　创业营销宏观环境的六种因素

（1）人口环境

人口是构成市场的第一因素。它包括人口总量、年龄结构、地理分布、家庭组成、人口性别等因素。

（2）经济环境

经济环境一般是指影响企业市场营销方式与规模的经济因素。它主要包括消费者收入与支出状况、消费者的储蓄和信贷、经济发展状况等因素

（3）自然环境

自然环境主要是指营销者所需要或受营销活动所影响的自然资源。

（4）政治法律环境

政治法律环境包含政治环境和法律环境。前者主要包括政治制度与体制，政局，政府的态度等；后者主要包括政府制定的法律、法规。

（5）科学技术环境

现代科学技术是社会生产力中最活跃的因素，是知识经济的血脉。作为重要的营销环境因素，它不仅包括科技发明，还包括与企业市场有关的新技术、新工艺、新材料的出现和发展趋势以及应用背景。

（6）社会文化环境

社会文化主要是指一个国家、地区的民族特征、价值观念、生活方式、风俗习惯、宗教信仰、伦理道德、教育水平、语言文字等总和。它包括教育水平、宗教信仰、价值观念、消费习俗、消费流行等因素。

4.1.3 创业营销环境分析方法

（1）PEST 分析法

PEST 分析是指宏观环境的分析，P 是政治（Politics），E 是经济（Economy），S 是社会（Society），T 是技术（Technology）。PEST 分析的主要内容见表 4.1。

表4.1 PEST分析的主要内容

环境	主要内容
政治环境	- 政治环境是否稳定 - 国家政策是否会改变法律，从而增强对企业的监管并收取更多的赋税 - 政府所持的市场道德标准是什么 - 政府的经济政策是什么 - 政府是否关注文化与宗教 - 政府是否与其他组织签订过贸易协定，如欧盟（EU）、北美自由贸易区（NAFTA）、东盟（ASEAN）等
经济环境	- 利率与汇率 - 通货膨胀率与人均就业率 - 人均 GDP 的长远预期等 - 居民可支配收入水平 - 能源供给成本 - 市场机制与市场需求
社会环境	- 信奉人数最多的宗教是什么 - 这个国家的人对于外国产品和服务的态度如何 - 语言障碍是否会影响产品的市场推广 - 这个国家的男人和女人的角色分别是什么 - 这个国家的人长寿吗？老年阶层富裕吗 - 这个国家的人对于环保问题是如何看待的
技术环境	- 科技是否降低了产品和服务的成本，并提高了质量 - 科技是否为消费者和企业提供了更多的创新产品与服务，如网上银行、新一代手机等 - 科技是如何改变分销渠道的，如网络书店、机票、拍卖等 - 科技是否为企业提供了一种全新的与消费者进行沟通的渠道

（2）SWOT 分析

SWOT 分析可帮助创业营销者对所处的内外部环境进行综合和概括的一种分析方法，它是对企业优势（Strength）、劣势（Weakness）、机会（Opportunity）和威胁（Threats）的分析。其中优劣势分析主要着眼于企业自身的实力及其与竞争对手的比较，而机会和威胁分析将注意力放在外部环境的变化及对企业的可能影响上。SWOT 分析最终要形成 SO、

ST、WO、WT 策略，见表 4.2。

表4.2 SWOT分析矩阵

企业外部因素	企业内部因素	
	优势（S）	劣势（W）
机会（O）	SO 战略	WO 战略
威胁（T）	ST 战略	WT 战略

（3）产业环境的五力分析

创业营销者进入一个新的产业，需对该产业的竞争者、新进者、替代者、购买者的议价能力、供应商的议价能力五种力量进行分析，以此明确该行业的竞争状况和营销机会。图 4.3 所示为五力模型分析。

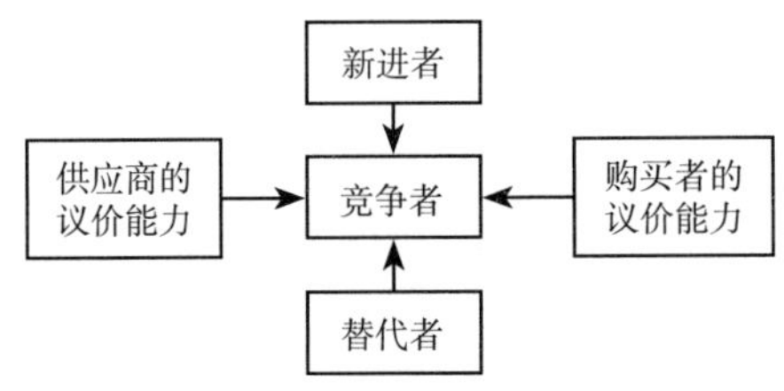

图4.3 五力模型分析

（4）外部创业环境的不确定性分析

当前，受全球化、逆全球化和技术变革速度加快的影响，创业营销者面临越来越动态、多变、复杂的营销环境，需采取多种方法来分析这种不确定性的营销环境。根据环境简单与复杂程度、稳定与不稳定程度形成四种环境状况，见表 4.3。

表4.3 外部创业营销环境不确定性分析

营销环境	简单	复杂
稳定	- 不确定性程度低 - 采取传统环境分析方法 - 如面粉加工企业	- 不确定性程度低至中 - 采取传统与创新环境分析方法 - 如保险公司、银行
不稳定	- 不确定性程度中至高 - 采取传统与创新环境分析方法 - 如时装公司、玩具公司	- 不确定性程度高 - 采取创新环境分析方法 - 如电讯公司、航空公司

企业必须认清自己的外部创业营销环境状况，才能制定有效的创业营销战略，否则会使企业的营销和经营活动严重受阻，案例 4.1 描述了蚂蚁集团上市因监管环境变化而暂停

的过程。

案例4.1　蚂蚁集团上市因监管环境变化而暂停的过程

2020 年 7 月，支付宝母公司蚂蚁集团宣布，启动在上海证券交易所科创板和香港联合交易所主板寻求同步发行上市的计划，寻求 IPO 估值至少 2000 亿美元。9 月，上交所科创板上市委公告，蚂蚁集团首发获通过。10 月，上交所官网显示，蚂蚁集团股 IPO 初步询价已完成，有经过近 1 万个机构账户询价，最终 A 股发行价确定为每股 68.8 元，总市值约 2.1 万亿元 。香港上市发行价格定为每股 80 港元。

11 月，银保监会与中国人民银行等部门起草《网络小额贷款业务管理暂行办法》，对网络小贷公司的注册资金本下限、单户贷款余额、资金用途等均提出明确要求，其中对蚂蚁集团影响最大的是“在单笔联合贷款中，经营网络小贷业务的小贷公司的出资比例不得低于 30%”这条监管指标。随后，上交所发布暂缓蚂蚁集团科创板上市的决定。

自 2020 年 11 月以来，中国人民银行等金融监管部门多次约谈蚂蚁集团实际控制人马云、董事长井贤栋等高层领导，督促指导蚂蚁集团按照市场化、法治化原则，落实金融监管、公平竞争和保护消费者合法权益等要求，规范金融业务经营与发展。

（资料来源：作者整理）

4.2　创业营销机会的成因

（1）环境变化

变化是永恒的，创业营销环境中的任何一个要素发生变化都孕育着新的营销机会。近年来，消费者的选择越来越多，产品被快速模仿，生命周期缩短，这一切使市场呈现出前所未有的复杂和多变。技术变化促进了互动和虚拟网络的发展，缩小了时空的限制，加快了变化的速度。多年来，全球化淡化了区域、边界、行业等概念，为创业营销者开发新的市场、提出新的价值主张创造机会，导致原有的行业领导者惊慌失措。例如，音乐行业目前就处于混乱的状态，而且面临着苹果公司的激烈竞争；沃尔玛也面临着网上书店亚马逊的威胁。今天是竞争者，明天就可能变成合作者；今天还在盈利，明天就可能亏损；今天还是市场上的主要竞争者，明天就可能被淘汰。例如，柯达胶卷因在数字变革中行动迟缓而惨遭市场淘汰。近几年，逆全球化思潮抬头，营销环境的不确定性又增加了新的变数。

环境变化带来威胁的同时，也带来新的机会。这是理解创业营销的关键。胜利属于那些能够看见机会并且通过创新利用机会的人。由于消费者的权利越来越广泛，某种程度上创业营销者不得不放弃对营销的控制权，这为创业营销者提供了无限的商机，抖音短视频的流行就是全新的、反映社会网络化趋势的一个例子。新技术力量和新市场知识之间的持续互动，再加上激烈竞争的快速变化，使得创业营销不再是一个企业的选择，而是一个必然的趋势。伟大的创业营销者能洞察各种宏观与微观环境因素的微妙变化，适应甚至创造环境，从而取得创业营销的巨大成功。案例 4.2 描述了字节跳动公司是如何在环境变化中抓住长视频创业营销机会的。

案例4.2　字节跳动公司如何抓住长视频创业营销机会

2020 年春节，除了有关疫情方面的内容，唯一能够引发全民刷屏的必定是今日头条请全国人们免费看贺岁片。

受疫情的影响，全国大部分影院均宣布在春节期间暂停营业，所有的贺岁电影纷纷取消上映。然而，徐峥的《囧妈》却在一片惨淡声中突围而出——把院线电影放到线上免费播出。

字节跳动以 6.3 亿元的价格买下了《囧妈》的版权，宣布于大年初一在抖音、西瓜视频、今日头条免费播出，邀请全面人民免费看电影。字节跳动的这一举动收获了全民好评，不仅拯救了惨淡的春节档，而且实现了春节档在线首播，消息一出，瞬间在各大媒体刷屏。

《囧妈》和字节跳动创造了 2020 年经典的营销案例之一，在这次营销事件中，字节跳动不仅懂得及时抓住营销时机，为自己圈一波国民好感，更懂得长线布局，以犀利独到的眼光，切中要害，及时抓取了舆论的热点和最佳营销节点，轻松进入了长视频领域。

（资料来源：作者整理）

（2）创造性破坏

创业营销者应是通过开发和创造不确定性来获得机会的革新者。创业营销活动总是和创造性破坏联系在一起。创业营销活动包括：引进一种新的运营过程或者一种新的生产方法、新产品或服务、现有产品或服务的新用途；开发新市场；使用新的原材料或中间产品；开创一条新的销售渠道，如戴尔靠直销大获成功；采用一种全新的定价策略或促销方式，如《征途》免费游戏，最大的特点是不再根据玩家的在线时间而收费，从计时收费转向特殊道具和服务性收费。

环境的变化从根本上重塑了市场的混合、聚合、杂交及演进，要求企业采取全新的营销方法。对企业来讲，必须学会对自己的产品进行创造性破坏，及时淘汰过时的产品。事实上，即使自己不淘汰过时的产品，竞争者也会使之淘汰。索尼创始人盛田昭夫曾经说过："我们不是服务于市场，我们是在创造市场。"

创造性破坏因要求企业积极寻找、开创新市场甚至改变整个行业，所以需应对三方面挑战：一是预测变化并快速做出反应；二是具有支撑新市场开发的核心竞争力；三是更快地学习、更好地创新以探索新的市场领域。比如，QQ 诞生于 PC 互联网时代，微信诞生于移动时代，虽然二者同是腾讯旗下的社交产品，但是微信的出现对 QQ 来讲是一种创造性破坏，很多人认为微信最终会淘汰 QQ。

（3）机会窗

机会窗是在既定商业概念下追求机会的最佳时机，见图 4.4。对于曲线 A 和 B，进入一个新机会的最佳时机就是途中阴影区域，曲线 A 机会窗开启时间要长于曲线 B，但二者的销售收入差别不大。对于曲线 B 来讲，若进入市场过早（如在 Tb1 之前进入），销售收入机会很不理想，导致企业过早地放弃机会；但若进入市场太晚（如在 Tb2 之后进入），就会面临价格竞争的压力以及机会窗关闭的威胁。

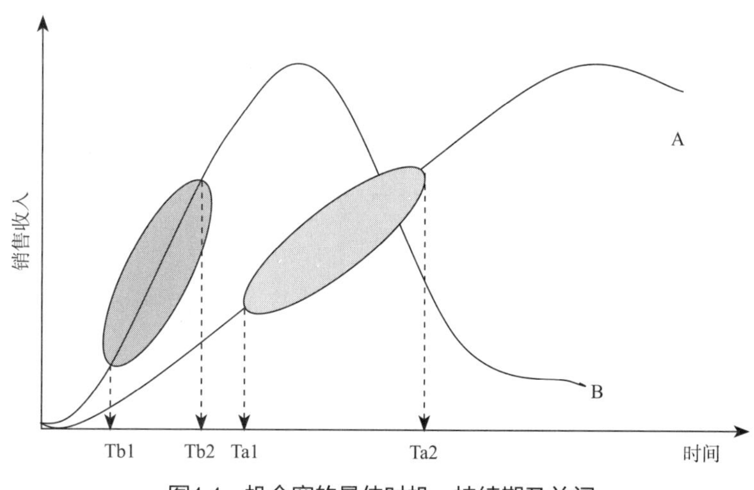

图4.4　机会窗的最佳时机、持续期及关闭

4.3　创业营销机会的产生

（1）创业营销机会的来源

创业营销机会来源于市场，从更广泛意义上来讲，来源于环境。它通常是变化所带来的市场空白点。具体包括以下几种形式：

- 突发事件（无法预料）：如 2003 年的非典事件、2008 年的汶川地震和 2020 年的全球疫情，给一些新产品和服务提供了机会，如疫情期间口罩、医疗、防护产品成为热销产品；
- 与预期不一致的变化，如股市的变化；
- 由于原材料短缺造成的行业改变或者由于管制而引起的行业市场结构改变，如中国的房地产行业；
- 由于人口统计特征的变化而带来的市场变化，如家庭规模缩小、二胎家庭、老年人外出旅游机会的增多等；
- 人们对事务认知、心理或意义的改变，如现在人们对健康和食品安全问题越来越重视，使得外出就餐的菜单和绿色食品的需求也发生了变化；
- 由于科学技术水平的进步而带来的变化，如激光可以用在眼科手术、移植手术及钻石的切割上；

• 沟通方式的变化，如直播电商、短视频广告及电子商务机会。

（2）创业营销机会的创造、发现和识别

机会的产生包括创造、发现和识别三种途径。其中，创造是在识别和发现之前更具普遍性的方法，见图 4.5。创造机会面对不可预料的市场，存在大量的可能性，但很大程度上靠个人发现新奇事物的天赋和不懈的努力，遵循多试和风险可承担原则；发现机会是在未来无法预测而环境变化的情况下，通过仔细积极地寻找被忽略的因素而得以实现；识别机会是运用现有知识，采用逻辑的、理性的推理过程，使方法和目的之间能够更好地匹配，以创新的方式组合起来，并通过探寻模式来实现。

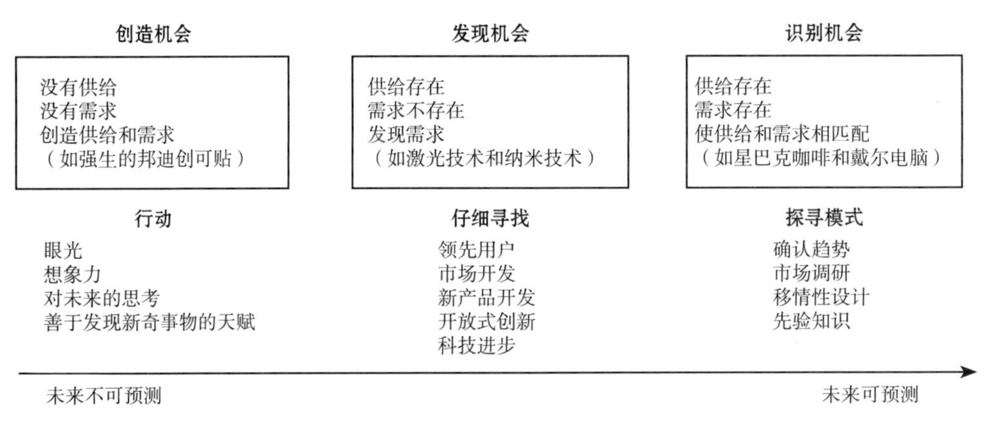

图4.5　创业营销机会产生的三种途径

（3）创业营销机会的根源：价值创新

创业营销就是通过识别和开发机会去创造新价值。创业营销者必须在市场机会的真正吸引力还不明晰之前就实现价值创造和把握机会。只提供价值而没有创新，只能增加收益，只有创新而没有价值的创造则过于理想化，导致消费者并不愿意为此支付相应的价格。只有价值和创新都具备时才是价值创新，才能产生巨大的飞跃。

价值创新是为了比竞争对手更好地满足顾客的需求或解决顾客的问题。创业营销者不能满足于提供附加价值，而要学会创造突破性价值，如针对市场空隙创造全新的市场（如亚马逊、苹果 ipod、iphone）；在现有行业中开辟一片新市场（如西南航空提出快乐旅行、低价与准时）。这就要求创业营销者重新思考营销，即重新定义需求、重新构思价值主张、重新整合销售渠道、重新定位竞争者、重新整合行业、重新思考产品各种可能的用途。例如，共享单车的出现是为了解决“最后一公里”问题，确实满足了需求，但由于运行成本太高，要求创业营销者必须在广告、数据等方面进行价值创新，才能实现可持续发展。

【本章小结】

微观环境为创业营销提供直接的机会，涉及公司、供应商、营销中介、顾客、竞争者、公众等因素；宏观环境对创业营销活动产生间接影响，包括人口环境、经济环境、自然环境、科学技术环境、政治法律环境、文化环境。

创业营销环境分析方法包括PEST分析法、五力分析法、SWOT分析法和不确定性分析法。

创业营销机会的成因是环境变化、创造性破坏和机会窗。它主要来源于突发事件、与预期不一致的变化、行业改变或市场结构的改变、人口统计特征的变化、认知、心理或意义的改变、科技进步、沟通方式的变化。

创业营销机会的产生包括创造、发现和识别三种途径。创造机会面对不可预料的市场，存在大量的可能性；发现机会是通过仔细积极地寻找被忽略的因素而得以实现；识别机会是运用现有知识，以创新的方式组合起来，通过探寻模式来实现。

创业营销机会的根源是价值创新，只有价值和创新都具备时才是价值创新，才能实现营销突破。

【关键术语】

营销环境（marketing environment）
微观环境（micro environment）
宏观环境（macro environment）
供应商（supplier）
营销中介（marketing agency）
竞争者（competitor）
公众（public）
人口环境（population environment）
经济环境（economic environment）
自然环境（natural environment）
科学技术环境（science and technology environment）
社会文化环境（social and cultural environment）
五力分析（five forces analysis）
环境不确定性（environmental uncertainty）
环境变化（environmental change）
创造性破坏（creative destruction）
机会窗（window of opportunity）
创造机会（creating opportunities）

发现机会（discovering opportunities）
识别机会（identifying opportunities）
价值创新（value innovation）

【思考题】

1. 举例说明外部创业营销环境不确定性分析的方法。
2. 简述创业营销机会的成因。
3. 简述创业营销机会产生的三种途径。

【案例实训】

项目4　把握创业营销机会

1.实训目的

（1）练习使用 PEST 法分析联想创业初期所面临的宏观创业营销环境；
（2）巩固对创业营销机会根源的理解；
（3）加深对创业营销环境复杂多变性的认识并掌握应对方法。

2.背景材料

案例4.3　康师傅公司是否进入方便米饭市场

康师傅控股有限公司（以下简称康师傅公司）董事长兼执行总裁魏应州庆幸自己选择了大宗物资产业，因为食品中的方便面、水都属于“生理上需求”，受金融危机影响有限，饮料受到的影响相对较大，但总体上，作为公司的老板，他并没有受到金融危机大的困扰。相反，最近的一些消息让他兴奋不已，据尼尔森调查机构的数据显示，截至2009年6月底，康师傅在中国方便面市场份额为54.1%，远远超过排在后面的竞争对手的市场份额。老牌劲敌、同是来自中国台湾的统一公司的市场份额下降到7.8%，从老二下滑到“老四”的位置，康师傅在方便面市场的“老大”位置日益稳固。

但魏老板并没有高枕无忧。最近，来自公司新产品部门的一份报告，引起了他的注意。报告称，方便米饭每年以30%速度在增长，一些有实力的食品企业开始投资该产品领域。根据自己10多年在大陆当地近距离的观察、体验与经营的经验和教训，大陆方便米饭市场短期内机会不会太大。但是，保持对市场变化的敏锐一直是他创业成功未公开的秘密。作为目前世界上最大方便面生产企业的老板，面对方便米饭市场的变化，他自然不能毫无反应。为此，他召集多年来号称自己左膀右臂的两个公司高层主管开会，会议在天津经济技术开发区三大街康师傅集团总部大楼自己的办公室进行。原计划40分钟的会议开了将近

2 个小时，两位高管的争论引起了他的忧虑。

营销副总裁藤先生建议公司新年度应大幅度增加有关方便米饭市场调查与研究预算，开展新产品上市前期市场调研等相关准备工作；技术副总裁钱先生与藤副总的意见截然相反，认为从产品研发、生产工艺角度，方便米饭是一个全新的领域，不是简单地通过增加研发费用就可以解决，还需要增加新的研发人员、实验室、相关设备以及生产线，这样可能会影响康师傅在方便面产品上的专注度和竞争力。另外，方便米饭市场前景到底如何？也是个未知数，希望公司慎重考虑，暂不要进入该市场。

滕副总觉得产品技术和生产不是核心问题，可通过招聘、培训高水平的技术与生产人员来解决，市场前景问题很重要，可通过严谨系统的市场调研加以解决。

魏老板并不是一个太有耐心的人，他脾气暴躁在公司是有名的，但他觉得两位副手说的都有道理，所以一直仔细地听着。作为一个身经百战的企业家，曾在方便面市场取得巨大成功之后，陆续在纯净水、绿茶、乌龙茶、果汁饮料、八宝粥、“3+2”夹心饼干、米饼等产品上取得让同行业刮目相看的业绩，他不想因为自己的决策失误或者优柔寡断而错失良机。当年，同省兄弟，实力远比自己强大的统一公司就是因为到大陆投资方便面市场比自己晚来一步，使康师傅方便面在大陆消费者心目中成为“方便面”的代名词，从而成就了康师傅在大陆方便面市场老大的位置。

魏老板做人直率，做事务实、果敢，这已经成为他管理公司的风格，渗透到日常工作的每一个决策。若在平时他会主动打断两位公司高管的激烈争论，快速地做出决策，并让两位副手部署有效的行动计划。但是此时此刻，他似乎有些犹豫，困扰他的三个问题是：①方便米饭市场有增长的机会吗？②前期市场调研该怎么做？投入是一笔不小的费用，值得吗？③康师傅何时进入该市场呢？但是，凭自己的经验和直觉，魏老板很快做出初步判断，第一和第三个问题似乎不易解决，第二问题看似简单，但操作起来较复杂。他回想起自己当年方便面市场成功之后进军茶饮料市场的情景，投入的人力、物力、财力巨大，即使这样，决策时仍面临很多不确定因素。

公司的发展及现状

（1）公司简介

康师傅控股有限公司是目前世界上最大的方便面生产企业。1992 年，第一包“康师傅红烧牛肉面”上市，如今，年产方便面近 100 亿包。公司由四大事业群组成，分别为：方便面事业群、饮品事业群、糕饼事业群以及配套事业群，见图 4.6。全国分为八大区域，分别是：华北区、华南区、华东区、华中区、西北区、西南区、东北区及上海地区。方便面、饮料、饼干三大主要业务，超过四百多个品种，涉及“康师傅”纯净水、绿茶、乌龙茶、果汁饮料、八宝粥、“3+2”夹心饼干、米饼等产品。2007 年营业额达 32 亿美元（2004 ~ 2008 年的经营业业绩见表 4.4），于中国方便面与即饮茶的市场占有率分别为 47.0% 及 51.9%，排名第一。

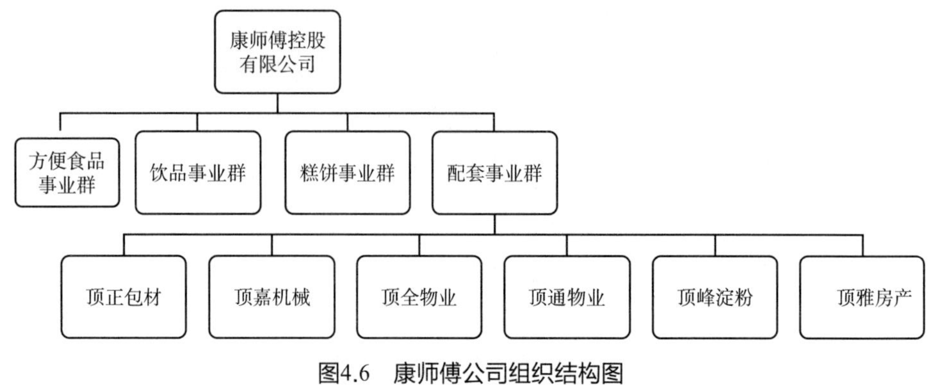

图4.6　康师傅公司组织结构图

表4.4　康师傅公司2004～2008经营业绩

单位：百万美元

业绩	2004	2005	2006	2007	2008
营业额	1467	1846	2332	3215	4272
比上年增长（%）	16	26	26	38	33
EBIDTA	126	291	353	478	652
比上年增长（%）	17	131	21	36	36

资料来源：公司年报。

截止2007年底，康师傅拥有535个营业所，82个仓库，5999个经销商，68717个直营零售商及超过10000名销售人员，生产基地51个，生产线364条，员工人数达45990人。

二十多年来，秉持“回馈社会、永续经营”的精神，公司在中国大陆不断发展。据尼尔森2020年12月数据显示，以销售量为基准，康师傅方便面及即饮茶（含奶茶）的市场占有率分别为43.7%及43.6%，稳居市场领先地位；果汁市场占有率为17.3%，居市场第二位。

（2）创业历程

康师傅公司的前身原是1958年创立于台湾彰化的鼎新油厂，1974年更名为顶新制油公司，以生产工业用蓖麻油为主。1988年，中国大陆实施改革开放政策，康师傅的创始人魏氏四兄弟：魏应州、魏应交、魏应充和魏应行迫于岛内市场发展空间狭小，于是决定到大陆考察投资，从此四兄弟便踏上了一条筚路篮缕的创业之路。公司创业初期，受家人重托，魏应行先后在北京、内蒙、济南等地区投资办厂，并推出了“顶好清香油”“康莱蛋酥卷”等知名产品。但由于当时国内整体消费水平偏低，这些产品“叫好不叫座”，一度使公司在大陆的经营投资陷入困境。经过几年摸爬滚打取得的经验教训，以及对市场的冷静分析，直到1991年底，魏氏兄弟决定投资方便食品。经过多方考察，选中了具有超前服务意识的“天津经济开发区”作为“康师傅”第一个生产基地。1992年7月18日，天津顶益国际食品有限公司正式投入运营，“康师傅”第一碗红烧牛肉面在天津开发区诞生了。从此“康师傅”方便面伴随着“香喷喷，好吃看得见”的承诺飞进了千家万户，一时间“康师傅”成为消费者心目中方便美食的代名词。

从1993年开始，以合作经营方式引进台湾专业制造商来大陆投资设厂，先后建成了纸箱厂、PSP碗厂、包膜厂、塑料叉厂等配套服务厂商，形成了产业的垂直整和，为“康师傅”的进一步发展奠定了坚实的基础。从1994年到1997年是“康师傅”快速成长的时期。由于大陆幅员辽阔，以天津一个生产基地很难将公司的所有产品辐射到全国。从94年开始，“康师傅”相继在广州、杭州、武汉重庆、西安、沈阳等地设立生产基地，并在全国形成了一个区域化的产销格局。“康师傅”在完善产销体系的同时，其投资领域也不断扩大，从方便食品事业发展到包括糕饼事业、饮品事业等多个事业领域。如今，“康师傅”系列产品不仅行销全国，并出口至美国、加拿大、新加坡、西欧及俄罗斯等国家。2012年康师傅以子公司5%股权，换取百事可乐在中国24家装瓶厂，以及部分品牌的独家分销权。2020年12月数据显示，百事碳酸饮料销售量市场占有率以33.4%居市场第二位。

行业背景

有关统计数据显示，中国方便米饭每年以30%速度在增长，整个行业呈现快速发展的态势。目前大规模的方便米饭企业国内有4家，据资料显示，方便米饭代表品牌有上海乐惠、上海梅林、徐州今米房、河南三全等。

目前的方便米饭还是在初级市场导入阶段，高价位的产品是导入期的先锋部队，还没有形成行业规模；还只是停留在与方便面打差异战的阶段，仅仅是消费者吃腻了方便面，而作为尝试性产品的一个品类。随着行业发展各企业加强技术研发，加大批量化生产，逐渐控制成本，方便米饭产品会更适合大众化消费。

同时，国家也强制要求方便面中的蛋白质含量不低于8%，以保证其营养。方便食品将由一个大众市场蜕变成一个专业细分市场。尤其是自2016年以来，随着外卖餐饮行业的持续火爆，康师傅方便面销售持续下滑。方便米饭最大特点是以米饭为主食，配以各种口味菜肴，符合中国人饮食习惯，营养合理、食用方便。随着越来越多有实力企业的加入，更多的方便米饭新产品将持续面市。从目前来看，大部分企业都选择稳扎稳打，意图共同培育市场基础和消费习惯。

魏老板其人

在中国普通老百姓眼里，康师傅几乎是个家喻户晓的名词，但提到魏应州，却没几个人能立刻把他与康师傅联系起来。尽管康师傅品牌的广告从未离开过人们的视野，但这位康师傅控股有限公司的董事长和他的兄弟们却显得默默无闻，同其他早期进入中国内陆投资的台商一样，不事张扬、为人低调。

1954年，出生于中国台湾彰化的魏应州，是魏家四兄弟的老大。4岁时，父亲魏德和在中国台湾创立鼎新油脂加工厂，主营蓖麻油、棕榈油等。1978年，魏德和去世后，鼎新由四兄弟接管。

由于在中国台湾岛内的发展始终磕磕绊绊，20世纪80年代末期，魏家兄弟带着1.5亿新台币到大陆试水。从1989年到1991年的3年时间，魏家在北京、济南、秦皇岛、通辽等地开办了4家合资企业，尽管产品质量出色，但当时大陆市场消费者的购买力却不足，1.5亿新台币的本金也亏损过半。

魏应州1991正式加入康师傅公司，作为公司董事长，依靠其在食品生产管理及研究方面的丰富经验，通过负责公司整体策略、规划及发展等重大事宜，带领公司不断快速成长，在中国大陆食品行业取得了骄人的业绩。2015年韦俊贤接替魏应州任集团行政总裁，魏应州将继续担任董事会主席。

面临的问题

（1）方便米饭市场是否有增长的机会

藤副总是公司的元老，亲身经历公司方便面、茶饮料等拳头产品上市决策的全过程，魏老板对他的意见从不会小视。魏老板私下认为滕副总行事有点不合常规，有时会有些很奇怪的想法。比如，魏老板当年认为滕副总关于作茶饮料的想法不可理解，但随后的市场销售证明他的想法很成功。公司许多高管开始反对公司进入茶饮料市场，认为这是盲目扩张，和公司确立的“康师傅”的品牌形象和“香喷品，好吃看得见”的产品口号差距太远了。虽然结果证明这些人的想法是错误的，但直到现在还是有许多管理人员反对公司经营与公司品牌形象不一致的食品项目。

钱副总对藤副总最近提出的关于进军方便米饭市场的想法持强烈的反对态度。原因不是该产品与公司的品牌形象的矛盾，而是他对方便米饭这一细分市场的丰富的经验。虽然钱副总在康师傅公司没有藤副总资格那么老，但他曾在国内一家经营方便米饭的企业工作过一段时间，亲身经历这家企业的兴衰成败，目睹该公司方便米饭产品在铺天盖地广告的轰炸下，刚刚上市便出现经销商排队现金进货的异常火爆的场面，和随后经销商的纷纷退货和产品大量积压的尴尬局面。钱副总告诫魏老板，当初这家企业失败的根本原因就是因为方面米采取膨化工艺，不符合消费者的消费习惯，技术和市场都不够成熟。

魏老板清楚地知道进入方便米饭市场会增加康师傅公司在市场调研和生产线方面的投入，且面临着失败的风险。当年他之所以敢果断决策，在全国多个城市投资建厂，全面进入方便面市场，靠的是不仅仅是发现大陆高档方便面这一市场存在空白点，而是他心里有底，有同省老大哥统一公司的经验可以模仿学习。目前的方面米饭市场，上规模的企业不足10家，缺少领袖品牌，与当年的方便面市场大不一样。首先厂家不是太多，低价竞争没那么激烈，零售价主要集中在4至8元、6至12元等相对较高的价位上。其次，国内外似乎难以找到一家经营方便米饭的标杆企业可以学习。

魏老板希望做精做专方便面市场。他亲身经历了方便面市场连续多年快速发展的大好形势。目前中国大陆年产方便面400多亿包，约占世界总产量的50%左右，销售总额达300亿元。更可喜的是，截至2009年6月底，康师傅在中国方便面市场份额为54.1%，排在后面的华龙、白象和统一市场份额分别为11.6%、10.9%及7.8%。从这一数据显示，康师傅是“老大”，今麦郎和白象分别排在二、三位，而曾经排在老二的统一方便面如今却排到“老四”的位置，而且这种格局可能在短期内很难被打破。这些都可以让魏老板暂时松口气。但作为公司的掌门人，魏老板深深知道，保持忧患意识是一个企业家必备的品质。最近，他明显感觉到方便面市场增速放缓，关于方便面是“垃圾食品”的报道似乎成为媒体关注的焦点，未来方便面市场发展的不确定性因素明显增多。

钱副总认为公司未来的增长机会在于增加方便面的营养价值上。2006年五谷道场打着“非油炸，更健康”的旗号，引发关于丙烯酰胺的含量、铅的指标、谁更营养等问题的争论，一时间让消费者如坠云雾，最终六部委组织专家公布了方便面丙烯酰胺的含量，姿态明显偏向油炸方便面。表面上看，这一事件似乎反映了方便面行业恶性竞争问题，实质上则反映了消费者对方便面营养价值的关注。建议增加大研发投入，提升油炸方便面调味料的价值，降低因食用油炸方便面带来的营养损失，如将脂溶性营养素VA、VE添加在菜包或油包中，把水溶性VB2、尼克酸等加载于调味粉包中；可通过添加脱水香菇、虾仁、牛肉粒等提高方便面营养含量。同时，还可将营养强化的7+1面粉，引入面饼的生产。

滕副总对此不以为然，认为方便面这个产品的核心在于口味，而口味有比较大的地区差异性。不过，康师傅的产品品种比较丰富，基本能满足各地方的口味，研发空间有限，市场趋于饱和。他深感方便面市场“打江山易，守江山难”的痛苦，想到若不是1996年康师傅做出进军饮料、饼干等市场的英明决策，不断创造新的产品和市场的机会，就不会有康师傅公司十多年持续增长奇迹，也就不会有今天的康师傅集团。

魏应州对进一步探索公司未来的增长机会很感兴趣，而且很重视市调研，他立刻想到：康师傅何时真正启动这一市场呢？如果公司提供方便米饭，顾客会有什么反应？

（2）何时启动方便米饭市场

多年的经验教训，使魏老板形成了新产品导开发的“来得早不如来得巧”的原则。他认为，任何产品都有进入市场的最佳时机，并非越早越好。先进入企业自然有先入为主的优势，但选择适当的时机切入，可以省去培育市场、培养消费观念的费用。在这一原则上，公司高管似乎达成了共识。但是，具体操作起来，往往会产生分歧。

钱副总认为康师傅目前若切入方便米饭市场，培育市场的任务将非常繁重，将对手快速甩开也非常困难，产品技术的不完善有可能使自己成为许多后来者的嫁衣。

滕副总觉得市场机会稍纵即逝，机不可失，时不再来。方面米饭在中国大陆经过近十年的培育，时机应该到来。完全可学习茶饮料市场的经验。虽然康师傅在1996年就进入茶饮料市场，但是一直默默无闻，不温不火，随着2000年茶饮料市场的升温以及旭日升的衰落，康师傅茶饮料迅速走红，成为中国包装茶饮料市场的领导品牌。之后，统一、娃哈哈、健力宝、可口可乐、百事可乐等纷纷杀入茶饮料市场，使茶饮料市场的竞争真正成为了“巨头的游戏”。然而春去秋来，至今还是没有哪个品牌能够撼动康师傅在这个领域的领导地位。

（3）当务之急

钱副总认为当前在不进行较大的人力、物力、财力投入情况下，可对各类方便米饭生产工艺进行调研，搜集现有市场上脱水干燥型、半干型、冷冻型、罐头型等各类方便米饭样品，对其优缺点进行初步分析。对消费者进行小规模的产品测试，看看消费者对方便米饭的态度、行为以及有什么看法。

滕副总认为这是权宜之计，不是大公司的做法。既然公司对该市场有意向，就要对该市场做深入系统的调研分析，以便明确地做出科学的决策，减少潜在的经营风险。根据以往的经验，应进行两个主要调查，一是《方便米饭主要竞品的市场渗透覆盖调查》，选取有代表性的主要目标城市和零售终端，实地进行观察并记录，分析方便米饭主要竞品的通路竞争力；二是《方便米饭消费者使用与态度调查》，选取有代表性的主要目标城市和消费者，举办小组座谈会或者进行问卷调查，具体了解消费者对方便米饭的认知度和购买频率，寻找真正的市场机会。

魏老板觉得两位副总对方便米饭的建议似乎都很务实且具有一定操作性，但他没法给两位副总一个明确的指示，最后希望二位副总再花些时间，把自己的建议写成简要的报告，两周后的同一时间继续讨论。

尾声

两周后，钱副总搜集到一些二手资料，发现中国大陆方便米饭虽有10余年的历史，但目前整个行业还处于初级市场导入阶段，没有形成行业规模；还只是停留在与方便面打差异战的阶段，仅仅是消费者吃腻了方便面，而作为尝试性产品的一个品类。国内规模较大的方便米饭企业主要有上海乐惠、上海梅林、徐州今米房、河南三全4家。市场上4种产品形式都有，但以α化米饭为主。全国约有方便米饭生产企业几十家，方便米饭销售额约为2亿元左右。这样看来，公司目前不值得进行大规模的投资，甚至没有必要采取任何具体的行动。

滕副总认为方便米饭十年来发展速度缓慢的主要原因不是该产品没有消费者，而是缺乏像康师傅这样的专业公司进入该领域，引导该行业快速发展。他发现从政策角度，国家"十一五"食品工业发展纲要中指出"小麦、稻谷加工继续以生产高质量、方便化主食食品为主，重点发展专用面粉、营养强化面粉、专用米、营养强化米、方便米面制品、预配粉等，推进传统主食品生产工业化"。农业部农产品加工"十一五"发展规划在中国粮油加工业发展重点中也指出，"开展米饭、米线、营养强化米、营养米粉等传统大米主食品的加工技术与装备的研究开发，发展米制食品工业化生产；工业化米制品产量占稻米总产量的20%"。因此，开发方便米饭和营养方便米饭符合国家产业政策。

滕副总相信，随着越来越多专业的、有实力企业的加入，方便米饭行业虽短期内不会和方便面平分市场，但出现快速发展的态势似乎不可避免。当然，他对消费者对方便米饭的行为与态度把握不准，于是建议委托专业的调研公司优先进行"方便米饭消费者使用与态度"的调查。

魏老板快速浏览并听取了二位副总的报告。觉得钱副总的建议倒是不需要任何投资，但缺乏依据，容易坐失良机，至少应该对现有方便米饭企业的生产经营情况做一个系统的研究，了解它们经营状况不太好的具体原因。滕副总的建议可操作，但大规模的市场调研花费是巨大的，可能需要几百万元人民币投入。此外，魏老板还想知道世界尤其亚洲主要国家方便米饭市场的发展趋势，这也是他十年前做出大规模投资茶饮料市场决定的信心所在，但这又会增加调研的费用，可能将总调研费用增至上千万元人民币。无论如何，他都将面临采取哪种建议以及决定前期市场调研投入多少钱的问题。

（资料来源：该案例由天津工业大学姚飞教授原创，获首届全国百优管理案例奖，2022 年有更新）

3.实训任务

（1）请回答康师傅公司是否会进入方便米饭市场？简要说明理由。

（2）如何判断中国大陆方便米饭市场到底有无增长的机会？前期市场调研该怎么做？

（3）如果你是魏老板，面临这个局面，必须在哪些方面做出明确的决策？

4.实训步骤

（1）个人阅读

督促学生针对“实训任务”进行阅读，并在课前完成。针对中国学生的特点，课堂上老师或学生还需再花费 10 ～ 20 分钟对案例学习要点及相关背景进行简单的陈述。

（2）小组讨论与报告（20 ～ 30 分钟）

主要在课堂进行，围绕“实训任务”展开讨论，同时鼓励学生提出新的有价值的问题。要求每个小组将讨论要点或关键词按小组抄写在黑板上的指定位置并进行简要报告，便于课堂互动。小组所报告的内容尽可能是小组所达成共识的内容。

小组讨论与报告

小组名称或编号：________　组长：________　报告人：________　记录人：________

小组成员：____

①小组讨论记录：

发言人1：____

发言人2：____

发言人3：____

发言人4：____

发言人5：____

发言人6：____

发言人7：____

发言人8：____

②小组报告的要点或关键词（小组所达成共识的内容）：

任务1：____

任务2：____

任务3：____

（3）师生互动（30～40分钟）

主要在课堂进行，老师针对学生的报告与问题进行互动，同时带领学生对关键知识点进行回顾。并追问学生还有哪些问题或困惑，激发学生学习兴趣，使学生自觉地在课后进一步查询相关资料并进行系统的回顾与总结。

（4）课后作业

以下是根据正向方法粗略制定的“方便米饭消费者使用与态度调查”方案，可以看出，这个方案需要委托专业的调研公司来执行且费用较高。对于创业公司来讲，这种方案通常是难以接受的。假如你是一位创业者，请运用逆向方法重新做一个合理的费用预算并制定较为详细的调研方案。

方便米饭消费者使用与态度调查方案
（正向方法）

调查目的

- 分析方便米饭的市场容量及市场发展状况；
- 了解消费者对现有方便米饭的主要产品及品牌的使用与态度情况；
- 全面、深刻地把握方便米饭市场特点和产品发展机遇，以便找准市场机会点和切入点
- 不同城市消费群及不同特征消费群的各方面差异比较分析；
- 为康师傅公司进行产品的市场定位（目标区域、目标消费群与价格定位），制订产品广告方案与营销策略提供建设性意见。

调查内容

• 调查范围

调查区域：从康师傅公司经营的城市中选取 6 ~ 8 个城市，考虑不同区域、一线城市和二线城市、以米食为主和以面食为主城市的合理分布；

抽样控制条件：由调研公司具体确定。

• 主要内容（具体问卷调查由调研公司撰写）

消费者对方便米饭的使用与购买情况；

消费者对方便米饭的态度与偏好情况

调查时间与调查费用

• 调查时间：确定调查方案后四个月之内；

• 调查费用：200 万～600 万人民币

调查方式

• 委托专业调研公司制定具体调研方案，直接对消费者进行访问调查。

实训报告

方便米饭消费者使用与态度调查方案

（逆向方法）

____

____

____

____

____

____

（5）实训成果的考核：根据学生课堂表现和实训报告质量，评定实训成绩

【微课观看】

微课 4：搜寻创业营销机会的诀窍有哪些?

第5章 创业STP战略

“定位”被称为“有史以来最具革命性的营销观念”，实在当之无愧。

——菲利普·科特勒

【学习目标】

1. 掌握创业市场细分的依据与方法；
2. 掌握创业目标市场选择的策略；
3. 掌握创业市场定位的依据与战略。

【引例】

传音控股，手机界的“非洲之王”

传音控股的创始人竺兆江，1996年刚毕业就进入波导手机工作，凭借着出色的能力与销售业绩，短短几年就成为了波导销售公司的常务副经理，主要负责波导手机的海外市场开拓。

在这期间，竺兆江曾深入90余个国家考察调研，凭借自身对市场的敏锐嗅觉，意识到非洲市场的广阔空间，值得前去开拓业务。在当时的非洲超过10亿人口，而手机品牌却寥寥无几，这很像2000年左右的中国，拥有巨大无比的市场潜力。然而这样的观点当时并不被波导的管理层所认可。

年轻气盛的竺兆江，坚信自己的判断，2006年辞职，带领着团队相关成员来到深圳创业，做出口到非洲的手机。2007年，竺兆江以功能机打进非洲市场。2009年，中国智能手机市场开始爆发式发展。2013年，竺兆江引入大量资本，研发出适合非洲市场的智能手机。

当时，中国尚没有手机品牌专注其他发展中国家市场，尤其是尼日利亚、埃塞俄比亚等非洲国家；同时三星等国际品牌并未针对非洲进行本土化销售，手机价格贵，与本地需求脱节，导致手机渗透率低。

公司针对非洲用户需求，推出深肤色人像摄影、多卡多待、语言适配、超长待机等功能，通过“非洲定制”解决当地用户痛点，在非洲消费者中建立强品牌认同感；旗下itel、TECNO、Infinix三大手机品牌，分别定位中低端、中高端、高端时尚细分市场，多年入选“最受非洲消费者喜爱的品牌”百强榜。

2019 年传音控股非洲手机市场占有率 52.5%。2020 年，实现营业收入 377.92 亿元，同比增长 49.10%；净利润 26.86 亿元，同比增长 49.80%。传音控股为大变局下中国企业全球化提供了新思路。（资料来源：作者整理）

思考：

1. 你觉得竺兆江是如何找到创业营销机会的？
2. 传音控股为什么要对非洲市场进行市场细分？

5.1　创业市场细分（Market Segmentation）

市场细分（Market Segmentation）是指企业按照某种标准将市场上的顾客划分成若干个顾客群，每一个顾客群构成一个子市场，不同子市场之间，需求存在着明显的差别。创业营销者尽量避免面面俱到，每一次营销活动要选择合适的细分变量，瞄准某一细分市场，这样更容易发现市场中的营销机会，有利于集中有限的资源进行有效竞争。

5.1.1　市场细分变量

（1）个人消费品细分变量

个人消费品主要有四大类别细分变量，即地理变量、人口统计变量、心理变量和行为变量，见表 5.1。

表5.1　个人消费者市场细分的主要变量及举例一览表

变量	细分具体变量	举例
地理变量	世界区域或国家	北美，西欧，中东，中国，印度，加拿大，墨西哥等
	国内地区	沿海地区，华北地区，东北地区，西部地区，珠江三角洲等
	城市（人口规模）	小城市（50 万以下），中等城市（50 万～100 万），大城市（100 万～500 万），特大城市（500 万以上），超大城市（1000 万以上）等
	地区人口密度	城市，城郊，乡镇和农村
	地区气候	热带，亚热带，寒带，温带
人口统计变量	年龄	儿童，少年，青年，中年，壮年，老年
	性别	男性，女性
	家庭规模（人数）	1～2，3～4，5+
	家庭生命周期	单身青年；已婚青年，无小孩；已婚青年，有小孩；已婚中老年，有子女；已婚中老年，子女 18 岁以上；单身中老年
	收入	月收入 10000 元以下；1000～2000 元；2000～3000 元；3000 元以上
	职业	专业技术人员，经理，政府官员，业主，职员，售货员等
	受教育程度	小学及以下，初中，高中或中专，大学，研究生等
	宗教信仰	天主教，基督教，伊斯兰教，佛教，犹太教等
	种族	黑人，白人，黄种人
	民族	汉族，回族，藏族，维吾尔族，鲜族，布依族等

续表

变量	细分具体变量	举例
心理变量	社会阶层 生活方式 个性	下层，中下层，中层，中上层，上层，上上层等 节俭朴素型，崇尚时髦型，爱阔气讲排场类型等 内向型，外向活跃型，易动感情，爱好交际，专横跋扈等
行为变量	购买理由 利益寻求 使用者情况 使用频率 品牌忠诚度 购买准备阶段 对产品的态度 营销因素	一般购买理由，特殊购买理由 质量，服务，经济廉价，舒适，速度等 未使用者，曾使用者，潜在使用者，初次使用者，常使用者 少量使用，中量使用者，大量使用 游离忠诚者，转移忠诚者，适度忠诚者，绝对忠诚者 不知道，知道，了解清楚，已有兴趣，希望拥有，打算购买 有热情，肯定，冷淡，否定，有敌意 价格，产品质量，售后服务，广告宣传，销售推广等

（2）工业品细分变量

许多用于消费品市场细分的标准，对工业品也适用。但由于工业品用户与个体消费者在购买动机与行为上存在差别，所以，工业品用户还可用其他标准来细分市场。①用户规模。工业品企业通常根据用户规模大小来细分市场，并根据用户规模的不同，制订不同的营销组合方案。例如，对于大客户，宜于直接联系、直接供应，在价格、信用等方面给予更多优惠；而对于众多的小客户，则宜于让产品进入商业渠道，由批发商或零售商去组织供应。②产品最终用途。产品最终用途不同也是工业品市场细分的标准之一。例如，工业品用户购买产品，一般都是供再加工之用，对所购产品通常都有特定的要求。③购买状况。即根据工业品用户购买方式来细分市场。工业品购买者的购买方式主要包括直接重购、修正重购及新任务购买。不同购买方式的采购数量、决策过程等不同，因而可将整体市场细分为不同的小市场。

5.1.2 市场细分的原则

创业营销者应根据可测量性、可盈利性、可进入性、可区别性和相对稳定性的原则，将市场分割成若干细分市场。

可测量性，是指各个细分市场的购买力和规模能被衡量的程度。如果细分变量很难衡量，就无法界定市场。

可盈利性，是指企业新选定的细分市场容量足以使企业获利。

可进入性，是指所选定的细分市场必须与企业自身状况相匹配，企业有优势占领这一市场。可进入性具体表现在信息进入、产品进入和竞争进入。考虑市场的可进入性，实际上是研究其营销活动的可行性。

可区别性，是指细分市场在观念上能被区分，并对不同的营销组合因素和方案有不同的反应。

相对稳定性，是指细分后的市场有相对应的时间稳定。细分市场保持相对稳定，对大中型企业以及投资周期长、转产慢的企业尤为重要。

需要说明的是，所有行业的第一都有共同的特点，就是他们都是这个品类的先行者，甚至是开创者。中国目前还有很多创造行业第一品牌的机会，但从大类上说，都有行业巨头在做，竞争充分，机会较少。创业营销者需要聚焦一个特别细分的市场，通过品类创造或创新，做细分市场第一。比如，字节跳动公司根据视频长短，将短视频市场进一步细分，其中西瓜视频较长，时长可达3分钟，内容演绎较为完整，故事性强。火山小视频只有短短十几秒的呈现时间。抖音短视频初期只有15秒，后期粉丝达到5万的用户可以发布60秒视频。

5.1.3　创业市场细分的步骤

（1）依据需求选定产品市场范围

产品市场范围应以市场的需求而不是产品特性来定。比如，一家住宅出租公司，打算建筑一幢简朴的小公寓。从产品特性如房间大小、简朴程度等出发，它可能认为这幢小公寓是以低收入家庭为对象的，但从市场需求的角度来分析，便可看到许多并非低收入的家庭，也是潜在消费者。例如，有的人收入并不低，市区已有宽敞舒适的居室，但希望在乡间再有一套房间，成为周末生活的去处，所以，公司要把这幢普通的小公寓，看作整个住宅出租业的一部分，而不应孤立看成只是提供低收入家庭居住的房子。

（2）列举潜在消费者的基本需求

选定产品市场范围以后，大致估算一下潜在消费者有哪些需求，这一步能掌握的情况有可能不那么全面，但却为以后的深入分析提供了基本资料。比如，这家住宅出租公司可能会发现，人们希望小公寓住房满足基本需求，包括遮蔽风雨、停放车辆、安全、经济、设计良好、方便工作、学习与生活不受外来打扰、足够的起居空间、满意的内部装修、公寓管理和维护等。

（3）分析潜在消费者的不同需求

这一步应向不同的潜在消费者调查了解上述需求哪些对他们更为重要。比如，在校外租房住宿的大学生，可能认为最重要的是遮蔽风雨、停放车辆、经济、方便上课和学习等；新婚夫妇的希望是遮蔽风雨、停放车辆、不受外来打扰、满意的公寓管理等；较大的家庭则要求遮蔽风雨、停放车辆、经济、足够的儿童活动空间等。这一步至少应进行到有三个分市场出现。

（4）移去潜在消费者的共同需求

这一步需要移去各分市场或各个客群的共同需求。这些共同需求固然很重要，但不能作为市场细分的基础。比如，遮蔽风雨、停放车辆和安全等项，几乎是每一个潜在消费者都希望的。公司可以把它用作产品决策的重要依据，但在细分市场时则要移去。

（5）细分市场暂时取名

这一步要对各细分市场剩下的需求做进一步分析，并结合各细分市场的消费者特点，暂时取一个名字。

（6）进一步认识细分市场的特点

这一步要对每一个细分市场的消费者及其行为进行更深入的考察。看看掌握了各细分市场的哪些特点，还要进一步了解什么，以便进一步明确各细分市场有没有必要再做细分或重新合并。比如，经过这一步骤，若看出新婚青年与老夫妻的需求差异很大，应当作为两个细分市场。同做的公寓设计，也许能同时迎合两类消费者，但对他们的广告宣传和人员销售的方式都可能不同。企业要善于发现这些差异，若原来把他们归属于同一个细分市场，现在就要把他们区分开来。

（7）测量各细分市场的大小

最后一步是要测量各细分市场潜在消费者的数量和销售潜力。因为企业进行市场细分，是为了寻找获利的机会。不做这一步是很危险的，有的细分市场或许根本就不存在消费者。

5.1.4 长尾效应

（1）长尾效应的定义

当将市场细分到很细很小的时候，会发现许多细小市场的累计会带来明显的长尾效应。“头”和“尾”是两个统计学名词。正态曲线中间的突起部分叫“头”；两边相对平缓的部分叫“尾”。从人们需求的角度来看，大多数的需求会集中在头部，而这部分我们可以称为流行，而分布在尾部的需求是个性化的，零散的、少量的需求。而这部分差异化的、少量的需求会在需求曲线上面形成一条长长的“尾巴”，而所谓长尾效应，就在于它的数量上，将所有非流行的市场累加起来就会形成一个比流行市场还大的市场。

长尾效应的根本就是强调“个性化”，“消费者力量”和“小利润大市场”。以图书为例，亚马逊有超过一半的销售量都来自在它排行榜上位于 13 万名开外的图书。如果以亚马逊的统计数据为依据的话，就意味着那些不在一般书店里出售的图书要比那些摆在书店书架上的图书形成的市场更大。图 5.1 为长尾模型的示意图。

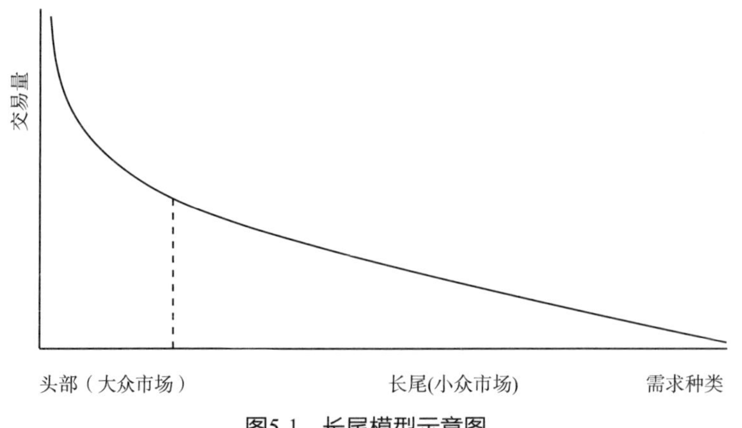

图5.1　长尾模型示意图

（2）长尾效应的应用

• 反思二八法则

在传统的同一行业中，通常会出现名列前茅的几个品牌占据大部分市场，其他无数的小品牌占据小部分市场。这也就是二八法则所讲的，20% 的品牌占据了 80% 的市场。

但根据长尾理论需对二八法则重新认识，过去的“不值得的投入”会变成“值得投入”，过去“不值得卖的产品”会变成“值得卖”，过去的“不值得关心”会变成“值得关心”。Google 是一个最典型的“长尾”公司，其成长历程就是把广告商和出版商的“长尾”业务商业化的过程。数以百万计的小企业和个人，此前从未或从没大规模地打过广告。但 Google 的 AdSense 降低了广告这一门槛，使广告不再高不可攀，它是自助的，价廉的，谁都可以做的。Google 目前有一半的生意来自这些小网站而不是搜索结果中放置的广告，这些中小企业代表了一个巨大的长尾广告市场。

• 独辟蹊径进行市场细分

根据长尾理论，创业营销者既要关注那些虽然占比少但是总量巨大的市场因素，又要关注更加精准的细分变量，进行差异化营销。比如，传统营销会聘请流量明星来做广告宣传，若创业营销者观察到受众是独自在一线城市打拼的白领女性，那么更好的做法是另辟蹊径，寻找同样的白领女性来做活动的宣传主角，反而更容易让受众产生共鸣。这样的营销活动就和市场普遍做法产生了差异化。

5.2　创业目标市场选择

5.2.1　目标市场选择策略

市场细分化之后，存在众多子市场，目标市场选择策略主要有以下三种：

（1）无差异策略

无差异策略是指企业不是针对某个市场，而是面向各个子市场的集合，以一种营销方式在市场中推展开来，见图 5.2。这种策略活动成本较高，时间比较长，一般适合大公司。例如，可口可乐公司曾一度长期生产一种味道的产品，使得该公司长时间占据世界饮料市场。

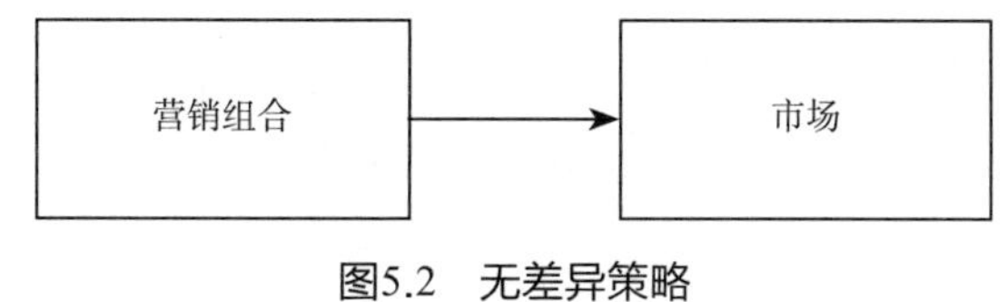

图5.2　无差异策略

（2）差异性策略

差异性策略是指面对已细分化的市场，从中选择两个以上或多个子市场作为目标市场，分别向每个市场提供有针对性的活动，见图 5.3。这种策略成本较高，一般适合专业型的公司。例如，宝洁公司在中国市场上，香皂用的是“舒服佳”、牙膏用的是“佳洁仕”，洗衣粉有“汰渍”“碧浪”等品牌，针对不同细分市场采取不同的营销组合。

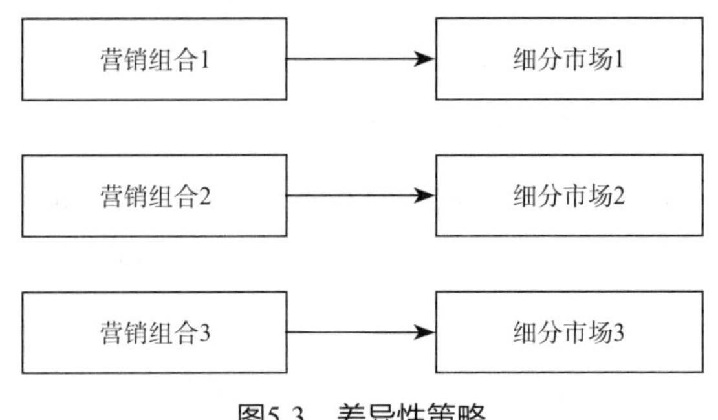

图5.3　差异性策略

（3）集中性策略

集中性策略是指以追求市场利润最大化为目标，企业不是面向整体市场，而是将主要力量放在一个子市场上，针对该市场开发具有特色的营销活动。这种策略成本低，能在短期内收到好的促销效果，见图 5.4。创业营销者通常采用集中性策略营销效果更好。比如，太太集团在创业初期开发的太太口服液针对女性养颜补血的心理进入市场大获成功，后来又推出了静心口服液进入中年女性市场，同样取得了成功。

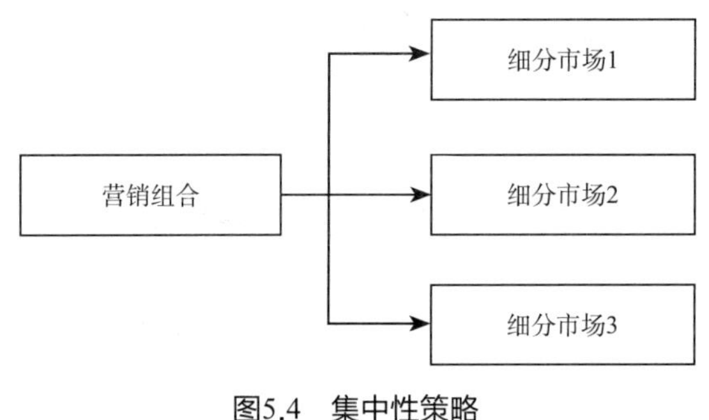

图5.4　集中性策略

5.2.2　目标市场评估因素

创业营销者要根据细分市场的规模、增长潜力、吸引力、服务成本、企业目标和资源情况等因素评估细分市场，选择真正有机会的细分市场。

（1）市场规模

市场规模是指企业从目标市场所获得的业务量。

（2）增长潜力

一个小规模的目标市场，如有发展潜力或正在成长之中。而那些如今看来获利较多、极有诱惑力的市场很可能正在衰退之中。

（3）市场吸引力

可根据五力模型，分析竞争者、替代者、购买者、供应者和新进者情况，考量目标市场的吸引力。

（4）服务成本

不同目标市场中消费者的期望值不同，服务成本不同。市场的服务成本必须与该市场的购买水平相协调，使得企业有一定利润。

（5）企业本身的目标和资源

即要考虑：第一，是否符合企业的长远目标，如果不符合，就不得不放弃；第二，企业是否具备在该市场获胜所必需的能力和资源，如果不具备，也要放弃。

5.3　创业市场定位

市场定位的实质是使本企业与其他企业严格区分开来，使消费者明显感觉和认识到这种差别，从而在消费者心目中占有特殊的位置。创业营销者需领会市场定位的实质，努力使自己的产品或服务与竞争者相区分，同时设计一系列有意义的差异化行动，创造一个独特的优势，给消费者一个鲜明的购买理由，通常差异化源自五个方面，见表 5.2。

表5.2　差异化来源

产品差异化	形式差异：产品在外观设计、尺寸、形状等方面的新颖别致 特色差异：对产品制成不同口味，如农夫山泉的“有点甜”，暗示水源优质；农夫果园的“混合”果汁及“喝前摇一摇”，暗示果汁中有“货” 性能质量：产品的质量水平可分为低、平均、高等 耐用性：产品在自然或苛刻的条件下预期的使用寿命 可维修性：产品一旦出现故障进行维修的容易程度 风格：产品给予消费者的视觉和感觉效果 使用者：产品指向某一类特定的使用者或某个特定的细分市场 价格：现存的价格差异有高价制胜、低价渗透和中价妙用等 使用范围：产品购买的目的和用途
服务差异化	关键点是竞争向增值服务上转移，主要体现在订货方便、交货及时安全、安装可靠、消费者培训与咨询到位、维修养护及时等方面。例如，海尔电热水器实行 24 小时全程服务
渠道差异化	通过设计分销渠道的覆盖面、建立分销专长和提高效率，选择创新的渠道方式。例如，戴尔电脑、雅芳化妆品的直销
人员差异化	训练有素的员工，如迪斯尼乐园员工的精神饱满，麦当劳服务人员的积极性和海底捞员工的热情周到等
形象差异化	一般分为三个方面：企业的理念识别（MI）、行为识别（BI）和视觉识别（VI）。例如，茅台的国宴酒形象、剑南春的大唐盛世酒形象、泸州老窖的历史沧桑形象、金六福的福酒形象以及劲酒的保健酒形象等

创业营销者可选择不同的差异化来源进行创造性的市场定位，通常有三种市场定位战略可供选择：

（1）避强定位

这是一种避开强有力的竞争对手的定位战略，其优点是风险小。例如，美国“七喜”（Seven-up）饮料就将其产品定位为“非可乐”，是除了“可口可乐”和“百事可乐”以外的另一种选择，从而取得极大成功。

（2）补缺定位

将企业产品定位在目标市场的空白处，不与目标市场上的竞争者直接对抗，创业营销者采取补缺定位更易于成功。例如，宏宝莱公司在创业之初，面对激烈竞争的饮料市场，开发专为“聚会”消费的大包装“柠檬来”和“甜橙来”饮料，刚好填补了当时中国北方的市场空白，取得了创业的成功。

（3）重新定位

重新定位通常是指对那些销路不好、市场反应差或形象不清晰的产品进行二次定位，优点是能摆脱困境，重新获得增长与活力。重新定位的经典案例是万宝路香烟，万宝路正是靠重新定位取得二次创业成功，见案例 5.1。

案例5.1　万宝路靠重新定位取得二次创业成功

万宝路（Marlboro）由美国菲利普•莫里斯公司制造，是世界上最畅销的香烟品牌之一。1854 年，万宝路以一小店起家，1908 年正式以品牌 Marlboro 形式在美国注册登记，1919年成立菲利普•莫里斯公司。英国品牌评估机构Brand Finance的报告显示，到2020年，万宝路仍然是世界上最有价值的烟草品牌。

在创业早期，万宝路的定位是女士烟，消费者绝大多数是女性。其广告口号是：像五月天气一样温和。可是，事与愿违，尽管当时美国吸烟人数年年都在上升，但万宝路香烟的销路却始终平平。40 年代初，莫里斯公司停止生产万宝路香烟。

“二战”后，美国吸烟人数继续增多，万宝路把最新问世的过滤嘴香烟重新搬回女士香烟市场并推出三个系列：简装，白色与红色过滤嘴，以及广告语为“与你的嘴唇和指尖相配”的那种。当时美国香烟一年消费量达 3820 亿支，平均每个消费者要抽 2262 支，然而万宝路的销路仍然不佳，品牌知名度也极低。

1954 年莫里斯公司找到了当时非常著名的营销策划人李奥•贝纳，交给了他这个课题：怎么才能让更多的女士购买消费万宝路香烟？李奥•贝纳完全突破了莫里斯公司限定的任务，对万宝路进行了全新的“变性手术”，大胆向莫里斯公司提出：将万宝路香烟改变定位为男子汉香烟，变淡烟为重口味香烟，增加香味含量，并大胆改造万宝路形象：包装采用当时首创的平开盒盖技术并以象征力量的红色作为外盒的主要色彩。广告上的重大改变是：不再以女性为主要诉求对象，而是强调万宝路香烟的男子汉气概，以浑身散发粗犷、豪迈、英雄气概的美国西部牛仔为品牌形象，吸引喜爱、欣赏和追求这种气概的消费者。

在万宝路的品牌、营销、广告策略按照李奥•贝纳的策划思路改变后的第二年，万宝路香烟销量一跃排名全美第10位。

（资料来源：作者整理）

创业营销者应根据环境的变化与时俱进，及时调整或改变市场定位，快速试错，这是创业营销不同于传统营销的重要方面。例如，苏打不仅是药品，还有清洁除臭作用，可用于冰箱、厕所除臭。所以，随着家庭环保需求的增加，有企业将苏打产品重新定位于家用除臭剂，使老产品焕发新的市场活力。

【本章小结】

市场细分是市场营销的基础工具。创业营销者尽量避免面面俱到，每一次营销活动要尽可能瞄准细分市场，这样易于发现市场营销机会，有利于集中有限的资源进行有效竞争。

个人消费品细分变量主要包括四大类别细分变量，即地理变量、人口统计变量、心理变量和行为变量；工业品细分变量除了包含消费品市场细分的变量之外，还包括用户规模、产品最终用途、购买状况等特殊变量。

创业营销者应根据可测量性、可盈利性、可进入性、可区别性和相对稳定性的原则，按照七个步骤来细分市场，即依据需求选定产品市场范围、列举潜在消费者的基本需求、分析潜在消费者的不同需求、移去潜在消费者的共同需求、细分市场暂时取名、进一步认识细分市场的特点、测量各分市场的大小。

长尾效应的根本就是强调个性化，消费者力量和小利润大市场。创业营销者可利用长尾效应，反思二八法则，独辟蹊径进行创业营销。

创业营销者在选择目标市场时，应重点考虑集中性策略，这种策略成本低、营销效果好。同时要根据细分市场的规模、增长潜力、吸引力、服务成本、企业目标和资源情况等评估细分市场，选择真正有机会的细分市场。

创业营销者进行市场定位时，可根据产品、服务、渠道、人员和形象差异化，创造性地寻求竞争优势，通常选择三种市场定位战略，即避强定位、补缺定位、重新定位。

【关键术语】

市场细分（market segmentation）

细分市场（niche market）

消费品细分变量（segmentation viables for consumer goods）

工业品细分变量（segmentation viables for industrial goods）

人口统计变量（demographic variables）

心理变量（psychological variables）
行为变量（behavioral variables）
长尾效应（long tail effect）
二八法则（pareto’s law）
选择目标市场（market targeting）
无差异营销（undifferentiated marketing ）
差异性营销（differential marketing）
集中性营销（concentrated marketing）
地理变量（geographical variables）
市场定位（market positioning）
避强定位（strong competitors avoidance positioning）
补缺定位（niche positioning）
重新定位（repositioning）

【思考题】

1. 简述个人消费品的四大类别细分变量。
2. 简述目标市场评估考虑的因素。
3. 简述差异化市场定位的五个来源。

【案例实训】

项目5 制定创业STP营销战略

1.实训目的

（1）巩固市场细分的主要方法；
（2）训练选择目标市场和市场定位的技能。

2.背景材料

案例5.2 小红书如何找准潜在用户与市场

小红书 1.0：找到真实的用户痛点

小红书于 2013 年在上海创建，当时聚焦出境旅游信息分享的平台很多，但在海外购物信息分享领域还是空白。两位创始人毛文超与瞿芳敏锐地看到这一巨大的市场机会，决定在此领域创业。

小红书的第一个产品形式是《小红书出境购物攻略》，以 PDF 格式放在自己的网站上供用户下载，不到 1 个月，就被下载了 50 万次。

不久，移动互联网取代 PC 互联网的发展趋势兴起。毛文超与瞿芳迅速做出调整，带领团队于 2013 年圣诞节前，在苹果手机应用商店上线了主打海外购物 UGC（用户原创内容）分享的“小红书”App。在这里，用户开始分享和交流其用真金白银“砸”出来的境外购物心得，包括每个商品的详细信息，如品牌、包装、价格、购买地点和使用心得等。正是这一决策，奠定了小红书在日后发展过程中贯穿始终“分享美好”的社区基因。

小红书发布 PDF 攻略与上线手机 App，都正好赶在国庆、圣诞这两个海外购物的高峰节点，使其顺利完成了种子用户的积累。2014 年春节，当又一批出境旅游的人们在 Apple Store 上搜索海外购物相关的 App 时，第一个被搜索推荐的应用就是小红书。就这样，没有做任何推广，小红书凭借精准的市场定位与极为差异化的内容，在七天春节假期里，迎来了用户的第一次爆发式增长。随之而来的是小红书社区里分享旅行与美食的内容逐渐增多，这促使创始团队开始思考小红书的内容是否要从海外购物延展到其他品类，是否要引入代购进入社区分享购物信息。

当时，小红书正处在需要亮丽数据背书的 A 轮融资关键时期，开放其他门类的信息分享可为小红书提供更好的数据支撑。但优秀的创业者往往懂得在合适的时间点有所取舍，小红书决定只做真实用户而非代购者的购物类内容分享，设计了一个模仿驾照扣分的系统，隐藏与真实购物体验不相关的信息。

小红书 2.0：“社区 + 电商”双轮驱动

2014 年，小红书因只做“真实”用户购物分享而迅速成为专业海外购物分享社区，在行业内名声大振，吸引了越来越多精准的高黏性用户加入。小红书也因此成为用户海外购物时的消费决策平台，为很多用户在线下门店或者其他电商平台购物时提供重要参考。当时，为保护用户体验，用户在小红书只能逛不能买，品牌主也不能在小红书社区投放广告。

后来，出于变现的压力，小红书 App 开始提供跨境电商服务，通过分析社区前端用户数、评论数和点赞数的结构化数据进行精准选品，帮助用户完成从发现商品到购买商品的体验闭环。庞大规模的优质流量以及商品的正品保障，让小红书通过“社区 + 电商”模式，找到了流量变现的路径。2015 年，小红书因此而获得腾讯、纪源资本等多个投资人青睐，创业不到 3 年便成为估值 10 亿美元的独角兽企业。

基于用户更多生活领域信息的分享和阅读需求，小红书开始拥抱社区的内容多元化，并引入千人千面的算法推荐机制，从以海外购物分享为主演进到覆盖美食、旅行、学习、育儿与健身在内的各类生活方式分享，吸引了近千位明星入驻，使小红书由此从一个单纯的好物分享平台，变成对年轻人极具影响力的生活方式平台和消费决策平台。

近千位明星入驻社区分享日常生活、一改创业初期的广告零投放模式，赞助现象级的综艺节目、在下沉市场和安卓手机用户中的全面推广，都使得小红书在 2018 年实现了用户的新一轮爆发式增长。

同时，这一阶段的小红书商城引进第三方商家和国内品牌，并逐渐提升其比例，实现了自营与平台相结合的电商模式。这样既增加了商品种类，也降低了自营囤货的库存风险，实现从跨境电商到综合电商平台的转变。

2018 年 6 月，小红书完成阿里巴巴集团领投的超过 3 亿美元财务融资，公司估值超过 30 亿美元。2019 年春节，小红书又通过赞助各大卫视春晚，开展一系列的站内站外红包活动，使得活跃用户数相比上一年同期增长超过 300%，达到新的历史高点。

小红书 3.0：坚守与再进化

在小红书的社区电商商业模式中，社区只是手段，电商才是最终目的，衡量其业绩的核心指标是电商行业常用的 GMV（商品交易规模）。关于小红书的市场定位，瞿芳认为小红书其实是一座城市，城市是由“城”和“市”组成，“城”是人民生活居住的场所，而“市”只是交易场所。小红书因为包括明星、普通上班族与年轻大学生在内的 2 亿用户喜欢在这里分享生活，记录美好，了解世界，才形成了这座“城”，有了小红书社区这座 2 亿人居住的“城”，才有了电商这个“市”。如果居民弃“城”而去，“市”也将不复存在。

目前，电商虽然是小红书最重要的商业化变现方式，但若把小红书简单定义为一个交易导向的电商公司，过度追求电商的交易规模，势必会伤害社区用户体验。事实上，真实、多元、美好的 UGC 社区才是小红书核心竞争力和赖以生存的根基。而商城只是小红书之城的一个组成部分，如果脱离社区单独存在，其与天猫、京东等电商巨头相比并没有任何优势，很难独立生存。小红书必须找到符合自己基因，与社区生态高度融合的全新商业模式，而不应该只是效仿京东、天猫等面向 C 端用户的交易差价或交易佣金模式。简言之，小红书的核心优势在于它是一个用户通过在社区的高频交流，发现好品牌和创造消费流行的平台。

其他所有电商企业都主要是创造交易价值，而小红书是唯一兼具品牌营销与渠道交易两个核心价值的企业。从品牌商的角度来看，他们也极为认可小红书的品牌传播与营销价值，希望参与其中，获得品牌价值和营销效果的提升。从国际大集团到本土新兴品牌，目前已经有近一万个品牌在小红书建立了品牌号。从小红书社区用户的角度来看，也希望小红书能帮他们提供更多品牌的真实信息，发现好的品牌与好的商品。从小红书自身角度来看，作为生活方式分享和消费决策入口，品牌商也是小红书城市生态必不可少的组成部分。所以，发挥面向 B 端品牌商的品牌传播与营销价值，进而获取商业价值，是小红书在电商业务之外的另一条商业化通路。另外，广告本身也早已是大多数社区的重要收入来源。

2018 年，在用户突破 1.5 亿之后，小红书开始了社区商业化的探索。2018 年 12 月，小红书上线了品牌合作人平台，品牌合作人平台可以用来联结品牌和小红书博主，同时，社区电商部为品牌打造了从社区种草到交易转化的标杆案例。另外，小红书还陆续上线了美妆、奢侈品、旅游等行业的一些头部品牌广告。

2019 年，小红书整合内部的数据、社区与电商资源，上线更多品牌赋能工具，为品牌商提供系统的广告与整合营销服务解决方案，帮助品牌商不仅在小红书平台发现、触达、转化与留存用户，还帮助其在小红书之外创造持续有效的品牌价值。小红书由此创造的广告与整合营销服务收入，已经成为小红书除电商收入之外新的业绩增长点。

战略决定组织。2019 年开年，小红书便通过员工内部信的形式宣布了新一轮的组织升级。从这次组织调整看，主要是为了匹配小红书在广告与整合营销服务领域的战略进化。

首先在商业端，小红书将原来的社区电商事业部升级为“品牌号”部门。品牌号部门将围绕“品牌号”这一核心产品，将社区电商业务与整合营销业务打通，为品牌方提供从社区内容到粉丝维护再到交易闭环全链条服务，帮助他们提升商业价值。这种模式将给品牌方带来独特价值。

小红书的自营电商业务则升级为“福利社”部门，并将商品采销、仓储物流和客户服务等全价值链流程打通，以更高效地响应用户需求，为用户提供更优质的体验。2020 年 8 月 4 日，《胡润全球独角兽榜》发布，小红书排名第 58 位。

（资料来源：刘学辉，金梅 . 小红书五年发展史：三个阶段的进化与坚守 [Z]. 亿欧网，2019-02-26. 有更新和删减。）

3.实训任务

（1）小红书市场细分的依据是什么？符合长尾效应吗？

（2）小红书的目标市场选择策略是什么？在评估目标市场时主要考虑什么因素？

（3）小红书采取什么市场定位战略？为了与竞争者相区分，它采取了哪些有意义的差异化行动？

4.实训步骤

（1）个人阅读

督促学生针对“实训任务”进行阅读，并在课前完成。针对中国学生的特点，课堂上老师或学生还需再花费 10 ～ 20 分钟对案例学习要点及相关背景进行简单的陈述。

（2）小组讨论与报告（20 ～ 30 分钟）

主要在课堂进行，围绕“实训任务”展开讨论，同时鼓励学生提出新的有价值的问题。要求每个小组将讨论要点或关键词按小组抄写在黑板上的指定位置并进行简要报告，便于课堂互动。小组所报告的内容尽可能是小组所达成共识的内容。

小组讨论与报告

小组名称或编号：________　组长：________　报告人：________　记录人：________

小组成员：____

①小组讨论记录：

发言人1：____

发言人2：____

发言人3：____

发言人4：____

发言人5：____

发言人6：____

发言人7：____

发言人8：____

②小组报告的要点或关键词（小组所达成共识的内容）：

任务1：____

任务2：____

任务3：____

（3）师生互动（30～40分钟）

主要在课堂进行，老师针对学生的报告与问题进行互动，同时带领学生对关键知识点进行回顾。并追问学生还有哪些问题或困惑，激发学生学习兴趣，使学生自觉地在课后进一步查询相关资料并进行系统的回顾与总结。

（4）课后作业

根据课堂讨论，老师要求每位学生进一步回顾本节所学内容，形成正式的实训报告。建议实训报告以个人课后作业的形式进行，其目的是帮助学生在课堂学习的基础上，进一步巩固核心知识，联系自身实际思考并解决问题，最终形成一个有效或学生自认为最佳的解决方案或行动计划。要求学生在制订方案时应坚持主见，学以致用。实训报告的提纲如下：

实训报告

小红书的市场细分的依据是：

____

____

____

简单分析小红书的市场细分是否符合长尾效应：________________________________

____

小红书的目标市场选择策略是：________________________________

小红书在评估目标市场时主要考虑的因素是：________________________________

____

____

____

小红书的市场定位战略是：________________________________

小红书的主要竞争对手是：________________________________

小红书为了与竞争者相区分，所采取的有意义的差异化行动是：________________

____

____

____

____

（5）实训成果的考核：根据学生课堂表现和实训报告质量，评定实训成绩。

【微课观看】

微课 5：创业营销者如何细分市场？

第6章　打磨商业模式

商业模式，就是仔细想清楚你如何赚钱。

——佚名

【学习目标】

1. 理解商业模式的内涵、逻辑和关键要素；
2. 掌握商业模式的关键环节并提高设计技能；
3. 了解商业模式的发展趋势。

【引例】

宁德时代的商业模式

宁德时代新能源科技股份有限公司由曾毓群于 2011 年创建，专注于新能源汽车动力电池系统、储能系统的研发、生产和销售。

曾毓群有长期为苹果生产电池的经历，在他创建宁德时代后，宝马公司找上门来，希望能帮之诺品牌设计一款动力电池。为了顺利完成合作，双方成立了 100 多人的电池联合开发团队，涵盖了电芯、系统架构、机械设计、测试验证、质量管理等所有电池包的关键技术领域。两年后，曾毓群的研发团队把宝马集团 700 多页德文版动力电池生产标准要求全部做到，设计出的电池产品让宝马公司非常满意。

随着“之诺 1E”电池的成功推出，宁德时代正式成为宝马集团在大中华地区唯一的电池供应商，随后顺利拿下宇通和北京普莱德的订单。2015 年、2016 年，宁德时代动力电池系统销量分别为 2.19GWh 和 6.80GWh，连续两年在全球动力电池企业中排名前三。2017 年，以 11.84GWh 的销量超越特斯拉的电池供应商松下成为全球第一。2018 年 6 月，宁德时代在深圳证券交易所低调挂牌，上市首日大涨 44%。

截至 2018 年底，宁德时代以配套动力电池 1100 余款车型占比工信部公布的新能源车型 29%，其客户和合作伙伴包括上汽、吉利、北汽、广汽、长安、东风、江铃等合资和本土车企以及蔚来、威马、小鹏等造车新势力，还有金龙、宇通等客车以及宝马、戴姆勒、现代、捷豹路虎、标致雪铁龙、大众和沃尔沃等国际车企品牌。

2019 年，宁德时代实现营收 457.8 亿元，同比增长 54.63%，首个海外工厂动工，项目建成后将成为德国最大的锂电池生产基地。作为新能源电池领域的独角兽，宁德时代已在宁德、青海、溧阳建长，持续推进与重要车企客户的合资合作。2021 年 5 月 31 日，宁德时代成为创业板首家市值破万亿的公司，也是目前 A 股五家中唯一一家科技制造类公司。

车电分离也受到消费者的欢迎。作为电动汽车中价值最高昂的部件，电池以租赁代替买卖的方式进入市场，能够大幅度降低消费者的购车成本；在电动汽车流入二手市场之时，配备一块准新电池，这种换电模式可节省充电时间，让用户拥有电池常换常新的优越感，这对缓解电池续航、充能和寿命焦虑等核心用户痛点有着“奇效”。

新能源汽车符合各国产业或补贴政策，需求旺盛，使宁德时代在汽车圈称霸全球，其他车企伙伴们，正通过自建电池工厂、投资或合作而逃离。大众投资国轩，奔驰入股孚能，通用牵手 LG 化学，蔚来上线固态电池，特斯拉国产 Model Y 选定 LG 化学为独家电池供应商等。

车企们想要摆脱受制于人的局面，这背后既有对话语权的争夺，也有对于电动汽车产能的担忧。要知道，新能源汽车的核心就是电池，动力电池在整车制造的成本之中要占到 30% 到 40%，车企不想一直给宁德时代打工。

（资料来源：作者整理）

思考：

1. 请用一句话概括宁德时代的商业模式是什么？。
2. 你觉得宁德时代的商业模式可持续吗？

6.1　商业模式的内涵与逻辑

6.1.1　商业模式的内涵

商业模式是一个流行词，创业者、投资者、企业家甚至政府都在谈论，但很多时候大家谈论的商业模式不是一个概念，有时像盲人摸象，不见全貌。

通俗来讲，商业模式是一个企业如何盈利和赚钱的方式，通常以讲故事的形式出现。问题是讲故事人为因素太多，可能遗漏重要的情节，且顾此失彼。许多商业模式比较简单，比如，饮料公司通过卖饮料来赚钱；快递公司通过送快递来赚钱；通信公司通过收话费来赚钱；超市通过平台和仓储来赚钱，等等。

随着商业活动的日益复杂，很多商业模式不容易解释清楚。这就需要给出商业模式（Business Model）的学术定义：商业模式是企业如何竞争，如何使用资源，如何构建关系，如何与顾客互动的模型，它是商业活动过程中可重复的、互相强化的盈利逻辑、关键要素和关键环节。

6.1.2 商业模式的逻辑

创业的目的是通过创造价值获取利润，创业成长的过程就是价值发现、匹配和获取的过程。所以，从本质上看，商业模式就是一种价值转换机制。例如，谷歌公司首先发现了搜索技术的价值，当它寻找到潜在匹配的客户时，才算找到了一个市场，才能真正获取价值，图 6.1 所示为谷歌商业模式的逻辑。

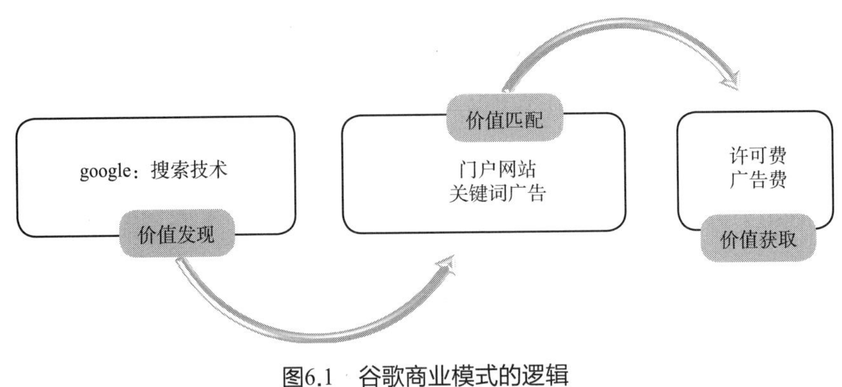

图6.1 谷歌商业模式的逻辑

6.2 商业模式的关键要素与环节

6.2.1 商业模式的战略选择

根据创新导向和顾客导向，可以将商业模式分为跟随者、互动者、塑造者和孤立者四种类型，见图 6.2。

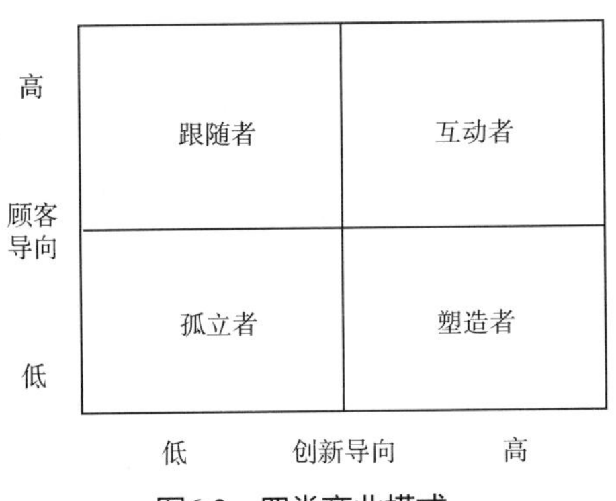

图6.2 四类商业模式

跟随者：这类商业模式主要通过模仿取得成功，虽重视顾客导向，但创新导向不强，如百度公司，主要通过模仿谷歌的搜索业务起家，后在地图服务、桌面搜索、工具栏、新闻快讯订阅、问答、主题推广等业务上也紧随谷歌其后。

互动者：这类商业模式顾客导向和创新导向都很强，通常通过二者的互动取得创业营销的成功并持续发展，引例中的亚马逊公司采用的就是这种商业模式。华为公司也采用这类商业模式。

塑造者：这类商业模式创新导向很强，但顾客导向相对弱。例如，谷歌公司就采用这类商业模式，在创业初期，谷歌创始人拉里•佩奇与谢尔•盖布林，由于目标客户模糊和资金紧张，一度想把他们的搜索引擎技术卖掉。

孤立者：这类商业模式顾客导向和创新导向都不强，这是很多中小企业倒闭或大企业陷入经营困境的重要原因。中国许多大型国有企业通常采用这类商业模式。

6.2.2　以顾客为导向商业模式的构成要素

以顾客为导向的商业模式通常由核心战略、战略资源、伙伴网络和顾客界面四个要素构成，每个要素都有一些次级要素，见图 6.3。

核心战略	战略资源	伙伴网络	顾客界面
企业使命 产品/市场范围 差异化基础	核心能力 战略资产	供应商 合作伙伴 其他重要关系	目标顾客 销售实现与支持 定价结构

图6.3　商业模式的四个构成要素

核心战略：创业公司如何竞争？其中企业使命对打造商业模式至关重要。案例 6.1 给出了星巴克、西南航空、阿里巴巴及华为公司的企业使命。

战略资源：创业公司如何获得和使用拥有的核心能力和战略资产？

伙伴网络：创业公司如何构建和培育合作伙伴关系？

顾客界面：创业公司如何与顾客互动并创造价值？

案例6.1　星巴克、西南航空及华为公司的企业使命

星巴克

把星巴克建成世界一流的高品质咖啡店，在成长的同时毫不妥协地维持企业的原则。

西南航空

西南航空的使命是以热情、友善、自豪和充满企业精神的态度提供最高品质的顾客服务。

华为

聚焦客户关注的挑战和压力，提供有竞争力的通信解决方案和服务，持续为客户创造最大价值。

（资料来源：作者整理）

6.2.3 商业模式要素组合决策

尽管一些创业者在开创新企业时有一个相对清晰明确的商业模式，但大多数初创企业并无成熟、完整的模式，在这些企业中，创业者首先要有一些直观的认识，即公司必须赚钱。然后，在脑海中形成部分要素或者模糊的想法。接着，是一个尝试和试错的过程，创业者往往靠自身敏锐的洞察力发现创新和竞争优势的来源，逐步形成清晰的商业模式。

商业模式设计的关键在于价值匹配，而构成要素组合是实现价值匹配的重要手段。即使成熟企业，面对日益多变的环境，必须快速行动，以变应变，及时通过要素重新组合创新商业模式。

企业可在三个层次上对商业模式的四个构成要素进行组合决策：①基础层次的决策，主要涉及企业买什么和卖给谁等基本问题，该层次上的决策易于复制。②专属层次上的决策，其实是企业在市场环境分析的基础上，对商业模式构成要素进行独一无二的决策组合，该层次上的决策具有唯一性且允许企业设置一些竞争壁垒。这要求企业创新决策方法，一直致力于做有别于其他企业的事情。③规则层次上的决策，是确保基础层次和专属层次因素以一种规范管理的形式来执行。成功的商业模式往往归功于一系列重要的运营规则。比如，戴尔公司有这样的准则：少于四天的存货周期；下一个工作日为顾客配送替换零件等。坚持执行基本准则可以强化与竞争对手的差距，即使他们之间的商业模式比较类似。

美国西南航空模式首先从基础层次着手，重点关注企业到底做什么、怎么做及基本的管理方法；其次，在专属层次上，创新管理方式，创建独一无二的服务及运作系统；在规则层次上，设立最高票价、航行班次、准时性等硬性规定，加强操作人员对企业战略意图的执行力。表 6.1 概括了西南航空公司商业模式在三个层次上的特点。

表6.1 美国西南航空公司商业模式的特点

特点	基础层次	专属层次	规则层次
核心战略	- 标准化的服务 - 窄产品线 - 全国范围的市场	- 短线飞行 / 低票价 / 高频率 / 点对点服务 - 传递快乐 - 仅提供饮料小吃 - 全额退款 / 无优先购买服务 - 由区域航线发展到为 30 个州 59 个机场提供服务 - 谨慎选择与经营模式相匹配的城市	- 设定每位乘客食物成本的上限 - 在增加服务航线的城市选择特定的指导原则 - 85% 本地市场占有率
战略资源	- 卓越的企业运作蓝图 - 持续经营 - 独立运作	- 强调准时到达，尽可能降低费用并让顾客感受快乐旅程 - 筑造爱心航线	- 保持行业内最准点到达的纪录

续表

特点	基础层次	专属层次	规则层次
伙伴网络	- 服务及运作系统	- 雇用与企业文化相匹配的员工（尤其一线员工） - 不开展辐射式航线系统 - 飞往那些不拥堵的小 / 大城市机场 - 进行地面操作方法的创新 - 独立的行李搬运系统 - 波音 747 客机与其他航线无代码共享	- 每天从机场发出至少 20 次航班 - 限定最远航线的距离 - 限定最长的航班时间 - 航班专机时间不超过 20 分钟
顾客界面	- 单个旅客或旅游团 - 直接分销 - 零售业务	- 无指定座位 / 无头等舱 - 不使用代理 / 中间商 - 以一贯的低价和高效内部管理进行短线、高频率飞行 - 无论行业是否景气，保证盈利	- 保证每位乘客单位里程的最低成本 - 限定每位乘客单程最高票价

资料来源：姚飞，谢觉萍 . 创业管理：演练、实训与微课（第 2 版）[M]. 大连理工大学出版社，2018：142-143.

此外，持续发展要求商业模式各要素之间保持一致，即具有内部与外部的契合性。内部契合是指四个要素内部的一致性及其相互强化，也就是说，核心战略必须和战略资源、伙伴网络、顾客界面相一致，才能站得住脚。外部契合是指四个要素的选择与企业外部环境的一致性。随着环境的变化，商业模式要做出相应改变，甚至是完全调整。总之，企业在进行商业模式要素组合决策时需评价内外部的契合性。

6.2.4　商业模式的关键环节

商业模式的价值体现在其实际运用的关键环节中。商业模式画布是商业模式设计与优化的一个非常实用的操作工具，它把商业模式的九个关键环节通过一张画布形象地展示出来，见图 6.4。

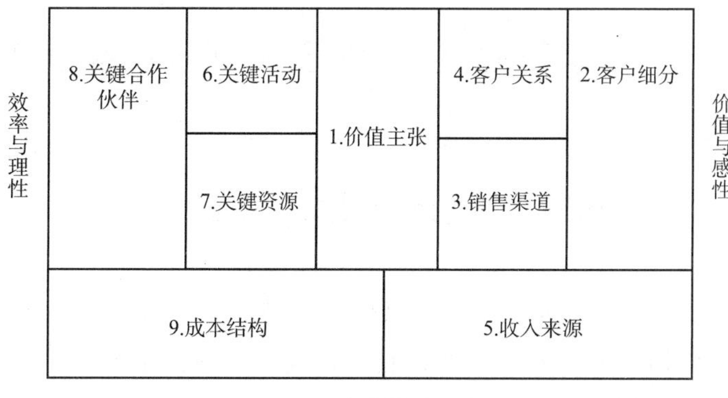

图6.4　商业模式画布

通常位于画布左侧的要素偏重效率与理性，位于右侧的要素偏重价值与感性。为提高操作性，实践中可按照价值主张、客户细分、销售渠道、客户关系、收入来源、关键活动、关键资源、关键合作伙伴、成本结构的逻辑顺序来运用。

价值主张（Value Propositions），主要回答的问题是：我们为客户创造什么价值？为客户解决什么问题？我们向每一个细分客户群体提供什么产品和服务？满足了客户的什么需求？简言之，解决客户的痛点或者独特的卖点是什么？

客户细分（Customer Segments），主要回答的问题是：我们为谁创造价值？我们的天使客户是谁？我们的目标客户是谁？

销售渠道（Channels），主要回答的问题是：我们想通过什么渠道去接近我们的各个细分客户群体？现在是如何接近他们的？我们的销售渠道是如何整合的？哪个销售渠道最高效？如何把销售渠道和消费者的日常生活整合在一起？

客户关系（Customer Relationships），主要回答的问题是：我们希望与每一个细分客户建立和维持什么类型的关系？已经建立了哪些关系？这些关系是如何与我们的商业模式整合在一起的？建立和维持这些关系的成本如何？

收入来源（Revenue Streams），主要回答的问题是：客户愿意为什么价值付费？当前是如何付费的？更喜欢如何去付费？每一个收入来源方式为我们的总收入贡献了多少？

关键活动（Key Activities），主要回答的问题是：为了实现我们的价值主张，我们需要开展什么关键活动？我们的分销渠道是什么？我们要建立怎样的客户关系？

关键资源（Key Resources），主要回答的问题是：为了实现我们的价值主张，我们需要开展什么核心资源？我们的分销渠道是什么？我们要建立怎样的客户关系？我们的收入来源是什么？

关键合作伙伴（Key Partners），主要回答的问题是：我们的关键合作伙伴是谁？核心供应商是谁？我们从合作伙伴那里获得什么核心资源？我们的合作伙伴从事什么关键活动？

成本结构（Cost Structure），主要回答的问题是：我们的商业模式中固定的最重要的成本是哪些？哪些关键资源是最昂贵的？哪些关键活动成本是最高的？

6.3　成功商业模式的主要特征与发展趋势

6.3.1　成功商业模式的主要特征

商业模式包含诸多要素和关键环节，仅靠一个要素或环节难以奏效。所以，成功的商业模式往往具有整体协调性，具体来讲，具有创新性、独特价值、难以模仿、风险可控、简单易行、持续发展等特征，见图 6.5。

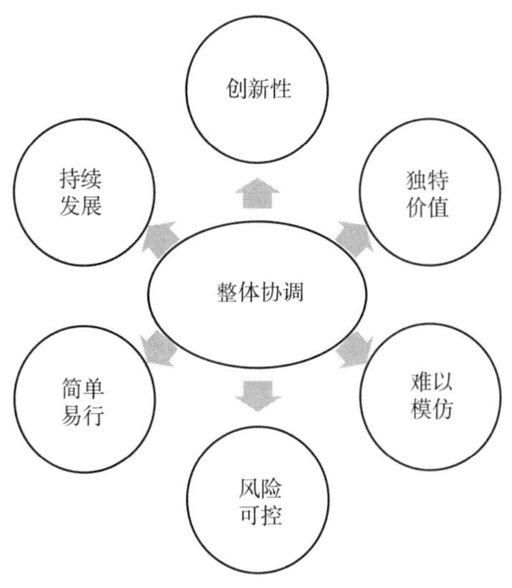

图6.5 成功商业模式的特征

6.3.2 商业模式的发展趋势

商业模式种类繁多，分类方法各异。这里根据盈利和生存的难易程度，梳理出荆棘丛生、崎岖不平、一马平川三种典型的商业模式，从中可以看出未来商业模式的发展趋势，见图 6.6。

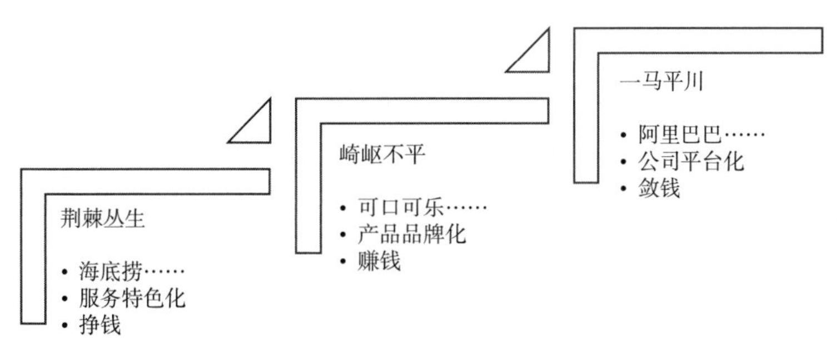

图6.6 三类典型的商业模式

荆棘丛生型，也称基于特色或增值服务的模式。当今世界，服务之外的行业凤毛麟角。服务行业创业机会多，但门槛低、竞争激烈，创业失败率很高。创业公司通常靠特色或增值服务作为创业的切入点和突破点。例如，海底捞火锅店，免费提供擦鞋、美甲、照看小孩服务，在洗手间提供开水龙头、挤洗手液、擦手等服务，因此在“荆棘丛生”的餐饮行业脱颖而出。

崎岖不平型，也称基于品牌价值的模式。任何行业都有若干强势的品牌，这是创业公司的“拦路虎”，使创业之路崎岖不平。品牌的价值体现在市场的知名度、行业的知晓度和用户的好感度。创业公司的品牌推广要靠精准营销，才能建立品牌的初步认知。例如，不少创业公司制作品牌标识和包装，选择时尚字体和广告媒体，招聘业务员并进行产品铺货，甚至做不少促销活动，但是销量惨淡，关键是创业公司的品牌价值低，而价值提升需要一个过程，详见本书第 12 章“创业品牌管理”。

一马平川型，也称平台模式。通常以免费使用来吸引用户，建立起他们平台的巨大流量，并且这些巨大的流量带有黏性，然后将流量变现。例如，百度、腾讯两家公司就是通过平台赚取广告费用、客户佣金和相关费用。这类公司敛钱，是因为他们的平台思维降低了整个社会的运转成本，他们的目标往往是大而全，形成一个商业生态系统，不断提高整个生态系统的效率。

随着互联网、人工智能、大数据的快速崛起，对许多传统行业造成很大冲击，商业模式的创新和迭代成为必然。未来主流商业模式是 O2O，即 Online To Offline（线上到线下），是指将线下的商务机会与互联网结合，让互联网成为交易的真正平台。许多传统大企业都在向 O2O 转型，例如，麦当劳近年来一直在推进实体餐厅向 O2O 转型，建立麦乐送网站，与 eBay、淘宝、美团建立广泛的电商战略联盟，通过新浪微博、微信公众平台吸引粉丝，并通过百度地图基于位置的服务（Location Based Services，LBS）进行精准营销。有研究表明，自新千年以来，全球 76% 的商业模式创新发生在中国，如支付宝、美团外卖、字节跳动短视频社交，这些商业模式创造出罕见的经济价值，成为中国企业在全球崛起的重要力量。

【本章小结】

商业模式是商业活动过程中可重复的、互相强化的盈利逻辑、关键要素和关键环节。

根据创新导向和顾客导向，可以将商业模式分为跟随者、互动者、塑造者和孤立者四种类型。以顾客为导向的商业模式通常由核心战略、战略资源、伙伴网络和顾客界面四个要素构成，每个要素都有一些次级要素。

商业模式要素组合涉及基础、专属、规则三个层次上的决策，成功的商业模式是在三个层次上对商业模式的四个构成要素进行有效组合的结果，而且只有保持内部要素与外部要素的契合性，公司才能持续发展。

商业模式的价值体现在价值主张、客户细分、销售渠道、客户关系、收入来源、关键活动、关键资源、关键合作伙伴、成本结构九个关键环节中，成功的商业模式往往具有整体协调性，具体来讲，具有创新性、独特价值、难以模仿、风险可控、简单易行、持续发展等特征。

商业模式有荆棘丛生、崎岖不平、一马平川三种典型模式，未来主流的商业模式是 O2O。

【关键术语】

商业模式（business model）

创新导向（innovation orientation）

顾客导向（customer orientation）
核心战略（core strategy）
战略资源（strategic resources）
伙伴网络（partner network）
顾客界面（customer interface）
价值主张（value proposition）
线上线下相结合的商业模式（O2O，online to offline business model）

【思考题】

1. 简述以顾客为导向商业模式的四个构成要素。
2. 简述商业模式的九个关键环节。
3. 举例说明三种典型商业模式的特点。

【案例实训】

项目6　打磨商业模式

1.实训目的

（1）对戈德公司商业模式进行评价的方法；
（2）提高对商业模式优化的技能。

2.背景材料

案例6.2　南开戈德公司为什么会创业失败

空白市场

劲松东街是北京一条连接东二环路和东三环路的社区主干道，平均每隔 100 米就有 2 台自动售货机比肩站立，一台卖饮料，一台卖小食品，总共有 20 台。除了早上 8 点多一名工作人员前来检查和擦拭机器外，整个上午无人问津。

1998 年就进入自动售货机行业的江文俊是南开戈德北京分公司营运部经理，在他看来，劲松一带的机器无人问津还好，一旦有人“关照”，不是被偷东西就是被人砸毁。北京所有室外机都不能幸免，2002 年江文俊所在公司为此损失了 140 多万元。“远远超出它们的销售额。”江文俊说。

自动售货机在日本、美国和欧洲的境遇却与中国大相径庭。去过的人都深有感触，无处不在、方便快捷的自动售货机让你不单是无法回避，更会入乡随俗地依赖上它们。

1996 年在美国出差的南开戈德防伪公司总经理李明智，就这样被满大街的自动售货机深深吸引了。考虑到南开戈德当时所处的防伪油墨产品只有2亿元的市场规模，本身就面临业务转型压力的李明智萌发了开发自动售货机市场的念头，这在国内市场是一个空白的商机。

回国后，李明智开始征求南开大学、清华大学等专家们的意见。按照国际零售业的普遍说法，便利店在人均GDP达3000美元以上的城市生存，6000美元以上的城市大面积发展；同样，自动售货机在人均GDP达4000美元的城市生存，在人均GDP达8000美元的城市方能大幅度赢利。1997年，北京人均GDP超过2000美元，上海、广州和深圳超过3000美元。

1997年统计数字表明，全世界共有自动售货机2000万台，每年通过自动售货机销售的商品达到2000亿美元，其中美国拥有自动售货机700万台，平均每45人使用一台；日本有570万台，平均每23人使用一台；欧洲有380万台，平均每60人使用一台。在中国东部沿海经济发达地区有3.5亿人，这似乎意味着一个无比庞大的市场在等待开发。

戈德开始上马自动售货机。经天津市计委立项后，戈德在1997年建立了年产3万台自动售货机的生产线，其立项书里表明："按照每台机器3万元的定价，每年可实现销售收入9亿元，实现利润1.4亿元。项目总投资1.5亿元，分两期进行，第一期投资6000万元。"

1999年，南开戈德把自动售货机作为一种高科技产品，重组上市公司"津国商A"。2000年南开戈德进行配股，共募集2.68亿元，其中有1.9亿元分两次投入到自动售货机业务。

面对一个如此新鲜时尚的事物，中国的市场反应如何呢？国外的自动售货机生产商有两种常见的盈利模式：一是直接卖给饮料商或食品商，这往往会演化为它们直接投资自动售货机生产，以此来控制渠道成本。比如，可口可乐就是日本自动售货机生产商日本烟草公司最大的股东，其在日本的听装饮料有75%通过自动售货机售出；二是中间运营商，比如便利店，世界最大的连锁便利店"7-11"几乎每家店里面都配置自动售货机。

机器生产出来了，戈德接触了中国市场几乎所有的重要饮料商和食品商，但始终找不到能批量购买自动售货机的大买家。在自动零售业务较为发达的日本，由于劳动力和店面成本高，人们工作时间普遍不固定，因此能昼夜服务、占地少的自动售货机备受青睐。

回头看中国，按照北京市2002年职工平均月工资1500元计算，花3万元买一台自动售货机当然不如雇人划算，何况人的潜力还能持续挖掘。再加上超市这种零售业态不过刚有起色，便利店也只在上海、深圳实现了便利，指望它来带动自动售货机的销路恐怕为时尚早。

现在看来，启动这个市场的决策有些过于一厢情愿。市场空白并不一定意味着就有商业机会。戈德显然没有考虑治安状况、流动人口、市民素质等因素，1998年和1999年北京的700多台室外自动售货机几乎无一例外遭到损坏和偷盗。2002年北京街头自动售货机被毁坏的损失也有140万元人民币。而一提到专家意见和数据，戈德的员工会苦笑不已："如果不是当初买了专家的意见，我们也不会那么信心百倍地花巨资上马自动售货机。"

迷人的产业链

没人愿意花钱接纳自动售货机。无奈之下，戈德开始自己经营。上市公司南开戈德把自动售货机悉数卖给了戈德集团旗下的天津戈德商务公司和天津微超贸易公司，虽然南开戈德有了每年超过3亿元的进账，但戈德商务和戈德微超却背上了沉重的负担。

这两家公司遵循集团指示，先后成立了22家分、子公司负责国内22个主要城市自动售货机的布点工作，计划两年内在全国铺设自动售货机3万台，企图通过规模效益获取利润。

但是消费者似乎并不买账。"刚开张的超市又便宜又新鲜，干吗费道手从这台机器里买。再说你看它都晒半天了，里边的东西还能吃吗？"北京劲松东街的马大爷看管自动售货机三年了，依然是这个论调。揣着众多专家报告的戈德只有一边垂涎国外红红火火的市场规模，一边艰难地等待国内消费者的"醒悟"。

截止到2002年，戈德在全国铺设机器3万台。同时，迟迟未能盈利的戈德为缩减成本，将分公司压缩到10家，负责全国20多个城市的经营业务。以管理2000多台机器的北京分公司为例，办公地址从亚运村汇园国际公寓迁至以前营运部的库房办公，人员也缩至100人，除了60名管理员外，其余的要负责维修、装配、市场和广告等业务。"比较从不休息的自动售货机，我还有睡觉的时间。"一天要工作10多个小时的江文俊如此自嘲。

2002年统计显示，戈德在北京、上海、广州分别拥有2000台、1400台和2200台自动售货机，销售额分别是1500万元、1800万元和2400万元。"如果除去占总数1/3的室外机，平均每台一年的销售额超过1万元，考虑采购、人工和机器折旧成本，利润所剩无几。"

戈德集团总部召开会议时，常用一个案例来鼓励中层管理者的信心——2002年年初，山西一个体户看到当地超市发展缓慢、人们购物不便，于是投资300万元从戈德购买了100台自动售货机，铺设在太原人口密集的高校、商场，当年就实现了盈利。

但是戈德公司发现自动售货机的制造不是什么高科技，而经营自动售货机业务却不简单，需要专业化。从本质上讲，这是零售业中的一种业态，与经营连锁便利店相似，需要考虑选址、采购和物流配送成本。如果一开始就按照零售业的经验，在选址和物流配送等方面精打细算，就不会盲目模仿国外，把机器"招摇"到大街上、居民区，等着被砸的情况出现。现在看来，把自动售货机从大街上搬进写字楼、商场和宾馆应该是明智的选择。

城市的选择也需要探索，并非所有大城市都喜欢这个铁壳子。青岛2000年计划是铺设2500台，但铺到300多台时发现所有机器的营业收入还抵不上一台机器的价值，后来青岛分公司被取消。但有很多城市反而比预想的好很多，如四川绵阳、湖北襄樊等城市，超市和便利店并不普及，自动售货机出售的货品价格与超市相比并无明显的价格劣势，都有盈利。

戈德自动售货机网络不能发挥规模效应，采购和物流配送成本较高。采访时我们搭乘江文俊的那辆捷达车就可以解决配送业务，后备箱里放着很多花生、瓜子之类的小食品，他在巡视市场时顺便就可以完成补货业务。由于采购规模很小，很多商品就是从超市买来的。

自动售卖业务的市场关键在于本地化经营。正是那些对当地市场最熟悉的人才知道消费者需求何在，知道如何低成本地经营这个网络。戈德不仅为开发培育这个市场付出了很高的成本，由于产品都是卖给自己集团的关联企业，造成应收账款居高不下，上市公司的财务报表因此变得非常难看，在资本市场上也受到了投资者的质疑和谴责。毫无疑问，自动售货机可以自动出售商品，但它还远远不能自动创造市场。

关联交易

2003 年 3 月，南开戈德发布公告称，由于公司主营业务所处的行业、市场环境变化等原因，销售收入出现较大幅度下滑，公司预计 2002 年度经营业绩将发生较大亏损。至此，自 1999 年从津国商重组以后，一度成为“高校明星股”“高科技龙头股”的南开戈德，经过三年的起伏，开始复归平静。

面对中国的空白市场，南开戈德虽然准备充分，但却从一开始就走上了一条坎坷之路。南开戈德董事长王湘波介绍，国外自动售货机有三种销售模式：一是直接卖给饲料商，二是卖给中间的运营商，三是自己直接做终端，面向市场。由于中国自动售货机市场正处于起步阶段，南开戈德无奈地选择了第三种。

业内人士分析认为，南开戈德重组津国商以后，自动售货机是作为一种高科技产品装到新公司中去，业绩压力很大。如果采取前两种营销模式，公司的销售收入将取决于饮料商和运营商市场开拓进度和经营状况，在目前的市场情况下，几乎难有盈利的可能。但如果采取第三种营销模式，则公司的销售收入和经营业绩将完全取决于自己，也就是说，命运完全掌握在自己手里。

南开戈德存在巨额的关联交易，主要涉及戈德集团旗下的天津戈德商务公司和天津微超贸易公司。以 2001 年为例，戈德向这两家企业分别销售自动售货机 27295 万元和 4871 万元，占公司全部销售收入的 99.9%。这种关联交易从一开始就受到了市场的质疑。国泰君安研究所的一位人士认为，由于这种关联交易价格具有不透明性，因此其业绩的真实性令人怀疑。资料显示，2001 年，戈德实现自动售货机销售收入 32049 万元，全部向这两家关联公司销售，产品毛利率达到 50% 以上，这几乎不可思议。另外，戈德商务公司和微超公司并没有找到一个很好的盈利模式。作为终端运营商，这两家公司主要运作方式是将自动售货机，以合作的方式铺在各大城市，其收入来源在于售货机内的商品销售和广告收入，现金流较少，销售终端暂时没有盈利。由于这两家公司是戈德集团的控股子公司，大量的成本其实还是由戈德集团承担，虽然北京、上海、广州等几个主要城市微超开始盈利，但是，现金流仍不能支撑体系运转。

2001 年年底，中国证监会对关联交易进行了规范，其中规定，关联方在进行关联交易时，超过市场价格 10% 以上的部分将计入资本公积金，这对南开戈德无疑是个不小的打击。但戈德方面仍在继续努力，扩大终端融资能力。2002 年，由戈德集团、北京市门头沟区政府和山东鑫源控股共同出资 4.5 亿元，成立北京戈德商务公司，承担自动售货机的终端运营商。如此运作以后，戈德集团在移动商务公司里的股份被稀释到 30% 左右，关联交易被减少。

资金链之谜

自动售货机在中国还没有成功的先例，南开戈德的盈利模式，受到了投资者的质疑。

在南开戈德的三次投资中，自动售货机项目共投入 2.28 亿元。表面上南开戈德 1999 年实现净利润 9493 万元，2001 年实现净利润 1.2 亿元，但是对于上市公司而言，并不是实质性收益。由于戈德商务和天津微超没有成功的盈利模式和大的现金流入，无法支付数目巨大的购货款，南开戈德的销售收入都只是应收账款而已。这对于南开戈德而言，一方面，巨大的投入，没有现金流入，公司的后续投资只能依靠大规模融资；另一方面，大量的应收账款所产生的坏账准备，也为公司增加了财务负担。这种模式操作的后果是，在运作几年之后，上市公司一方面产生巨大账面盈利，另一方面又不得不产生大量借款，上市公司不堪其负，集团公司也已无力承担。寻求重组成了上市公司唯一的出路。

2000 年 7 月，刚刚成立 2 个月的南开戈德集团进行增资扩股，引入鑫源控股和盛元创新公司两大股东，注册资本增至 6.27 亿元，其中鑫源控股投入资本金 2.8 亿元，占总股本 30%，与第一大股东允公集团仅差一个百分点。南开戈德如果能够保持终端运营商的持续运转，就要不停地为戈德移动商务和天津微超引入战略投资者，以操持资金的正常运转。鑫源控股的加盟，似乎为南开戈德紧绷的资金链带来了希望。

同时，鑫源控股入驻后，南开戈德经营业绩当年即创造了上市以来的新高，每股收益达到了 0.6 元，2001 年在股本摊薄以后，仍然达到了 0.16 元。但证监会的关于关联交易的有关规定，使这种运作遭遇了障碍。

2002 年，鑫源控股与北京门头沟政府、戈德集团等联合成立了北京戈德商务有限公司，这被业内视为南开戈德股份公司的反弹。但因为北京投资方的原因，计划最终流产。鑫源控股前后共投入 4.3 亿元资金，即使北京戈德的 1.5 亿元能完整收回，那么前期的 2.8 亿元也是个不小的数目，在依靠自动售货机无法取得投资回报以后，对上市公司实施资产重组，实施战略转型，以求得更为长期和稳定的投资收益，可能会成为鑫源控股首先考虑的问题。

南开戈德在 2002 年 11 月开始向天津市政府和证管办汇报其重组思路。其重组的思路是在保持现有的自动售货机这块业务基础上，引进新的优质资产。天津市政府要求南开戈德的各大股东尽最大努力帮助上市公司。关于重组更为具体的事情，董事长王湘波则拒绝透露，他只是表示："两三个月后，便可见分晓！"不久，戈德集团资金链断裂，后实施债务重组也未见成效。2008 年，戈德集团自动售货机业务全面停止。

（资料来源：作者根据亲身经历和相关资料整理）

3.实训任务

（1）你认为戈德自动售货机的商业模式是什么？如何评价？

（2）戈德自动售货机有起死回生的机会吗？

（3）能否为戈德自动售货机寻找到更好的商业模式？

4.实训步骤

（1）个人阅读

督促学生针对“实训任务”进行阅读，并在课前完成。针对中国学生的特点，课堂上老师或学生还需再花费 10 ～ 20 分钟对案例学习要点及相关背景进行简单的陈述。

（2）小组讨论与报告（20 ～ 30 分钟）

主要在课堂进行，围绕“实训任务”展开讨论，同时鼓励学生提出新的有价值的问题。要求每个小组将讨论要点或关键词按小组抄写在黑板上的指定位置并进行简要报告，便于课堂互动。小组所报告的内容尽可能是小组所达成共识的内容。

小组讨论与报告

小组名称或编号：________ 组长：________ 报告人：________ 记录人：________

小组成员：____

①小组讨论记录：

发言人1：____

发言人2：____

发言人3：____

发言人4：____

发言人5：____

发言人6：____

发言人7：____

发言人8：____

②小组报告的要点或关键词（小组所达成共识的内容）：

任务1：____

任务2：____

任务3：____

（3）师生互动（30 ～ 40 分钟）

主要在课堂进行，老师针对学生的报告与问题进行互动，同时带领学生对关键知识点进行回顾。并追问学生还有哪些问题或困惑，激发学生学习兴趣，使学生自觉地在课后进一步查询相关资料并进行系统的回顾与总结。

（4）课后作业

根据课堂讨论，老师要求每位学生进一步回顾本节所学内容，形成正式的实训报告。建议实训报告以个人课后作业的形式进行，其目的是帮助学生在课堂学习的基础上，进一步巩固核心知识，联系自身实际思考并解决问题，最终形成一个有效或学生自认为最佳的解决方案或行动计划。要求学生在制订方案时应坚持主见，学以致用。实训报告的提纲如下：

实训报告

请利用商业模式画布分析并展示戈德售货机的商业模式，将相关内容写在下表中。

<table>
<tr><td rowspan="2">关键合作伙伴</td><td>关键活动</td><td rowspan="2">价值主张</td><td>客户关系</td><td rowspan="2">客户细分</td></tr>
<tr><td>关键资源</td><td>销售渠道</td></tr>
<tr><td colspan="2">成本结构</td><td colspan="3">收入来源</td></tr>
</table>

对戈德售货机的商业模式进行评价：

创新性：____

独特价值：____

难以模仿：____

风险可控：____________________

简单易行：____________________

持续发展：____________________

戈德售货机商业模式的改进方案：____________________

____

____

____

____

____

____

（5）实训成果的考核：根据学生课堂表现和实训报告质量，评定实训成绩

【微课观看】

微课 6：如何设计市场导向的商业模式？

模块3
设计创业营销方案

设计创业营销方案为创业营销活动有效实施制订具体计划。本模块分为四章：

- 第 7 章　创业产品决策
- 第 8 章　创业价格决策
- 第 9 章　创业渠道决策
- 第 10 章　创业促销决策

第7章　创业产品决策

你不能只问顾客要什么，然后想法子给他们做什么。等你做出来，他们已经另有新欢了。

——苹果公司创始人 史蒂夫·乔布斯

【学习目标】

1. 学会选择初创产品方向的方法；
2. 训练产品创意及最小化可行产品开发技能；
3. 了解创业产品组合的方法。

【引例】

小米手机的创业产品决策

北京小米科技公司由雷军和前 Google、微软、金山等公司员工一起于 2010 年组建。小米手机是该公司研发的一款高性能发烧级智能手机。小米 M1 于 2011 年 8 月发布，售价 1999 元，主要针对手机发烧友，采用线上销售模式，是世界上首款双核 1.5GHz 的智能手机。2019 年，小米手机出货量 1.25 亿台，全球排名第四，电视在中国售出 1021 万台，排名第一。2020 年《财富》世界 500 强排行榜位列 422 位。

小米公司创业之初，颠覆传统的新产品开发流程，研发人员直接通过社交媒体了解消费者。2010 年在研发 MIUI 操作系统时采用众包模式，即通过与小米论坛上的粉丝互动收集意见，每周快速更新版本，做出产品改进。开发新功能之前会通过论坛提前向用户透露一些想法，或者在正式版本发布前一两周，让用户投票选择需要什么样的产品。在小米手机研发过程中，不断有发烧友在小米论坛上呼唤：应该提供自由刷机系统功能。小米手机尊重了用户的需求，在最终版本中为用户提供了自由更换系统的功能。一开始，MIUI 系统采用的是安卓原生的输入法，过了一段时间，许多用户投票决定，他们更喜欢搜狗输入法，小米手机便将其更换为搜狗输入法。半年之后，由用户自主发起第二轮投票，大多数用户支持不放置任何输入法，由他们自己选择。于是，小米手机干脆不装任何输入法！

小米公司创业初期基本上没有花过一分钱打广告。小米论坛所积累起来的“发烧友”后来成为小米手机最忠实的核心用户，成为帮助小米手机开展口碑传播的意见领袖。这几乎是最低成本的推广方式。小米手机的研发组织也与传统手机公司截然不同，它将手机研发拆解成许多功能模块，每个模块都由几个研发工程师负责，这些工程师通过小米论坛、微博等方式，直接与粉丝互动，从消费者那里获得反馈信息，对产品快速做出改进。整个小米公司的研发部门并没有研发经理之类的职位，只有研发小组。同时，营销人员和产品经理被整合到一个团队中。

（资料来源：作者整理）

思考：

1. 你认为小米创业初期开发手机产品成功的关键决策是什么？
2. 作为一个创业营销者，你最想从小米手机开发中学到什么？

7.1　选准初创产品方向

7.1.1　产品分类

在进行创业营销时，产品开发方向的选择至关重要，选对了方向能让企业少走很多弯路，提高创业成功率。不少企业喜欢盲目跟风，不清楚自己究竟想做什么，结果开发了很多产品或项目，都不成功，浪费了大量时间和金钱。

关于行业或产品的分类，方法很多，这里将创业产品分为消费品和工业品。通常消费品面对终端消费者，创业门槛低，但竞争激烈，品牌要求高。工业品面对企业，专业性强，但创业门槛高，对人脉和技术要求高。创业营销者应了解不同消费品和工业品在营销方式上的差异，结合自己的经验、技能及兴趣，选择适合自己的初创产品细分方向。

消费品，是指个人或家庭生活所需要的消费品，一般可分为四类，即便利品、选购品、特殊品和非寻求品。不同类别的消费品具有不同的营销特点，见表7.1。

表7.1　个人消费品类别及营销特点

营销特点	个人消费品的种类			
	便利品	选购品	特殊品	非寻求品
消费者购买行为	经常购买；少计划和比较	不常购买；多计划和选择；货比三家	重品牌偏好和忠诚；轻品牌比较	产品认知少，购买兴趣小，甚至抵制
价格	低价	高价	高价	不同价格
分销	广泛分销，购买便利	较少渠道，选择性分销	区域内独家分销或授权分销	不同价格
促销	由厂商大规模促销	厂商与中间商的广告和人员推销	厂商和中间商有针对性地促销	特殊广告和人员促销

续表

营销特点	个人消费品的种类			
	便利品	选购品	特殊品	非寻求品
举例	牙膏、香皂、小食品等	家具、电视机、服装、女子美发等	奢侈品，如珠宝、钻石、名车、电影票等	人寿保险、献血、殡葬用品

注：可根据人口统计、地理、行为和心理等因素对产品做进一步的市场细分。

工业品依据产品进入生产过程的重要程度，可分为原材料与零部件、生产设备、供应品和商业服务四类，见表 7.2。

表7.2　工业品类别及其特点

工业品的种类		例子与特点
原材料与零部件	原材料	农、林、渔、畜、矿产等部门所提供的小麦、原木、原油、铁矿石等产品，专门的销售渠道、标准的价格，常为长期销售合同
	零部件和半成品	如轮胎、压缩机等零件；棉纱、坯布、生铁、钢锭等半成品；一般产需方订立合同后进行生产和交易
生产设备	装备	如厂房、矿产开发、锅炉、机床等生产设备；单价高，直接销售
	附属设备	包括各种便携式设备或工具和办公设备。单价低，使用寿命短，通用程度大，大多通过中间商卖给使用者
供应品	作业用品	如打字纸、油墨等产品；消耗大，要经常购买
	维修用品	主要有扫除用具、油漆、铁钉、螺栓、螺帽等
商业服务		包括产品维修保养服务（如擦洗窗户，修理计算机等）和企业咨询服务（如法律顾问、管理咨询、广告顾问等）；定制化、专业化

7.1.2　产品本质

消费品和工业品有其共同的产品本质。创业营销者可从三个层次上认识产品的本质，即创新产品和服务，实现差异化，开发具有竞争力的产品，图 7.1 所示为产品的三个层次及可创新变量。

第一层是核心产品，它是指向购买者提供最基本的利益或服务。核心产品要解决的问题是：消费者实际上要购买的是什么？消费者要购买某种产品或服务并不是为了占有或获得该产品或服务本身，而是为了满足某种需要。例如，女性购买化妆品并不是为了获得一种化学品，而是购买美丽。

第二层是有形产品，是指向市场提供的实体或服务的外观，是核心产品借以实现的外在形式。例如，索尼照相机的有形层为它的名称、零部件、款式、特色、包装以及其他属性等。

第三层是附加产品，是指顾客购买有形产品时所能得到的附加服务和利益。例如，索尼照相机为更好地服务消费者，需要使用说明书、及时维修、保修以及免费咨询等附加服务。

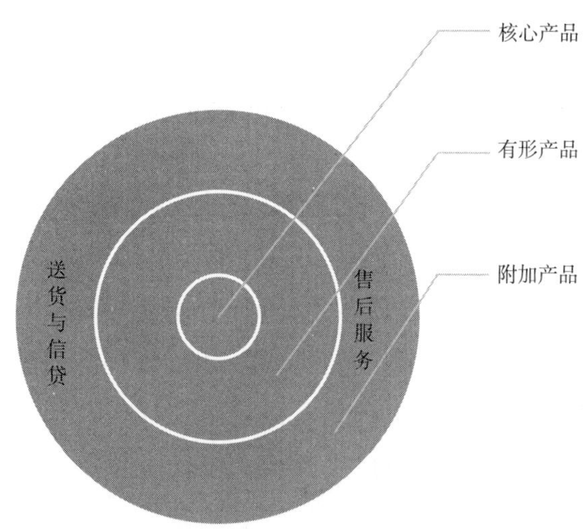

图7.1　产品的三个层次及可创新变量

优秀的创业营销者不能把产品简单地看作随意卖给消费者的物品，应不断了解消费者对产品的看法，挖掘产品的内涵与外延。对初创产品来讲，应突出核心产品，逐步完善有形产品与附加产品。

7.2　产生产品创意

7.2.1　产品创意要素

产品创意要素包括产品属性、品牌、包装、标签和服务，见图7.2，这些要素为创业营销者提供了产品创意的诸多机会。

图7.2　产品和服务创意要素

在产品属性上，创业营销者可以在产品质量、产品特色、产品设计等方面进行创新，既能吸引消费者，又能增加产品的顾客价值。

在品牌创建上，可对商品的名称、术语、记号、符号、设计及其组合进行创造性的设计，使与其竞争对手区别开来，使品牌逐步成为向市场传递信息和顾客价值的工具。

在包装与标签设计上，可把商标或品牌、形状、颜色、图案和材料等要素作为创业营销的重要手段。

在服务上，创业营销者可为产品提供一些有特色、低成本的支持服务，提高顾客满意度，克服创业初期开拓市场所面临的种种挑战。

7.2.2 产品创意来源

公司内部。创业产品的创意通常来自创业营销者本人，也可来自合作伙伴，如科学家、工程师、设计师、生产人员、高层管理者、销售人员等。

顾客。顾客的需求和欲望往往是寻找产品创意的最佳起点，创业营销者可以通过调查了解顾客的需求和欲望，分析顾客的问题和抱怨，进而发现能很好地解决这些问题的新产品。创业营销者也可以和顾客直接见面交流，以获得一些建议。

竞争者。竞争对手也是产品创意的很好来源。创业营销者可以通过观察竞争者的广告、产品及相关信息来获得产品创意。

分销商和供应商。分销商或供应商由于更接近市场，他们可以向制造商传递关于消费者的问题和新产品需求的信息。供应商可以将用以开发新产品的最新概念、技术和材料等方面的信息，尽快介绍给生产企业。这些都可以使创业营销者在开发产品创意方面得到有益的启发。

其他来源。相关贸易杂志、展览会、学术研讨会；政府主管部门；新产品咨询机构；广告商；市场调研公司；科研机构和大专院校及专利发明人等。

创业营销者的产品创意和灵感是创业成功的基础，吉列公司的创业过程就是其创始人及后继者不断产生产品创意，由此开发适销对路产品的过程，见案例 7.1。

案例7.1 吉列公司的创业产品创意

吉列（Gillette）是国际知名的剃须护理品牌，由金•吉列于 1901 年创办。1917 年，吉列品牌在美国国内的市场占有率已达 80%，奠定了其在剃须刀领域的领导地位。自 20 世纪 20 年代开始，吉列逐渐进入国际市场，并迅速成长为国际知名品牌。2005 年，宝洁（P&G）以 570 亿美元并购吉列公司。

在 100 多年的创业史中，吉列开创了许许多多的行业第一：剃须刀架（1946 年）、双刀剃须刀（1971 年）、旋转头剃须刀（1977 年）、弹簧剃须刀（1990 年）、女用剃刀（2004 年）。在吉列公司，平均每 45 个新产品创意中就有 3 个进入产品开发阶段，而最后只有其中 1 个创意能进入市场。

在吉列之前，剃须刀的刀身和刀柄是连在一起的，刮脸费时费力，稍不留神还会刮破脸。有一次，金•吉列在外地推销产品，早晨在旅馆的客房里自己剃胡须。由于天气太热，又急于出去找客户，勉强刮好胡须，下巴已变得血肉模糊，惨不忍睹。他恶狠狠地扔掉剃须刀，怨恨地说："为什么就没有更方便、更锋利的剃刀呢？"从此踏上了不断产生产品创意并持续改进产品的创业之路。

金•吉列曾推销一种一次性"用完即扔"的新型瓶塞产品，这种小小的瓶塞样子很不起眼，价钱也比较低，但很受消费者欢迎。这给了他启示，他立即买来锉刀、夹钳、薄钢片等工具和材料，关起门来细心地研究和构思。他设想刀片钝了可更换，刀柄可反复使用，且成本低，便于用户重复购买。于是，吉列把刀柄设计成圆形，上方留有凹槽，以便用螺丝把刀片固定。刀片用超薄型钢片制作，并夹在两块薄金属片中间，露出刀刃，使用时刀刃与脸部始终形成固定的角度，不会刮破脸。确定设计方案后，吉列请专业人员制作出样品，虽然使用效果不太理想，但与传统剃须刀相比，无论是锋利程度还是安全性能，都有了很大的提高。金•吉列正是靠这种创意和灵感，才开发出方便和安全的吉列剃刀。

（资料来源：作者整理）

7.3 开发最小化可行产品（MVP）

常规产品从调研、设计到开发再到推向市场，这是一个漫长的过程，这样会加大创业的风险。创业营销者开发产品时应先做出一个简单的原型——最小化可行产品（Minimum Viable Product，MVP）。和常规开发方式不同，MVP 更侧重于对未知市场的勘测，用最小的代价来验证商业的可行性，这样可极大减少试错成本，这是创业营销者开发新产品的捷径。在 MVP 开发过程中，创业营销者既要注意产品的最小化，又要验证产品的可行性。

产品最小化。这意味着产品仅仅包含最基础或核心的功能。例如，大众点评创始人张涛花了三天时间做出来大众点评最早的一个网页。以前他羞于给别人看这张图，因为太简陋了。但是后来，他觉得这张简陋的网页就是 MVP。当时他没有跟饭馆签任何协议，而是将旅游手册里的一千多家饭店录入网站系统。他只想验证一件事，网民在一家饭馆吃完饭，是否愿意进行点评。MVP 是大众点评商业模式最重要的起点。

产品可行性。就是以 MVP 进行小样调研，快速进入市场、接触客户并得到反馈。通过反馈不断修改原型并快速迭代，最终完成正式版的开发。例如，大众点评后来想切入餐馆订位服务，市场上有很多解决方案，比如电话预订。在经过一番研究之后，他们想到一种声讯电话模式。具体来讲，就是用户在手机上提交预订请求，然后用技术把文本转为语音，之后通过声讯电话服务商把用户的要求发送给相应的餐馆，餐馆可以简单地通过按键 1 或者 2 来选择是否接受预订，最后大众点评把预订结果以短信形式通知用户。这个方法看似简单，但开发这套系统至少需要 3 个月时间。而且，创业营销者还需通过测试并收集用户的反馈，快速迭代，不断更新产品，最终才能验证产品的可行性。案例 7.2 描述了微信产品迭代的过程。

案例7.2　微信产品迭代的过程

2010 年 10 月，一款名为 kik 的软件登上了各大手机商城下载热榜。kik 的功能和早期的飞信有些类似，可以用流量免费发短信。kik 在短短两周就拥有了百万用户。张小龙在体验一番后，认为新的时代已经到来，他在凌晨给马化腾发了一封邮件，说道："QQ 已经过时，将来一定会是移动社交软件的天下，我们一定要趁早开发。"

几分钟后，同为工作狂的马化腾回复道："马上就做！由你全权负责。"

微信立项之初，很多人并不看好这个项目，觉得是多此一举。更有甚者戏谑张小龙自己就是个社交失败者，让他做移动社交岂不是自寻死路？对于这些言论，张小龙并不在意，他带着研发团队一头扎进工作中，昼夜不分地进行 IOS、安卓、塞班三个不同平台的微信 App 开发。

2011 年，微信悄然上市，仅用了 8 个月便横扫了整个市场。在"摇一摇""朋友圈"的魔力下，无数颗寂寞难耐的灵魂得到了释放。但张小龙却高兴不起来，因为微信火爆的同时，各种批判之词不绝于耳，有人说微信抄袭了 kik 和 TalkBox，有人说微信细节做得太差，更有人说微信就是个没有前景的产品。面对各种抨击，张小龙始终以沉默回应。直到 11 月，微信 3.0 的开机页面上放出了迈克尔•杰克逊的图片，并附上了这样一句话："你说我是错的，那你最好证明你是对的！谨以此版本纪念迈克尔•杰克逊，感谢他的音乐陪伴我们的产品开发之旅。"

随后，微信进行了大刀阔斧的更新，先是可以自定义背景图片和二维码名片，再是对产品加入各种时尚流行元素。在功能需求方面：朋友圈，支付，购物，公众号，小程序……功能模组繁多，但在具体使用过程中，用户却能很轻松地上手。凭借着"比它炫的没它简单，比它简单的没它快"的产品特性，微信开始被越来越多的人所认可。截至 2019 年年底，微信用户数量已经突破 11 亿，成为中国国家数字生活最底层的基础设施，也是全球最受欢迎的移动社交软件之一。而张小龙更是被中国网友称为中国最优秀的产品经理。

（资料来源：作者整理）

7.4　产品线和产品组合决策

在发展产品线策略时，创业营销者将面对产品线补充、产品线删减、产品线特色化、产品线延伸等重要决策。同时，可对产品组合采取扩大、缩小和现代化策略，提高创业成功率。案例 7.3 描述了格兰仕产品战略整合的情况，体现了格兰仕通过产品组合推进持续创业的重要决策。

案例7.3　格兰仕微、生、厨产品组合决策

格兰仕是中国著名的微波炉、空调及小家电制造企业。公司创始人为农民出身的梁庆德。截至 2019 年 12 月，格兰仕品牌在全球 150 多个国家和地区注册，产品和服务供应到全球近 200 个国家和地区。

2011 年格兰仕对微波炉、生活电器、厨房电器从品牌、通路、架构等方面进行全方位整合，成立新的生活电器销售总公司，“是由原先的微波炉、电烤箱单项冠军向打造‘冠军群’延伸的大战略的超常规整合，更是符合时代和国家宏观经济发展、家电市场发展趋势的大整合。”格兰仕执行总裁梁昭贤表示。此次整合的目标是格兰仕横跨微波炉、生活电器众多品类、厨房电器众多品类的整合，将实现从单一产品作战到多个产品线抱团作战，达成共同体作战，市场快速反应和扩张的目的。

“经过 18 年的市场历练和沉淀，格兰仕已经成为家电行业‘品项最多、产品线最长、企业综合实力最强’的三家大型综合家电品牌之一，为战略整合创造了良好的营销环境和基础。此次战略整合，将促使格兰仕综合竞争力得到系统提升。”格兰仕生活电器销售总公司总经理赵静表示。

微、生、厨战略整合的目的是实现包括生活电器产品电烤箱、芽王煲、电开水瓶、电水壶和厨房电器产品在内的多产品冠军目标，谋划国内首个小家电行业冠军群品牌的伟大蓝图。整合之后，格兰仕将大力推进专卖店建设、卖场国际化建设、渠道下沉等一系列自选动作，形成冲刺冠军群的市场合力。

（资料来源：作者整理）

【本章小结】

创业营销者进行产品决策时，为选准初创产品方向，应清楚产品分类。一般消费品可分为四类，即便利品、选购品、特殊品和非寻求品；工业品可分为原材料与零部件、生产设备、供应品和商业服务四类。创业营销者应了解不同消费品和工业品在营销方式上的差异，结合自己的经验、技能及兴趣，选择适合自己的初创产品细分方向。

创业营销者可从核心产品、有形产品、附加产品三个层次上认识产品的本质。对初创产品来讲，应突出核心产品，逐步完善有形产品与附加产品。

创业营销者进行产品创意时，应考虑产品属性、品牌、包装、标签和服务产品等要素；产品创意来源可能来自公司内部，也可能来自外部顾客、竞争者、分销商、供应商、相关贸易杂志、展览会、学术研讨会、政府主管部门、新产品咨询机构、广告商、市场调研公司、科研机构和大专院校及专利发明人等。

创业营销者通过开发最小化可行产品，用最小的代价来验证商业的可行性，这是创业营销者开发新产品的捷径。

创业营销者将面对产品线补充、删减、特色化、延伸等重要决策。同时，可对产品组合采取扩大、缩小和现代化策略，提高创业营销的成功率。

【关键术语】

便利品（convenience product）
选购品（shopping product）
特殊品（specialty product）
非寻求品（unsought product）
核心产品（core product）
有形产品（actual product）
附加产品（augmented product）
产品创意（product creativity）
最小化可行产品（minimum viable product，MVP）
产品组合（product mix）
产品线（product line）

【思考题】

1. 消费品和工业品分别包括什么类别？
2. 产品的三个层次是什么？其创意要素和来源有哪些？
3. 产品线和产品组合包括哪些决策？

【案例实训】

项目7　创业产品决策技能训练

1.实训目的

（1）了解常规产品开发的过程；
（2）提高创业产品开发的技能。

2.背景材料

案例7.4　云南白药二次创业的产品决策

云南白药是我国中医药行业著名的品牌，始创于 1902 年。云南白药曾启动二次创业计划，以“白药”系列药品为核心、向透皮制剂以及健康产品拓展，开发出白药创可贴。2007 年销售额首次超过邦迪，成为市场领导者。

云南白药集团总经理王明辉曾说："今天的环境已经发生了巨大变化，我们一定要有危机意识……如果我们不进行创新，那么也会被市场淘汰。"

因此，公司成立了新产品开发部，负责新产品开发。任命专门负责人，并对总经理负责。其主要职责包括产生和筛选新产品的创意、建议，指挥和协调研发工作，进行实地试销和商品化。这一决策改变了白药人的观念，增强了危机意识，提升了创新精神。

接下来的任务十分艰巨：公司如何改变药剂产品品种单一的局面？究竟要开发什么新产品、进入什么新的业务领域？开发新产品通常是高收益与高风险并存；新产品开发成功会带来丰厚的收益，增强企业的核心能力；如果失败，企业将遭受经济损失，甚至影响企业形象。成功的新产品要真正具有创新性，同时其市场容量要足够大，并且拥有较长的产品生命周期。开发过程中的资金短缺，时间的约束都可能会影响新产品开发的成功。

王明辉发动公司全体员工，为新产品开发提供建议、创意。通过制度化，员工可以随时提供建议、创意。公司还成立了创意委员会，并任命了一名负责人。委员会的成员来自研发、工程、采购、运行、财务、市场等部门。该委员会定期商讨和评价所提出的新产品创意。委员会印制了专门的创意收集表，发到公司的生产、物资、市场、人力资源、财务等各个部门，最终到达每个员工手上。公司还决定对于提出有价值建议、创意的员工给予物质奖励，被采纳者则予以重奖。公司还将创意收集纳入对部门负责人的考核，根据绩效表现进行奖惩。

创意的收集不仅局限于公司内部，公司对企业外部也开展了创意收集活动，并且采取了与公司内部类似的激励措施。市场部总经理黄卫东要求部门的销售人员、售后人员、内部服务人员、市场策划人员等征求顾客对公司、对产品的建议，了解顾客对公司产品不满意的地方以及顾客对公司产品的使用情况。他同时也要求营销人员了解顾客对同行产品的态度，喜欢哪些，不喜欢哪些。营销人员还认真观察竞争对手的产品宣传，从而了解产品的最新动态。他们也向药店、医院了解情况，征求他们的建议。公司的物资部门向供应商了解情况，他们能够告诉企业可用来开发新产品的新概念、技术和物资。通过这些可以间接了解竞争对手的产品动向，也为新产品开发提供了创意来源。

仅一个月时间，公司收集了一万多条建议、创意。创意委员会经过几天的努力工作，选出了有价值的创意。对每一个被选择的创意，委员会写出书面报告，描述产品、目标市场、竞争情况，并对市场规模、产品价格、开发时间、制造成本和回报做出初步估计。接着小组成员应用一些通用标准对建议进行评价。

有多条建议、创意提出公司应开发与白药散剂不同的小创伤止血产品，这种产品可以与邦迪创可贴竞争，并优于邦迪。这类建议、创意引起了公司的高度重视。如果能开发出这种产品，必将在相当程度上使公司摆脱目前这种困境，不但可以满足消费者的需求，对民族医药事业也是一种贡献。公司就是要找到新的增长点，改变产品单一的局面。从目前公司的能力、资源来看，开发这种产品所需要的人、财、物是有保障的。公司有完善的销售渠道，有富有经验的销售人员，一旦产品成功开发，将其快速推向市场完全没有问题。

白药配方独特，在止血功效方面，是其他药物所不能企及的。那么怎样才能既发挥公司核心能力，又能与邦迪创可贴抗衡呢？邦迪创可贴进入中国市场后，它的方便、易用等产品特性吸引了很多消费者。那么邦迪创可贴有没有缺陷呢？如果有，是什么呢？研发部门负责人指出，邦迪创可贴并不是药，而是一种应急的长条形胶布，也可以说是一种简单的器械。

营销人员通过对顾客的调查，了解到：很多患者更相信云南白药的疗效，当出现创伤时，一些人先是在伤口处撒上白药粉，然后用纱布包扎。另外一些患者为了节省时间、追求方便，先在伤口处撒上白药粉，然后再裹上创可贴。在生活节奏不断加快、人们时间观念不断增强的情况下，携带、使用方便的创可贴自然会受到青睐。

这些情况深深启发了王明辉：药品是公司的基础，也是公司的核心能力所在。如果公司能够将白药和创可贴相结合，为创可贴加上白药，那么公司可以轻松地赢得那些对云南白药十分偏爱的消费者，也会满足那些由于生活节奏快而追求方便的消费者的需要。同时，公司的创可贴含有白药，这是其竞争优势所在。

有了含药创可贴概念后，市场部总经理黄卫东指示营销人员对药店和医院进行调查，了解他们对这一产品概念的态度。几乎所有药店、医院对于白药公司这一可能新产品抱有浓厚的兴趣。接下来的市场调查表明，消费者对这种产品充满期待及认可。

通过上述工作，公司认为，白药创可贴比目前市场上的创可贴更好地满足了消费者的需要。那么怎样才能把它推向市场呢？为此，黄卫东亲自与市场部相关人员一起设计最初的营销战略，最终形成了营销战略报告书。

该报告书明确了白药创可贴目标市场为小创伤止血市场，它除了具有市场上已有创可贴方便、快捷、卫生等特点外，还含有云南白药，在止血、愈伤、消炎方面更胜一筹。云南白药近年销售额、市场份额和利润见表 7.3。

表7.3　云南白药销售额、市场份额和利润

单位：万元

业绩	2001	2002	2003	2004	2005	2006
销售额	800	1500	2500	4500	7000	10000
市场份额（%）	2	3	4	8	20	30
利润	100	200	450	950	2000	3500

公司第一年将推出普通系列创可贴，计划销售额为 800 万元，每片创可贴的出厂价格为 30 角钱。广告预算为 200 万元，其中 120 万元用于电视广告，其余用于其他媒体广告。创可贴全部市场份额为 5 亿～ 6 亿元，公司力争在 8 年内占据全部市场份额的 50% 以上，利润在 4000 万元以上。为了实现上述目标，制定了相应的营销组合策略。

营销组合策略明确了公司将开发出的创可贴产品系列，在质量、设计性能、品牌名称、

包装、规格、服务、保证、退货等方面也做出了说明。该组合策略还对创可贴的出厂价、折扣、折让、付款期限进行了具体规定。此外，该组合策略还说明了该产品覆盖区域、经销商的选择、存货以及运输方面的问题。报告书还对营销传播做出详细说明，包括销售促进、广告、公共关系、直销、人员推销、事件和体验在内营销传播组合策略的规划。

王明辉与副总裁秦皖民、市场部总经理黄卫东及其他部门负责人进行沟通后，批准了白药产品的开发及其营销战略。通过对邦迪及其他生产创可贴的企业销售情况进行分析，营销部门预测了白药创可贴的销售量，营销、研发、生产、会计部门又对白药创可贴的成本和利润进行了预测。预测的销售量、成本和利润表明，白药创可贴完全符合公司的发展战略，满足企业的目标。因此，王明辉决定，立即进行白药创可贴的开发工作。

至此，白药创可贴产品还只是一个口头描述、头脑中的一幅图画。公司需开发出白药创可贴的实体产品，为此，公司财务及物资部门给予了积极配合。研发部门经过几昼夜的努力，设计出样品。又与生产部门一起，根据样品进行了小批量的生产。公司的质检部门对该批产品进行质量检测，结果表明产品达标。公司通过赠送的形式，让一些消费者对白药创可贴免费试用，并跟踪了解使用效果。从消费者的反映来看，白药创可贴效果极佳。研发、生产、物资、财务等部门又多次紧密合作，使得白药创可贴可以快速、低成本地生产。

尽管如此，王明辉与黄卫东仍然非常谨慎，并没有马上将产品直接推向市场。他们深知，如果产品失败，直接大规模进入市场，则会造成更大的损失。即使是小规模地投放市场，如果失败，也可能影响公司声誉。2000年5月，公司决定选择在云南两个城市做产品试销，同时公司在促销方面大力配合。通过试销，对前期制订的营销方案包括广告、定价、包装、预算等方面进行检测。在试销过程中，公司根据实际情况，对营销方案进行了相应调整。试销取得了成功，同时公司也获得了营销创可贴的初步经验。

云南白药创可贴是以药品形式出现的，含有云南白药，属于药品类。它与邦迪创可贴不同，它被归类为器械。公司进行了多次大规模临床实验。从这几次实验的结果来看：在止血效果方面，比同类创可贴提高70%；在消炎能力方面，比同类提高80%；在愈伤效果方面，比同类提高85%。因白药创可贴试销成功，2001年1月，公司最终将产品正式推向市场。

市场总监黄卫东制订了开拓市场的“四步走”方案：立足云南、占领北京；开拓华南、西南；进军全国；走向世界。公司首先在云南、北京市场上进行销售，然后开发广东、广西、贵州、四川、湖南、江西市场，取得成功后，全面开发全国市场，最终在世界范围内销售。

白药创可贴在刚刚推向市场时，表现并不乐观，曾经是举步维艰。黄卫东认真分析了原因，对营销策略进行持续改进。创可贴市场的需求并非是同质的，存在不同的偏好。有的消费者喜欢薄型的，有的喜欢防水型的。很多女士喜欢香味创可贴，而许多儿童则喜欢卡通创可贴。市场部门对创可贴市场进行分析之后，不断增加花色品种，针对不同的补缺市场，开发出不同特色的创可贴。从最初的普通创可贴，到女士用香味创可贴及儿童用卡通创可贴，形成了普通系列、轻巧系列、防水系列等产品系列。

白药公司还与日本、德国的公司合作，共同开发透皮剂材料，提高产品质量。公司在最初制定白药创可贴价格的时候，存在很多争议。有些人认为，公司应走低价路线。一方面，邦迪创可贴价格并不昂贵；另一方面，白药创可贴属于新进入者，消费者对其认知度不高。黄卫东认为，白药创可贴质量不逊于邦迪，且其配方无法模仿，因此，白药创可贴的定价应略高于邦迪。公司还根据客户购买数量、客户地理位置的不同定价略有差异。另外，公司采用产品捆绑定价，将创可贴和公司其他产品组合起来定价。这些定价策略都促进了公司产品的销售。无论公司的经营者还是营销专家，都曾发出这样的感慨：渠道，渠道，还是渠道。黄卫东深知渠道的重要性，无论是在渠道的选择，还是渠道的管理方面，他都煞费苦心。白药公司利用多种类型的中间商，并采用密集型的经销方式。医院、药店、超市、互联网、自动售货机等都是白药创可贴的销售渠道。这是因为创可贴是一种应急用品，当消费者出现小创伤时，需要能很方便地买到。黄卫东在进行渠道安排时充分考虑了便利性。

白药公司还在国内药业连锁迅速发展之际，建立了自己的连锁药店——云南白药大药房。该药房在营业时间、店内环境方面都有自己的特色。经过一年时间，云南白药大药房在云南省内已经形成了网络，并且开始进军其他省份。

为了增加销售量，扩大市场份额，白药创可贴展开了传播攻势。

在广告方面：2001 年，白药创可贴向邦迪的重要市场——北京发起强大攻势。人们突然发现，北京二环路上沿线街边，是邦迪“跷着手指”路牌广告的天下。而在环线地铁车厢里，云南白药创可贴的广告铺天盖地。公司还在中央广播电台、各地方电台、各类报纸上做广告，让人们了解白药创可贴的特点及其疗效。为了进一步扩大影响，公司也在 CCTV-1、CCTV-5 开展了强大的广告攻势。除此之外，公司还利用各种其他媒体来进行宣传：外包装、宣传册、招贴和传单、陈列广告牌、售点陈列等。

在销售促进方面：公司积极参加各类展销会和展览会，向更多的客户展示和推介公司的创可贴产品。公司还在一些地区开展赠送活动，免费试用公司的产品。很多消费者通过试用，体验了极佳的疗效后，不但自己购买，还向亲戚、朋友推荐。

在人员推销方面：公司设立合理的目标，优化了销售队伍结构。公司进行了薪酬改革，实行佣金制度，刺激了销售人员的积极性，从而增加了销售收入。公司认真地招聘和挑选销售代表，对其进行有效培训，从而进一步保证了销售绩效。

在事件和体验方面：云南白药多年来一直致力于赞助体育事业。从 2000 年开始，连续在三届奥运会上赞助中国体育代表团。白药公司还在厂内自建了展览馆，这里浓缩了百年来的传奇历史。消费者、客户通过参观展览馆，进一步增加了对公司各种产品的信任。

在公共关系方面：公司充分利用报刊、演讲、研讨会、年度报告介绍有关小创伤治疗及创可贴方面的知识。2006 年 5 月，在国内主要经济类媒体上刊登了这样一则新闻整版,《两大创可贴巨头金陵论道》。公司也充分利用报花、专栏和新闻稿。白药公司还积极参与社会公益活动，台风、地震等灾害发生时，白药公司总是积极参与赈灾。

上市当年，云南白药创可贴实现销售收入 1000 万元，2006 年销量迅速飙升到 1.2 亿元，2007 年创可贴市场占有率达 40%，2008 年年底，销售额 5 亿元，市场占有率增至 60%，成为中国创可贴市场的领导者。

（资料来源：根据华中科技大学管理学院景奉杰教授和博士生任金中撰写的案例改编）

3.实训任务

（1）云南白药集团选择创可贴作为二次创业的产品方向对吗？

（2）你觉得云南白药创可贴开发流程有哪些关键环节？

（3）从 MVP 视角，云南白药创可贴开发流程中哪些环节可以改进？

4.实训步骤

（1）个人阅读

督促学生针对“实训任务”进行阅读，并在课前完成。针对中国学生的特点，课堂上老师或学生还需再花费 5 ～ 10 分钟对案例学习要点及相关背景进行简单的陈述。

（2）小组讨论与报告（20 ～ 30 分钟）

主要在课堂进行，围绕“实训任务”展开讨论，同时鼓励学生提出新的有价值的问题。要求每个小组将讨论要点或关键词按小组抄写在黑板上的指定位置并进行简要报告，便于课堂互动。小组所报告的内容尽可能是小组所达成共识的内容。

小组讨论与报告

小组名称或编号：________ 组长：________ 报告人：________ 记录人：________

小组成员：____

①小组讨论记录：

发言人1：____

发言人2：____

发言人3：____

发言人4：____

发言人5：

发言人6：

发言人7：

发言人8：

②小组报告的要点或关键词（小组所达成共识的内容）：
任务1：
任务2：
任务3：

（3）师生互动（30～40分钟）

主要在课堂进行，老师针对学生的报告与问题进行互动，同时带领学生对关键知识点进行回顾。并追问学生还有哪些问题或困惑，激发学生学习兴趣，使学生自觉地在课后进一步查询相关资料并进行系统的回顾与总结。

（4）课后作业

根据课堂讨论，老师要求每位学生进一步回顾本节所学内容，形成正式的实训报告。建议实训报告以个人课后作业的形式进行，其目的是帮助学生在课堂学习的基础上，进一步巩固核心知识，联系自身实际思考并解决问题，最终形成一个有效或学生自认为最佳的解决方案或行动计划。要求学生在制订方案时应坚持主见，学以致用。实训报告的提纲如下：

实训报告

从消费品和工业品视角，分析云南白药集团二次创业可能的产品方向：
消费品：
工业品：
分析白药创可贴的定位方法：

总结云南白药创可贴开发流程的关键环节：

从MVP视角，分析云南白药创可贴开发流程需改进的环节：

（5）实训成果的考核：根据学生课堂表现和实训报告质量，评定实训成绩

【微课观看】

微课 7：创业者如何提高新产品开发成功率？

第8章 创业价格决策

价格没有高低之分，只要让购买者觉得值。

——佚名

【学习目标】

1. 认识定价对创业成功的重要性；
2. 理解影响定价的因素；
3. 掌握创业定价的方法。

【引例】

奈飞公司的价格决策

奈飞（Netflix）是一家会员订阅制的流媒体播放平台，2020 年名列福布斯全球品牌价值 100 强第 26 位。

1997 年，在市场十分饱和的情况下，奈飞通过邮件营销和价格决策创新，成功进入音像租赁行业。起初，奈飞提供 5 个不同的月会费计划供用户选择，其中，最受欢迎的一个计划是每月只需花 16.99 美元就可以同时租 3 部影片，同时取消滞纳金和邮费，吸引了大量用户。2002 年，奈飞登陆纳斯达克上市并转型流媒体业务，基础套餐价下调为 7.99 美元，获得爆发式增长。

2014 年首次进行提价，将基础套餐升至 9.99 美元，老用户于 2016 年 5 月开始支付新价格。这次提价促进了用户和付费率环比小幅增长。2015 年 10 月，奈飞第二次提价，将标准套餐提价 1 美元至 9.99 美元。本次提价短期影响了用户的付费率，但长期来看并未对公司用户增长产生重大影响，且促进了付费用户平均收益（ARPPU）的提升。2017 年 10 月，奈飞第三次提价，标准套餐提价 1 美元至 10.99 美元，高级套餐提价 2 美元至 13.99 美元。本次提价促进了 ARPPU 新一轮的快速增长。2019 年 1 月，奈飞第四次提价：基础套餐提价 1 美元至 8.99 美元，标准套餐提价 2 美元至 12.99 美元，高级套餐提价 2 美元至 15.99 美元。本次提价的影响有待观察。

没有用户喜欢提价，但奈飞的每一次提价显然是经过充分考虑的。研究显示，奈飞北美用户最低收入群体的价格敏感区间为 8 ～ 11 美元，奈飞对于最低套餐的提价尚处于其能接受的范围之内。

奈飞目前面临多个平台的激烈竞争，Amazon 将流媒体服务打包放入每月 13 美元配送服务中，Hulu 提供每月 12 美元的免广告收看服务，AT&T 和迪士尼也开始不断发力流媒体频道。为应对竞争，奈飞使用推荐算法对具有相似品位的观众做出 1 ～ 5 的影片评级标识，提高了影片推荐的效率，得到了很多影片评论家和用户的好评。

（资料来源：杨仁文 . 奈飞：历次提价影响 [Z]. 老虎社区，2019-01-16.）

思考：

1. 你认为奈飞的提价决策对吗？
2. 你认为奈飞在定价时主要考虑了什么因素？

8.1 创业定价的魔力

聪明的创业营销者把价格看作创造和获取顾客价值的一个重要战略工具，引例中的奈飞公司对此做了很好的诠释。但不少商业人士忌讳对价格进行评价和讨论，称为“价格规避”，多数创业者或管理者凭经验想当然地对产品或服务进行定价，夸大以成本为基础的定价方式。

事实上，企业生产一种产品的成本只是体现达到盈亏平衡点所必须收取的费用，与他们收取的实际费用没有多大关系。比如，从甲地到乙地同一航班上的五个人，由于价格折扣不同，可能支付的费用不同，但这种价格差异与航空公司为某一位顾客提供服务的成本无多大关联。

创业营销者需重新审视定价，从根本上以不同的方式认识定价，不能把价格仅看作弥补成本的手段。创业定价应具备以下五个特征：

- 价值性，即价格是有价值的。顾客最终支付的价格是他们对某项产品或服务的估计。如同一种食品，顾客可能在一家餐厅支付 38 元，而在另一家餐厅只愿意支付 8 元。
- 可变性，即价格是可变的。创业营销者可根据支付额度、支付对象、支付时间、支付形式、支付条款以及全部或部分支付，对价格进行浮动。
- 多样性，即价格是多样的。公司一般销售多种产品或服务，可利用价格来完成不同产品或服务组合的销售，如捆绑销售。
- 可见性，即价格是可见的。价格常常是顾客用以与竞争者产品进行比较的直观指标，并向顾客传递产品或服务的价值、形象、供需情况、独特性以及与此次交易的相关信息。
- 虚拟性，即价格是虚拟的。在营销决策变量中，价格最容易改变，有些公司随时调整价格甚至进行实时定价，如谈判定价。

8.2 创业定价考虑的因素

在许多大公司里，营销或销售部门对定价起决定性作用，而小公司的产品价格一般由创业营销者亲自确定。图 8.1 总结了定价时需考虑的主要因素。

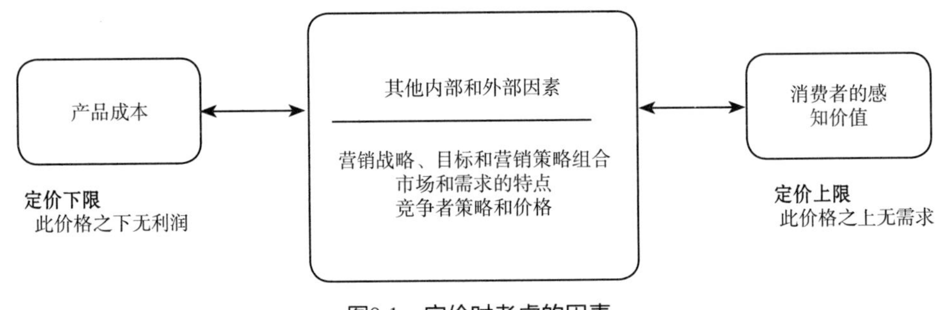

图8.1 定价时考虑的因素

（1）成本

许多创业营销者努力成为其所在产业领域的“低成本生产者”，从而创造新的创业机会。若产品成本高于竞争对手的成本，那么创业营销者就不得不确定较高的价格或者赚取较少的利润，这样会增加创业成功的难度。中国改革开放初期的企业大多靠低成本生产快速进入市场。案例 8.1 描述了万向集团靠低成本产品创业营销的过程。

为了科学合理定价，创业营销者需要了解成本如何随着产量大小而发生变化。一般来讲，生产规模固定时，单位短期和长期平均成本随产量的增大呈 U 型变化（见图 8.2 和图 8.3）。由此可见，每一种产品都有各自的最佳生产规模，如果有足够的市场需求量支持，则具有单位成本最低的最佳经济规模的工厂。

此外，创业营销者还应了解经验曲线或学习曲线：随着工人生产经验的积累，组织工作更出色，创业营销者也能从中找到更好的设备和生产工序，从而使平均成本下降，这样会有条件进一步降低其产品价格。

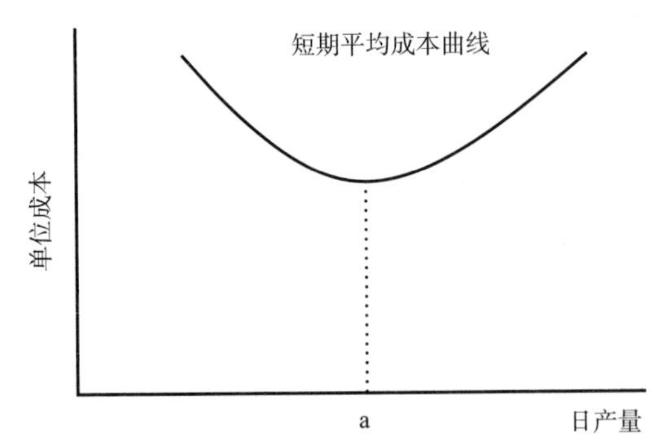

图8.2 生产规模固定时的成本曲线

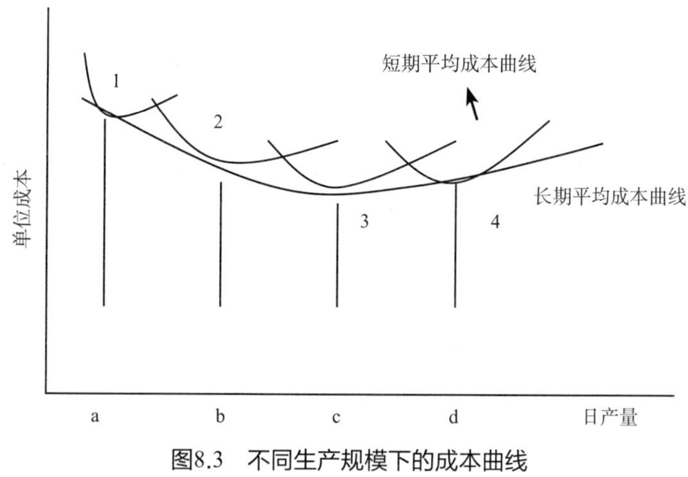

图8.3　不同生产规模下的成本曲线

案例8.1　万向集团产品低成本创业营销的过程

万向集团是中国最大的汽车零部件制造商，也是中国最大的民营企业之一。创建于1969年，从鲁冠球以4000元资金在钱塘江畔创办农机修配厂开始，以年均递增25.89%的速度，发展成为目前营收超千亿元、利润过百亿元的现代化跨国企业集团。

创业之初，鲁冠球所接管的“宁围公社农机修配厂”其实只是一个只有84平方米破厂房的烂摊子。他变卖了全部家当和自己准备盖房的材料，把所有资金投到了厂里。当时工厂万向节产品大量积压，没有销路，有半年时间不能按时给员工发工资。鲁冠球组织30多名业务骨干，兵分几路，天南海北，到处探听汽车万向节的生产销售情况，周旋于各地汽车零配件公司之间，为产品找销路。

不久，全国汽车零部件订货会在山东胶南县召开。鲁冠球租了两辆汽车，带着销售科长，满载“钱潮牌”万向节产品直奔胶南。因为是乡镇企业，根本进不了场洽谈业务。鲁冠球说：“那我们就在场外摆地摊。”他与供销科长就把带去的万向节，用塑料布摊开，摆满一地，一连3天。那些进进出出的财大气粗的汽车客商，连眼也不斜一下。鲁冠球想着如何吸引顾客，就派人到里面订货会上探个究竟。一打听，原来买方与卖方正在价格上“咬”着，谁也不肯让步。这时鲁冠球就测算着：“假若自己的产品降价20%，也还有薄利。好！那我们降价。”说着就马上要供销员贴出降价广告。这一下摊前顾客蜂拥而至。晚上，他们回旅社一统计，订出210万元。这一炮由此打响。

1983年3月，为了获得自主创业与经营权，鲁冠球以自家自留地里价值2万多元的苗木作抵押，承包了厂子。鲁冠球认为市场竞争就是价格、质量、成本竞争。因此，在原材料涨价时，其他厂都在提高价格，他就是坚持不提价，把原料涨价损失，用练内功、加强内部管理、降低成本来消化掉，坚持薄利多销，从而使“钱潮牌”产品牢牢占领了国内外大部分市场，创出了“万向节奇效”。

近年来，在国内，面对进入门槛较低、竞争非常激烈的汽车零部件市场，万向公司成立了冷挤压产品攻关小组，从源头上降本增效，并通过成立科研小组，改进技术，提升产品竞争优势。如今节约成本已经渗透到每个员工的日常操作中。公司的每个车间都设有一块综合管理看板，看板上是“原辅材料价格公示”“让每位员工都来关心和监督主要物资价格”等提示标语。倡导员工节约使用每一个砂轮、每一支钻头；节约使用每一度电、每一滴水，共同参与到成本控制活动中。

此外，公司还加强采购成本控制，公司年材料采购超亿元，对外协、外购单位、分供方实施检查淘汰制，采购中把握“定点供应、竞价采购”的原则，对常用物资的外协、外购单位定点为 3 ～ 5 家，最少不低于 2 家，以利竞价供货。同时充分利用规模采购效应，尽可能降低各类物资采购价格，降低采购成本。职能部门加强物料消耗、邮电费、差旅费等费用的核定考核控制，超支部分严格从部门分配中扣回，并进一步加强对业务招待费、差旅费、电话费、办公用品等的控制。

正是这些不断完善的机制和细节，在保证产品质量的基础上有效地降低成本，为销售提供了较大的议价空间，为成功进行低成本创业营销提供保障。

（资料来源：作者整理）

（2）市场营销目标

价格策略在很大程度上取决于市场定位及相关营销目标。常见的与定价有关的营销目标主要包括企业生存、利润最大化、市场份额领先、维持客户和客户关系建立，见图 8.4。

定价目标

- 吸引新顾客
- 保持现有顾客的盈利能力
- 阻止竞争对手进入市场
- 稳定市场
- 保持分销商的忠诚和支持
- 避免政府干扰
- 帮助其他产品销售

图8.4　定价目标

（3）营销组合策略

从某种意义上讲，价格是企业用以实现其营销目标的最灵活和有效的市场营销组合工具。然而，价格决策必须与产品设计、产品分销和促销决策等有机结合，才能形成一个协调而有效的市场营销计划。

创业营销者可按照价格高低为产品定位，然后依产品价格进行其他营销组合决策。这时，价格就成了产品定位的决定性因素，它制约着产品的市场、产品竞争和产品的设计等。创业营销者也可使用其他营销组合工具来确立产品的非价格定位。

（4）市场类型

①完全竞争市场。在此市场条件下，买卖双方的行为只受价格因素的支配，但任何单

一的买主或卖主都不可能对市场价格产生绝对影响。

②完全垄断市场。一个垄断市场只有一个卖主，这个卖主可能是政府垄断者，也可能是私人控制的垄断者或非私人控制的垄断者。垄断者若受政府管制，可制定适当的价格；若不受管制，可依照市场情况自由定价。

③垄断竞争市场。在此市场条件下，有许多买主和卖主，他们是在一个价格区间内而不是按单一价格进行交易活动，企业可以根据质量、特色、样式或服务等差异制定不同的价格，并通过品牌、广告及人员推销等手段，将其与其他产品区分开来。

④寡头垄断市场。在此市场条件下，企业不能独立进行产量—价格决策，商品的价格也不是通过市场供求关系决定的，而是由几家大企业通过协议或默契规定一个操纵价格或联盟价格。

（5）市场需求

消费者对价格和价值的感知或理解影响市场需求。若消费者感知价格大于产品的价值，他们不会购买该产品；反之，他们会购买该产品，但销售者失去了获利机会。创业营销者需遵循价格与需求关系的一般规律，即需求和价格成反比关系：价格越高，需求越低；价格越低，需求越高。而且，不同产品的价格弹性（需求对价格变动反应的灵敏度）是不同的，见图8.5。

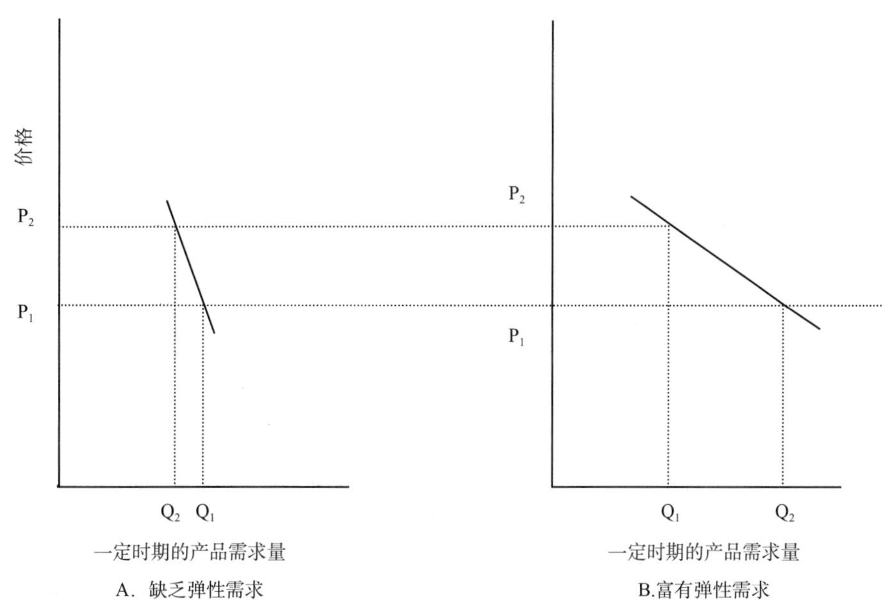

图8.5　需求曲线图

（6）其他外部因素

创业营销者在对产品或服务定价时还应考虑竞争者的产品成本、产品价格和竞争者对于本企业价格变动的反应等因素。同时，要考虑自身价格策略对竞争形势的影响。一般来讲，高价格高差价的策略会吸引竞争者，低价格低差价策略会阻止竞争者进入或将竞争者排挤出市场。此外，还要考虑许多其他外部环境因素，如经济状况（经济的繁荣或衰退、通货膨胀、利率等）、中间商对不同价格的反应、政府行为、社会事件或心态等因素。

8.3 创业定价方法

常见的定价方法分三类，即成本导向定价法、竞争导向定价法和价值导向定价法。但几乎在所有行业中，创业成功越来越依赖于基于市场、承担风险、主动和灵活的定价能力，我们将具有这些特征的定价方法叫创业定价。创业定价通常以价值导向定价法为基础，采取试验和小范围测试的方式进行定价。

（1）价值导向定价法

价值导向定价法不是依据产品成本定价，而是依据购买者感知的价值来定价。购买者的感知价值是指由购买者决定的价值。按价值导向定价法的要求，定价的程序是：首先通过市场研究确定该产品由于质量、服务、广告宣传等原因在顾客心目中所形成的“价值”，据此确定产品的售价；其次估计这种价格水平下所能达到的销售量；根据销售量决定生产量、投资额和单位产品成本；最后核算在此价格和成本下，能否获得满意的利润，见图 8.6。

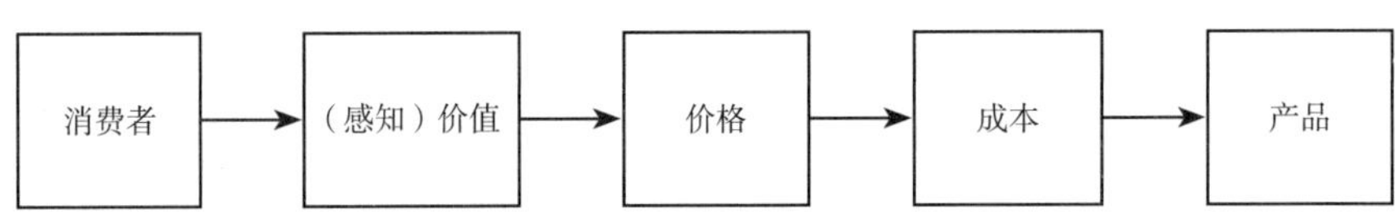

图8.6　价值导向定价法的程序

采用价值导向定价法时，测量消费者感知价值是很困难的。创业营销者可邀请有关人员，如顾客、中间商或专家，对产品价值进行评议。可设定这类问题来询问和测算：“你愿意为某个基本产品和附加在产品上的每一利益或功效分别花费多少钱？”也可专门做一次实验，检测被试者对于不同产品的感知价值。

（2）创业定价的动因

目前，各行各业都面临日趋动荡的环境，即环境变化迅速，具有威胁性、异质形和复杂性的特点。产品生命周期越来越短，新的细分市场、新的需求、新的竞争方式不断涌现，管理决策路径开始缩短：产品创新速度加快，一些竞争行为更具侵略性，企业很难将自己与竞争者区分开来。在这种环境下，定价策略变得更加微妙与复杂，买卖双方的价格决策易于引起彼此的恐惧、不确定和怀疑，为维持长期的顾客关系，企业需更迅速、更频繁地做出价格决策。

近二十年来，信息通信技术发展促使新的商业模式不断涌现。这些新商业模式的突出特点是企业可以免费提供部分或所有的核心产品或服务。其中，互联网已经并将继续对定价方法产生重大影响（见表 8.1），这将为创业营销者带来新的机遇与挑战。

表8.1 互联网对定价方法的影响

创业营销者面临的新机遇	创业营销者面临的新挑战
每天、每周、每月根据不同的顾客进行差异化定价	定价时需要市场参与者投入更多的时间和精力，价格管理复杂性增加
根据顾客信息，通过设置转移壁垒的方式优化定价	顾客可利用技术快速搜索到竞争产品
利用技术进行选择性定价	顾客定价而非择价
查询网上记录，更方便地分析交易的差异性	产品或服务大宗商品化，市场更为有效
能够寻找愿意支付高于预期价格的顾客	顾客对交易有更多的控制权
选择有效的议价方式	回到一对一谈判
建立电子交易	线上与线下交易一体化
最大化收益与价格	获取流量成本高、转化难

（3）创业定价框架

创业定价综合框架见图 8.7。

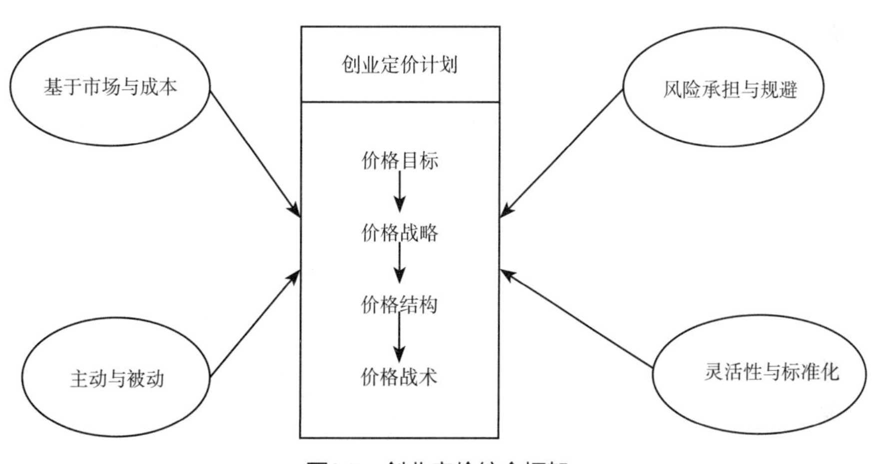

图8.7 创业定价综合框架

从创业营销视角来看，价格目标绝非可接受或高收益，创业营销者可将价格目标设定为：鼓励部分顾客的特殊购买行为；在新市场中建立立足之地；加速竞争者退出市场；抑制某些顾客群；在企业产品组合中，利用一种产品线带动另一种产品线的销售等。

在价格战略上，通过价值创造寻找独特的市场和顾客群来把握机会，采取撇脂定价（即在产品刚刚进入市场时将价格定位在较高水平）、渗透定价（即在产品进入市场初期时将其价格定在较低水平）和满意定价（即新产品投入市场价格适中，让买卖双方均感合理）等策略。

价格结构为创业营销者提供引发变革、发挥创造力的决策空间。首先，考虑每种产品或服务的哪些方面与价格有关。在此基础上，采取多种定价策略，如向顾客提供增值服务；以非常低的价格销售其基本产品，而以较高的价格销售附加产品；同样的产品采取不同的品牌，从而制定不同的价格；根据季节、销量，制定变动的价格。其次，针对不同顾客和需求进行差异化定价，即根据不同细分市场的价格弹性进行定价，如对老顾客或忠诚顾客进行优惠定价。

价格战术可采取灵活性与主动性的方式，更能体现创业定价的特点，如尾数定价、整数定价、打折、优惠券等。

创业营销者应突破传统定价规则，积极探索，寻求捕捉创造性变量，制定有效的价格策略，更好地满足顾客的需求。例如，小米手机在创业初期通过为手机“发烧友”提供满意价格，在激烈竞争的智能手机市场取得巨大成功。小米创始人雷军在十周年庆典上再次表态：“做小米的目的非常简单，就是要做全球最好的手机，只卖一半的价钱，让每一个人都买得起智能手机。”

但创业定价要避免价格歧视所引起的营销道德问题。价格歧视通常指商品或服务的提供者，在向不同的接受者提供相同等级、相同质量的商品或服务时，在接受者之间实行不同的销售价格或收费标准。价格歧视因不透明易于引起营销道德问题，降低消费者体验，如“大数据杀熟”现象，案例 8.2 描述了亚马逊公司“差别价格实验”所引发的争议及“动态定价”对策。所谓动态定价是指企业根据市场需求和自身供应能力，对同一产品以不同价格销售，以实现收益最大化的策略，同时不降低消费体验。

案例8.2　“大数据杀熟”鼻祖：亚马逊

2000 年 9 月，美国电商巨头亚马逊选择了 68 种畅销 DVD 进行“差别价格实验”，根据潜在用户的人口统计资料、购物历史、上网行为等，对这些 DVD 光盘进行差别定价。

其中，亚马逊将名为《泰特斯》(Titus) 的 DVD 光盘，对新用户的报价为 22.74 美元，而对那些对老用户的报价则为 26.24 美元。通过这一定价策略，这些实验品 DVD 的销售毛利率得到了有效提升。

亚马逊认为老用户购买意愿更强，因此给出更高价格。但是好景不长，亚马逊的秘密很快被发现。就在实验进行还不到一个月的时候，一名亚马逊老用户在 DVDTalk 社区和网友讨论“Titus”，他发现自己竟然被坑了。作为亚马逊忠实用户，他买到“Titus”光盘的价格，反而比其他新用户的价格高了近 4 美元。接着，更多的老用户也发现了此事，于是，大家纷纷开始声讨亚马逊，有人甚至公开表示以后绝不会在亚马逊购买任何东西。

在媒体报道和广大用户的口诛笔伐之下，亚马逊 CEO 贝佐斯不得不亲自站出来道歉，对数千名没有以最低价格购得 DVD 的用户退还了差价。

彼时亚马逊已拥有 2000 万名用户，回头客也逐年攀升，用户流失方面的担忧减少，便做出了差别定价的尝试。但贝佐斯表示，亚马逊并没有“杀熟”，价格调整是随机的，与消费者没有关系，价格试验的目的仅仅是为测试消费者对不同折扣的反应。亚马逊的差别定价实验以失败告终。

在 2000 年的“差别价格实验”风波之后，亚马逊当然也不甘心就此放弃对大数据的利用，它很快又推出了一种新的方法，即动态定价。

2013 年价格调研机构 Profitero 的数据显示，亚马逊每天对产品价格调整，甚至多达 250 万次。据介绍，亚马逊的动态定价算法之下，其商品会根据需求，每天变动价格 250 万次，也就是平均每半个小时，商品价格都会变动 5 万多次。这些变动，都是基于用户的购物模式、竞争对手的价格、利润率、库存以及其它各种数据。

动态定价策略下，商家利润明显增加。比如亚马逊会抬高冷门的书籍的价格，降低畅销书的价格，以显示自家商品的物美价廉，从而吸引更多顾客。亚马逊也因动态定价，将其利润提升了 25%。但与“杀熟”的定价策略相比，由于动态定价不针对老用户等用户群体，因此不仅在一定程度上消除了顾客被“杀熟”的体验，反而会常常让顾客觉得性价比高。

（资料来源：作者整理）

【本章小结】

聪明的创业营销者把价格看作创造和获取顾客价值的一个重要的战略工具，可惜多数创业者或管理者凭经验或以成本为基础对产品或服务进行定价。

产品的成本只是体现达到盈亏平衡点所必须收取的费用，与产品的实际价格没有多大关系。

创业定价具备价值性、可变性、多样性、可见性、虚拟性五个特征。

创业定价考虑的因素包括成本、市场营销目标 、营销组合策略、市场类型、市场需求、外部竞争等。

创业定价通常以价值导向定价法为基础，采取试验和小范围测试的方式进行定价。价值导向定价法的难点在于测量消费者感知价值。

创业定价是目前各行各业适应日趋动荡环境的需要，互联网已经并将继续对定价方法产生重大影响。

创业营销者应突破传统定价规则，采取创业定价综合框架，明确价格目标，制定价格战略，创造性地变革价格结构，灵活、低风险地实施价格战术。

【关键术语】

产品的成本（product cost）

盈亏平衡点（break even point）

创业定价（venture pricing）

定价方法（pricing methods）

成本导向定价法（cost-based pricing）

竞争导向定价法（competition-based pricing）

价值导向定价法（value-based pricing）

定价策略（pricing strategy）

撇脂定价（skimming price）

渗透定价（penetration pricing）

满意定价（satisfactory pricing）

【思考题】

1. 简述创业定价的五个特征。

2. 简述创业定价考虑的因素。

3. 简述创业定价综合框架。

【案例实训】

项目8　创业价格决策

1.实训目的

（1）掌握创业定价应考虑的因素；

（2）学会运用创业定价综合框架。

2.背景材料

案例8.3　格兰仕的创业定价决策

格兰仕公司是世界上最大的微波炉制造商。以低价格为表现形式所形成的成本领先优势是格兰仕取得创业成功并参与国内国际市场竞争的公开秘密武器。

格兰仕于1978年由梁庆德创建，前身是一家乡镇羽绒制品厂。1993年，格兰仕试产微波炉1万台；1994年，实现产销量10万台的目标，获得销售额、利润“双超历史”的业绩。当时格兰仕面临创业以来最大的挑战：①宏观经济政策紧缩导致商品购买力大幅下降；②珠江三角洲遇到百年来的特大洪水灾害，格兰仕厂区浸水2.8米，遭受巨大损失。1995年，格兰仕微波炉销售量达25万台，市场占有率达25%，居国内市场第一位，销售收入3.84亿元，利润3100万元。

（1）连续降价

微波炉行业的高利润，吸引了众多企业进入并导致市场竞争不断加剧。1996年5月，北京的“雪花牌”微波炉率先通过降价提高市场占有率。格兰仕在其降价3个月之后，发动第一次降价，平均降幅达40%。当年格兰仕全年产销量达65万台，中国市场占有率第一，为34.7%。1997年10月，格兰仕集团第二次大幅降价，降价幅度达29%～40%。全年微波炉产销量达198万台，市场占有率达47.6%以上，稳居第一。1998年5月，格兰仕的微波炉以“买一赠三”和抽奖等形式变相降价并逐步将市场重心转移到海外。同年，格兰仕的微波炉年产能达到 450 万台，国内市场占有率达 61.43%。同时，格兰仕集团投资 1 亿元进行技术开发；下半年利用欧盟对韩国微波炉产品进行反倾销制裁的机会，格兰仕微波炉大举进入欧洲市场。

1999 年 1 月，格兰仕剥离最后一项羽绒厂全面转型为家电集团，3 月格兰仕北美分公司成立，同时美国微波炉研究所成立，向市场推出新开发的 100 多个品种。并聘请 Anderson 公司为集团财务顾问，微波炉销售量达 600 万台，其中内销与出口各占 50%。国内市场占有率达 67.1%，稳居第一位；欧洲市场占有率达 25%。电饭煲国内市场占有率达 12.2%，居第三位。格兰仕的全年销售额达 29.6 亿元。2000 年年初，经国家权威机构评估格兰仕的无形资产已高达 101 亿元。

2001 年 6 月，格兰仕微波炉第四次掀起以“五朵金花”系列等中档机为主，包括高档机在内的全方位、大规模降价，降幅高达 40%，这是格兰仕高中低各档主力机群全方位第一次降价。通过大赠送礼品配合大降价，部分型号大赠送礼品的价值逼近微波炉的市场价。例如，黑金刚机型零售价为 800 多元，配送礼品价值就达 600 多元（电饭煲、微波炉全套餐具等）。同年 10 月，格兰仕高档品种的微波炉再次大降价，高档黑金刚系列微波炉降幅接近 40%。同年，国内市场占有率高达 76%，国际市场占有率突破 30%，微波炉生产能力达 1200 万台。2001 年 7 月，格兰仕研制并批量生产数码光波微波炉。2002 年 4 月 12 日，数码光波微波炉降价 37%。以数码光波、时尚先锋等性能价格比更高的高端产品为主导，格兰仕微波炉内外销都保持上扬势头，产销规模达 1300 万台，外销约占 70%，全球市场占有率扩大到 40% 以上，特别是欧美市场发展迅猛，其中仅出口美国市场的销量就突破了百万台，在法国、德国等国占有大半市场，在整个欧洲市场已占有 45% 的份额（微波炉历次降价见表 1），出口创汇由 1996 年的 420 万美元增长到 2002 年的 3 亿美元（见表 2）。

表1　格兰仕历次降价的内容和效果

年月	降价微波炉型号	降价幅度	品牌价格降幅	总体占有率上升	降价型号占有率指数上升
1996 年 8 月	非烧烤型号	24.6%	20.1%	12.4%	
1997 年 7 月	17 立升型号	40.6%	14.7%	12.6%	15.7%
1997 年 10 月	五大机型	32.3%	22.8%	11.6%	28%
1998 年 7 月	17 立升机型	24.3%	12.5%	9.4%	31%
2000 年 6 月 3 日	五朵金花	33.6%	22.5%	17.6%	41%
2000 年 10 月	黑金刚	40%			
2002 年 1 月	数码温控王	30%			
2002 年 3 月 8 日	黑金刚	30%			
2002 年 4 月 12 日	数码光波	40%			

资料来源：赛诺市场研究公司。

表2　1993～2002年格兰仕微波炉产量

项目	1993	1994	1995	1996	1997	1998	1999	2000	2001	2002
中国市场			25.1%	34.5%	47.6%	61.43%	67.1%	76%	70%	70%
全球市场						12%	20%	30%	35%	40%
产销规模（万台）	1	10	25	65	200	450	600	1000	1200	1400
出口创汇（万美元）				420	2300	4300	10610	14538		30000

（2）低成本竞争战略

格兰仕总装车间的微波炉生产线和配置装置的设备大部分由法国、日本、韩国等合作企业提供，境外合作企业所需要的微波炉或微波炉的零部件向格兰仕定做，并按成本价购买。格兰仕是他们的生产车间。格兰仕再将生产线的生产能力充分挖掘，形成自身的竞争力。这样，格兰仕几乎不用投资就集成了全球众多名牌微波炉制造厂商的生产设备与生产技术等优势资源。因其不同于简单的OEM，格兰仕把这种合作方式称为高级OEM。

例如，格兰仕的微波炉的某个核心部件从法国甲公司购买，单件约38美元。法国甲公司生产这种零部件年产量100万台，成本20多美元。格兰仕建议该公司把生产技术和设备便宜地卖给格兰仕，让格兰仕来生产。作为回报，格兰仕以单件5美元每年向法国甲公司供应100万台。5美元是法国甲公司不可想象的低价格，比其生产成本价低15美元以上。计算了由此所带来的高额利润等因素，法国甲公司同意将1条价值1亿多美元的生产设备和全部技术，以几百万美元的价格卖给格兰仕。格兰仕使用这条生产线，年产量从100万台提高到600万台，成本降到4美元多一点。按照合同，格兰仕以单件5美元向法国甲公司供货100万台。其余的零部件卖给国外公司贴牌销售（OEM），当然，单件价格会高于5美元，并用格兰仕品牌销售。

再如，日本一家著名的大企业在美国设厂生产微波炉产品，每台成本约100美元。格兰仕建议该企业把微波炉生产技术和设备无偿地转到格兰仕，由格兰仕生产同样的微波炉卖给日本企业，但每台销售价仅需50美元。该日本企业也同意了。过去格兰仕没有微波炉零部件变压器生产线。日本企业的变压器销售价格平均为20美元，美国企业的变压器生产成本大约是30美元。格兰仕先与美国的企业谈判：你把最先进的生产线搬到我那儿，我帮你生产，以每台8美元的成本价向你供货，不过设备的使用权归我，在保证你的需求之后，其余时间任由我支配。于是，美国人把生产线搬到了格兰仕。由于中国的人力和土地成本比日本低得多，此举很快压得日本企业痛苦不堪，变压器成了日本人的鸡肋产品。格兰仕又找日本企业谈判：每台变压器我出5美元，你把变压器交给我做。于是，日本企业也把生产线搬了过来。"让外国企业交设备、交技术并不简单，要做到这一点就是低到他们无法达到的价格。要实现低价格，就必须提高生产效率和管理水平。"

（3）世界最优的生产效率

总装车间共有 20 条微波炉组装生产线，正常情况下，总装车间采用“二班制”，即白班与晚班或称甲班与乙班，每班工作时间 8 小时。早班从早晨 8 点到下午 4 点，晚班从下午 4 点到晚上 12 点。生产线的名称分别用甲班 A、B、C ... R、S、T；乙班 A、B、C ... R、S、T 等表示。这样微波炉的生产能力实际上相当于 40 条生产线的产量。关于格兰仕微波炉的生产效率，我们可以通过简单的对比发现其优势。

在法国，工人是 4 天工作制，每天工作 6 小时，一周工作 24 小时，工人大多在 40 岁以上；法国工人上班时，较为随意。而格兰仕的机器是 16 小时或 24 小时不停地运转，一线工人在 30 岁以下；工人上班时，忙而有序。法国工人上班时，可以随时休息，很随意，即使夜间格兰仕机器依旧轰鸣，工人忙而有序。俞尧昌副总裁说：“我们一天的工作时间等于法国一周，我们的劳动效率比法国人高得多，同样一条生产线到格兰仕等于在法国 6 ～ 7 条生产线。”美国的微波炉制造厂，员工平均年龄 40 岁，一周工作 4 ～ 5 天，每天工作 6 小时，一条生产线在美国每周开工 24 ～ 30 小时，但在格兰仕每周开工大部分是 156 小时，工资水平也差几十倍，而格兰仕的员工平均年龄为 25 岁，格兰仕的劳动生产率水平方面要高于他们 8 ～ 10 倍，在单位产品工资含量上格兰仕却比他们少几十倍甚至上百倍。

格兰仕发展到今天，有一个鲜明不变的主旋律——价格战。在微波炉行业，创始人梁庆德十年磨一剑，成就全球霸主地位；之后，其子梁昭贤接班，又以雷霆之势，杀进空调业，接连不断地大幅降价。但时代的风向在变，人工等成本不断上升，“互联网 +”、智能热浪来袭，梁昭贤开始反思：竞争不能再以价格为中心，而是以产品、服务、消费者体验为中心！思想要转变，节奏要跟上，格兰仕必须转型。

2017 年，格兰仕获“中国十大空调出口企业”称号。目前，格兰仕一年生产微波炉 3600 万台，其中供给美国市场上千万台，主要通过沃尔玛等大型连锁超市进行销售。“美国本土基本上没有生活电器的生产能力，而美国消费者又需要这些产品，所以预计家电尤其是生活电器类的小家电受到（贸易战）的影响不大。”格兰仕市场部有关负责人认为，就算美国对中国出口的家电征收 25% 的高关税，可能也只会针对大型的家电产品。

2019 年，格兰仕宣布“超越制造”，启动“科技格兰仕”新定位、新目标。2020 年，格兰仕集团工业 4.0 示范基地投产，预计年产健康家电 1100 万台。

（资料来源：毛蕴诗等 . 中国家电企业的竞争优势：格兰仕的案例研究 . 管理世界，2004（6）：123-133，根据最新资料改编）

3.实训任务

（1）格兰仕在创业初期进行产品定价时主要考虑什么因素？

（2）从创业视角来看，你认为格兰仕低价竞争成功的关键是什么？

（3）在当前市场环境下，格兰仕如何进行价格决策以实现成功转型？

4.实训步骤

（1）个人阅读

督促学生针对“实训任务”进行阅读，并在课前完成。针对中国学生的特点，课堂上老师或学生还需再花费 10 ～ 20 分钟对案例学习要点及相关背景进行简单的陈述。

（2）小组讨论与报告（20 ～ 30 分钟）

主要在课堂进行，围绕“实训任务”展开讨论，同时鼓励学生提出新的有价值的问题。要求每个小组将讨论要点或关键词按小组抄写在黑板上的指定位置并进行简要报告，便于课堂互动。小组所报告的内容尽可能是小组所达成共识的内容。

小组讨论与报告

小组名称或编号：________ 组长：________ 报告人：________ 记录人：________

小组成员：____

①小组讨论记录：

发言人1：____

发言人2：____

发言人3：____

发言人4：____

发言人5：____

发言人6：____

发言人7：____

发言人8：____

②小组报告的要点或关键词（小组所达成共识的内容）：

任务1：____

任务2：____

任务3：____

（3）师生互动（30～40分钟）

主要在课堂进行，老师针对学生的报告与问题进行互动，同时带领学生对关键知识点进行回顾。并追问学生还有哪些问题或困惑，激发学生学习兴趣，使学生自觉地在课后进一步查询相关资料并进行系统的回顾与总结。

（4）课后作业

根据课堂讨论，老师要求每位学生进一步回顾本节所学内容，形成正式的实训报告。建议实训报告以个人课后作业的形式进行，其目的是帮助学生在课堂学习的基础上，进一步巩固核心知识，联系自身实际思考并解决问题，最终形成一个有效或学生自认为最佳的解决方案或行动计划。要求学生在制订方案时应坚持主见，学以致用。实训报告的提纲如下：

实训报告

格兰仕在创业初期进行产品定价时主要考虑的因素是：____________________

____

从创业视角来看，格兰仕低价竞争成功的关键因素是：____________________

____

____

在当前市场环境下，为实现成功转型，格兰仕应进行的价格决策是：__________

____

____

____

（5）实训成果的考核：根据学生课堂表现和实训报告质量，评定实训成绩

【微课观看】

微课8：创业产品如何提高性价比？

第9章　创业渠道决策

渠道是长鞭，不好练，练好了竞争者就近不得身了。

——佚名

【学习目标】

1. 了解传统渠道的基本功能与模式；
2. 了解渠道设计流程及管理内容；
3. 掌握创业渠道管理的动因及方法。

【引例】

戴尔靠渠道变革取得创业营销成功

迈克尔•戴尔高中毕业后，顺从父母的意愿进了大学学习生物，但他只醉心于计算机。当时，他感到市场对个人计算机的大量需求并未得到充分满足。而零售商店的个人计算机售价过高，并且销售人员对计算机又不十分精通。针对这种情况，戴尔想出了一条赚钱的门路：通过电话订购向客户直接出售按客户要求组装的计算机。于是，戴尔以低价收购库存的计算机配件，并按客户的需求组装。同时又以低于零售价 15% 的价格出售。此后，订单如潮。

1984 年，戴尔离开了校园，用自己的积蓄成立了戴尔计算机公司，其理念非常简单：按照客户要求制造计算机，并向客户直接发货，使戴尔公司能够最有效和明确地了解客户需求，继而迅速做出回应。这种直销模式消除了中间商，减少了不必要的成本和时间，降低了产品价格，库存平均 4 天更新一次，远远快于那些采取分销模式、运转缓慢的公司。

1994 年，戴尔公司推出了网站。1996 年，增加了电子商务功能。1997 年，戴尔公司成为第一个在线销售额达到 100 万美元的公司。如今，戴尔 PowerEdge 服务器运作的网址覆盖 86 个国家的站点，提供 28 种语言或方言、29 种不同的货币报价，目前每季度有超过 10 亿人次浏览。

戴尔公司日益认识到互联网的重要作用并将其贯穿于整个业务之中，包括获取信息、客户支持和客户关系的管理。在网站上，用户可以对戴尔公司的全系列产品进行评比、配置并获知相应的报价。用户也可以在线订购，并且随时监测产品制造及送货过程。在公司网站上，戴尔公司和供应商共享包括产品质量和库存清单在内的一整套信息。

戴尔曾不止一次地宣称过他的“黄金三原则”，即“坚持直销”“摒弃库存”“与客户结盟”。2019年，戴尔营业额达906亿美元。2020年，戴尔名列福布斯全球品牌价值100强第90位。

（资料来源：作者整理）

思考：

1. 戴尔计算机的销售渠道和传统渠道有什么不同？
2. 你认为戴尔公司是如何靠渠道变革取得创业成功的？

9.1 传统渠道结构、功能及流程

9.1.1 渠道结构

渠道，也称营销渠道，是指商品和服务从生产者向消费者转移过程的具体通道或路径。渠道是产品或服务从供应商到消费者的所有通道。打个比方，渠道像血管，必须畅通无阻地把血液运送到目标消费者的身边并与之对接，产品销售才能畅通。

传统渠道按照有无中间环节可以分为直销渠道和分销渠道两种。由生产者直接把产品销售给最终用户的营销渠道称为直销渠道，即直销；至少包括一个中间商的渠道则称间接分销渠道，即分销。还可以根据中间商的数量将营销渠道分为零级、一级、二级、三级渠道。

①零级渠道或直销渠道，即生产者将产品直接销售给消费者或用户，图9.1中的“渠道1”就是这种模式。直接营销的主要方式是上门推销、家庭展示会、邮购、电子营销、电视直销和制造商自设商店等。

②一级渠道，即只包括一个中间商的模式，图9.1中的“渠道2”就是这种模式。渠道中的中间商在消费者市场上通常是零售商，在产业市场上称产业分销商。

③二级渠道，即包括两层中间商的渠道模式。在消费者市场上，中间商一般是一个批发商和一个零售商，见图9.1中的“渠道3”；而在产业市场上，一个是代理商或销售分公司和一个产业分销商，见图9.2中的“渠道4”。

④三级渠道，即包括三层中间商的渠道模式，图9.1中的“渠道4”就是这种模式。

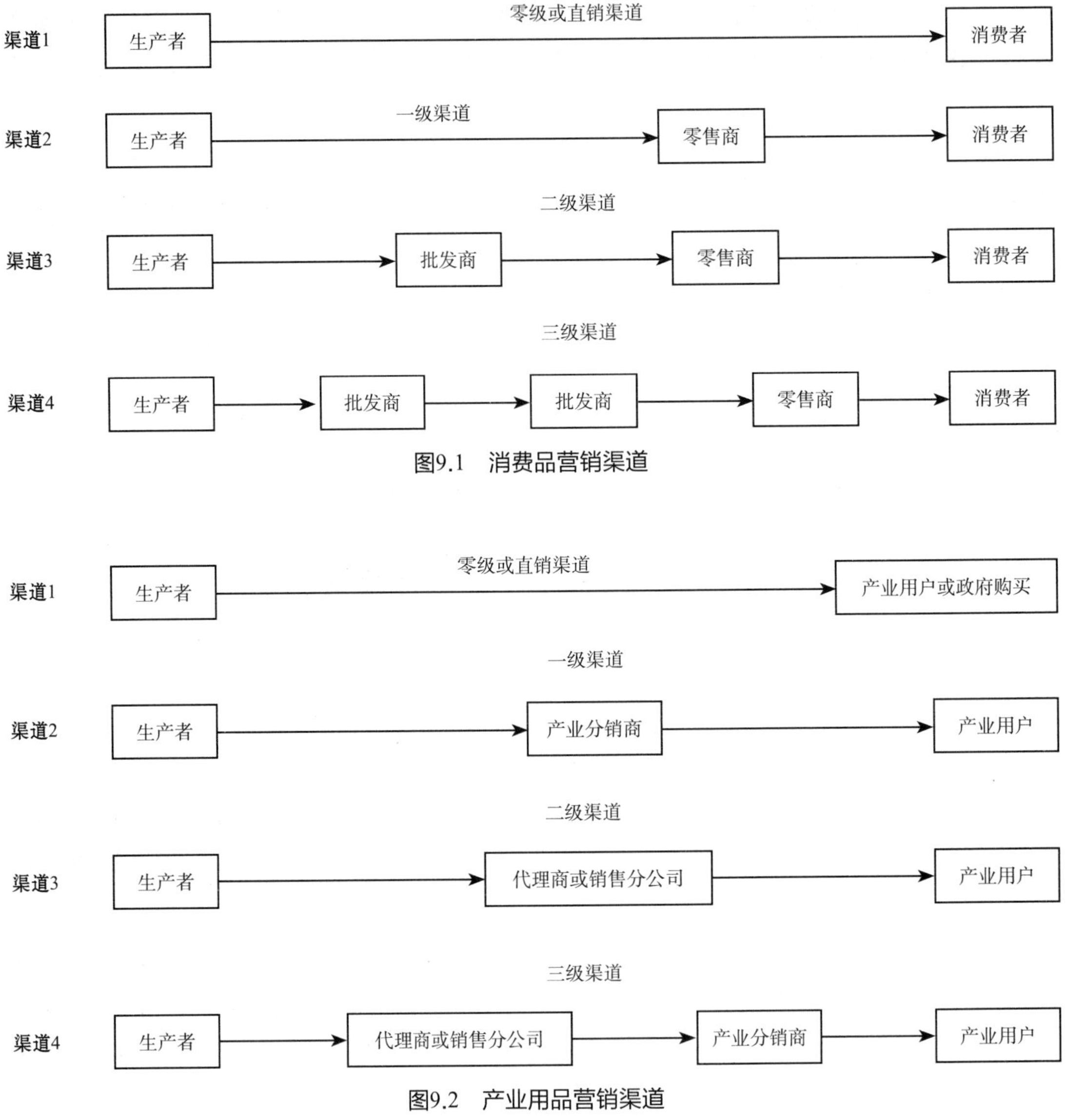

图9.1 消费品营销渠道

图9.2 产业用品营销渠道

9.1.2 传统渠道功能

渠道的目的在于消除产品（或服务）与使用者之间的差距。传统渠道主要包括研究、促销、接洽、配合谈判、实体分销、融资、风险承担等主要功能，简书如下：

①研究，即收集制订计划和进行交换时所必需的信息。

②促销，即进行关于所供应的货物的说服性沟通。

③接洽，即寻找可能的购买者并与其进行沟通。

④配合，即使所供应的货物符合购买者需要，包括制造、评分、装配、包装等活动。

⑤谈判，即为了转移所供货物的所有权，而就其价格及有关条件达成最后协议。

⑥实体分销，即从事商品的运输、储存。

⑦融资，即为补偿渠道工作的成本费用而对资金的取得与支用。

⑧风险承担，即承担与从事渠道工作有关的全部风险。

9.1.3　传统渠道流程

为完成渠道功能，渠道涉及所有权流、物流、付款流、信息流与促销流五类流程，见图9.3。

所有权流：

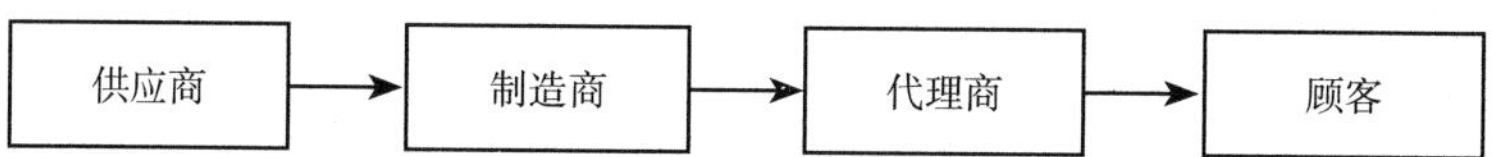

物流：

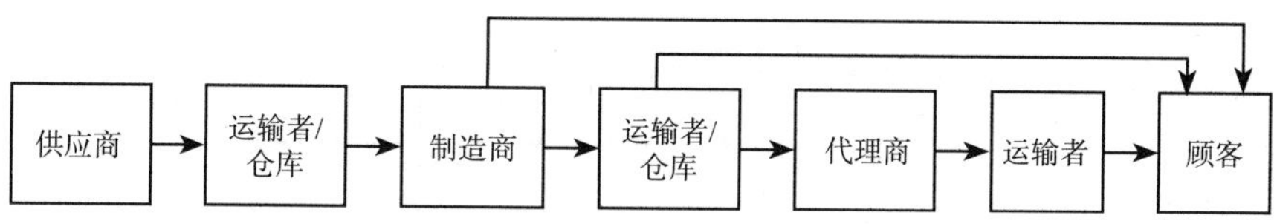

付款流：

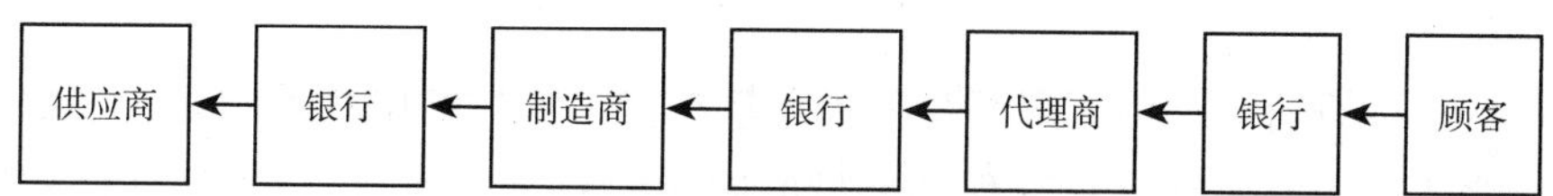

信息流：

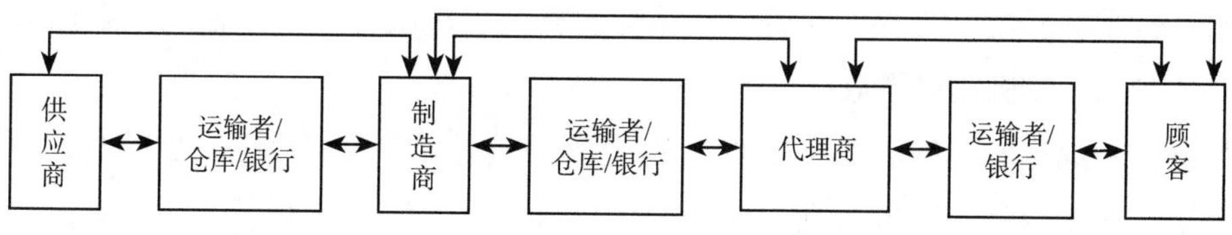

促销流：

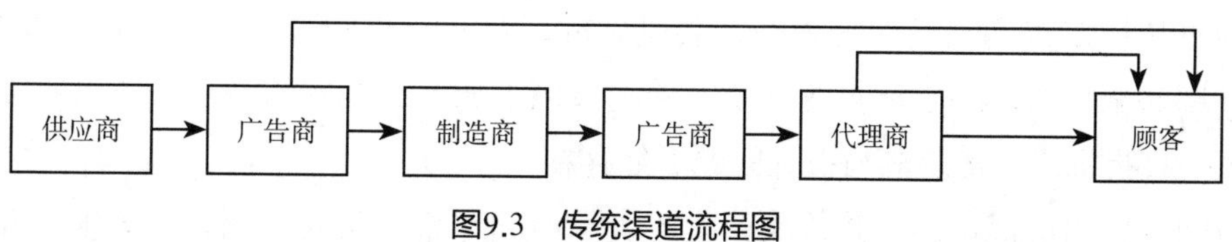

图9.3　传统渠道流程图

9.2 创业渠道设计与管理

9.2.1 互联网技术对传统渠道的影响

互联网技术对传统渠道产生重大影响，主要体现在三个方面：距离消失；经营时间同质化；经营位置的无关性。在这种情况下，创业营销者需重新审视渠道的结构、功能和流程。图 9.4 所示矩阵中，竖轴代表互联网的三种影响，横轴代表分销渠道的三种基本功能，每个空格代表互联网对渠道功能的具体影响。创业渠道可利用互联网的各种具体影响和渠道变革寻找渠道创业机会，改善渠道结构和效果。

	重组	常规化	搜寻
距离消失	①	②	③
经营时间同质化	④	⑤	⑥
经营位置的无关性	⑦	⑧	⑨

图9.4 网络渠道矩阵

①距离与重组的消失。传统渠道与距离直接相关，如传统唱片公司会为多数听众编辑一个音乐收藏集，传统音像店尽量保持充足的库存。而苹果的 iTune 可以让消费者随时随地把自己喜欢的歌曲收藏集中，并在计算机、苹果机或其他设备上播放。通过唱片列表，可以选择不同歌手的各种歌曲，顾客只需对所喜欢的歌曲付费，而无须购买完整的唱片，并对歌曲进行重新分类和排序。这样，贝多芬的命运交响曲可以和最流行的歌曲放在一个文件夹中，在同一台机器里播放。

②距离与常规化的消失。在传统的 B2B 业务中，买卖双方需面临大量的与目录更新相关的常规工作，如重新打印并传送目录，因距离远近所产生的消费者沟通、不方便和费用问题。这些问题可通过互联网轻松解决。

③距离与搜寻的消失。在传统渠道中，买卖双方存在大量因距离而产生的搜寻问题。例如，通过传统方式购买机票的人往往会受到旅行社和航空公司的摆布，票价近乎敲诈，尤其在异国购买机票，问题将更为严重。但通过网上旅行社的本地站点，可以购买其他国家或地区的打折机票，使距离与探寻问题不复存在。

④时间与重组的同质性。传统渠道存在大量时间与重组问题。例如，学生、教师、教室存在时间与重组的矛盾。传统的远程教育可解决部分矛盾，但现场互动不能实现。网络

大学可完全提供虚拟的课程，解决相关矛盾。创业营销者可利用互联网加入教育行业并创造创业机会。例如，琼斯国际大学（http：//www.jiu.edu/）完全是一个网上大学，该大学属于一家非营利性企业，可提供各种高品质的课程，其商学院得到 AACSB 认证许可，跻身世界高品质的传统大学行列。

⑤时间与常规化的同质性。传统的日常顾客服务工作需要一定的时间才能完成，如顾客接受服务之前不得不花时间等待银行开门，股票交易者进行股票交易时必须等待证券公司开门。现在，消费者只需登录网上银行便可查看余额，办理付款、转账等业务；股票交易者也可先了解最新市场信息再进行股票买卖。时间已变得同质化，许多业务可随时办理。

⑥时间与搜寻的同质性。在传统的市场里，买卖双方之间的交易会存在时间和彼此搜寻的矛盾，如网上招聘中介，不仅可以使搜寻过程简单化，而且可有效利用时间。智联招聘（http：// www.zhaopin.com/）是一个成功的案例，该网站提供了成千上万的工作机会，通过电子邮件随时通知求职者相关招聘信息或更新求职者个人简历。

⑦位置与重组的无关性。互联网使地理位置与消费者的重新分类、排序无关，如传统 PC 经销商通常销售厂家提供的标准化产品，让消费者到最近的商店购买产品。在这种情况下，地理位置是个难题。但戴尔（www.dell.com.cn）公司的大部分销售在网上实现，消费者可通过其网站点击相关属性来定制自己的计算机，并根据自己的预算和需要，选择合适的内存、硬盘、光驱、包装等，进行网上结算并通过戴尔物流或第三方物流获得所订购的产品。

⑧位置与常规化的无关性。在传统营销中，地理位置对日常事务的标准化和自动化十分重要。但在电子商务背景下，地理位置与交易相关的日常事务并无关联，卖方可以在网上对价格、质量、规格、服务等产品情况进行说明，买方可以通过竞标购买所需产品或服务。阿里巴巴公司就是利用并参与 B2B 交易获得创业营销的成功。

⑨位置与搜寻的无关性。在传统营销中，供应商的位置与顾客搜寻的方便性紧密相关。顾客习惯光顾比较近的供应商，中间商可以搜寻供应商进入这个行业并服务当地市场，供应商可利用中间商为不同距离的顾客进行联系，如旅行社和保险经纪公司。但在电子商务背景下，供应商可从传统渠道中夺回部分权力。例如，许多航空公司取消了旅行社的订票业务，鼓励顾客直接通过网上订机票。许多供应商也不再需要代理商为其搜索顾客，保险业和房地产业都出现了类似现象。

创业营销者要通过互联网对传统渠道进行重新设计，并进行更有效的管理，以实现创业营销目标。

9.2.2 创业渠道设计的五个策略

策略 1 缩小目标市场。创业渠道设计应突出产品卖点，将企业有限的资源集中到某一个渠道上。比如，三只松鼠在创业初期只做坚果的互联网销售，很快成为网络渠道的第一品牌。

策略 2 适度分销策略。有三种分销策略，见图 9.5。

①密集性分销，比如可口可乐有一句名言，凡是有人的地方，就有可口可乐，就是采取这种策略。这种策略高投入、高风险，创业公司不宜采用。

②选择性分销，即选择愿意且适合自己的分销商，但分销商通常不愿销售创业公司的新产品，所以许多企业会不加选择进行分销，造成分销效果不好。

③独家分销，即授权某分销商独家分销，获得其支持。创业营销者可重点采取这种策略，努力让分销商成为自己的创业合作伙伴。

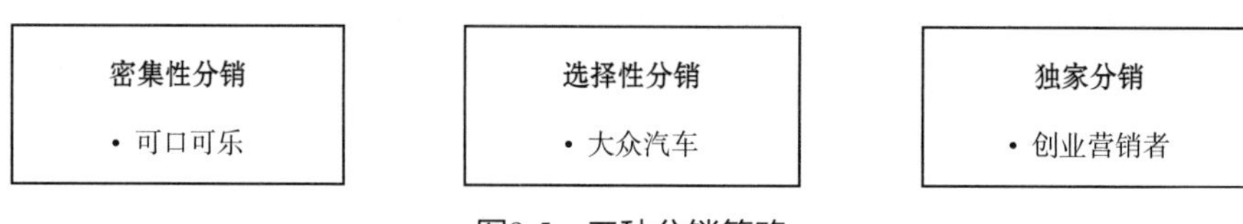

图9.5　三种分销策略

策略 3 渠道试错。创业营销者可走边缘渠道包围主要渠道的策略，即从代理商或移动互联网渠道开始，不断评估渠道的经济性和可控性，逐步找到适合自己的主渠道。例如，某冰激凌公司创业之初，先从比较容易进入的大卖场周围的小售卖点开始铺货，最终进入大卖场。

策略 4 建立特色渠道。比如戴尔直销，打破当时处于主导地位的分销体系，击败 IBM、惠普、康柏等知名品牌，成为 PC 之王。再如小米手机，舍弃传统线下实体渠道，只通过线上渠道并且采取预售的方式，在初创短短 3 年的时间里，就卖掉了 1870 万部手机。

策略 5 渠道迭代。创业营销者应选择易接近早期用户的渠道，在此基础上，逐步提高用户流量及转化率，最终向线上线下相结合的渠道（O2O）转型。创业营销者应未雨绸缪，合理规划，使渠道不断迭代升级。案例 9.1 描述了苹果公司线下线上分销渠道不断迭代的过程。

案例9.1　苹果公司线下与线上相结合的分销渠道

苹果公司传统的渠道为线下渠道，几乎美国所有的广告公司，如奥美、麦肯、李奥贝纳等都在使用苹果电脑进行制作。为此，苹果设置了大量的办事处与分公司为这些大客户服务，同时开发相关区域内的新客户。对广大的普通消费者，苹果采用代理商、分销商进行销售。在一些配件上，苹果会授权一些第三方公司生产类似的产品，并允许其在市面上销售，但并不进行贴标。此外，苹果还设立自营店，店内的服务人员只会与消费者交流产品的巧妙用法，却很少游说客户立刻购买。7 年来，苹果成立 251 家分店，占其收入的 20%。

为激励渠道成员，苹果每有新产品投放和巨额广告投入：1998 年公司的广告预算提高到 1 亿美元。2006—2008 年广告支出总额为 13 亿美元。如此刺激消费者购买欲望的产品在分销商的眼中，简直是财富的代名词。苹果分销商之间的恶性价格竞争和窜货问题非常明显，由于其产品，尤其是其 ipod 和 iphone 产品的易携带性，窜货经常会发生，主要是由发达地区窜向不发达地区，由低关税地区窜向高关税地区。其中经常出现的问题是因美元贬值而导致韩国等国的苹果产品在价格未及时调整的情况下，向中国等其他市场窜货。通常大陆市场上的苹果产品以香港的居多。对此苹果公司并没有过多干涉。

苹果还建立了自己的官方网站进行产品销售。大多数苹果电脑、ipod 和 iphone 用户的更新都会在苹果官网上进行，网购流程简单便利，大量苹果用户网络购买配件及相关软件。苹果正通过强化线上渠道的功能来减少线下分销的比重。据消费者调查公司 CIRP 在 2011 年 12 月到 2012 年 2 月对 iPhone 顾客的调查发现，有 76% 的顾客声称在零售店购买 iPhone，另外 24% 声称到在线商店购买。具体而言，美国 iPhone 11% 销量来自零售店，4% 来自在线商店，AT&T 32%，Verizon30%，Sprint7%，百思买 13%，其他分销商 3%（包括零售商 Radia Shack 和沃尔玛）。

2010 年，苹果公司在中国推出 Apple Store 在线商店，鼓励中国消费者通过线上订购 iPhone 产品，提供免费送货（主要是一、二线城市）、免费提供激光刻字和其他定制服务。线下渠道不提供这些服务，但价格则与线上渠道持平。线上渠道成为苹果打击黄牛囤货、哄抬价格的重要手段。此外，消费者可在 Apple Store 在线商店上直接完成支付，支持四大银行在内的大部分银行的信用卡及借记卡支付，还可通过支付宝和国际信用卡支付。

之后，苹果系列产品在多个线上、线下渠道同时发售，包括苹果在中国的实体专卖店、苹果在线商店、苹果授权经销商、苏宁等经销商，并逐步扩展至联通、移动、电信三大运营商、虚拟运营商以及多家电商平台。

（资料来源：作者整理）

9.2.3 整合物流管理

传统物流主要包括仓储、存货管理、运输、物流信息系统四种职能，见图 9.6。整合物流管理是指无论企业内部还是营销渠道成员组织，都要协调一致，密切合作，以实现整个营销渠道系统绩效最大化。创业渠道管理的关键任务是进行整合物流管理，它主要包括团队管理、建立渠道合作关系和第三方物流管理三方面工作：

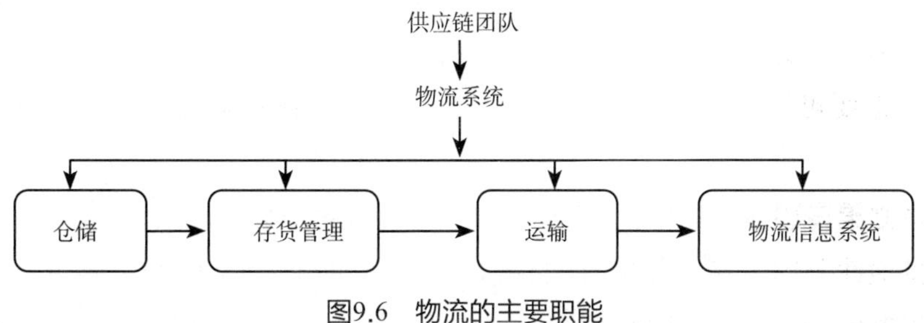

图9.6 物流的主要职能

①团队管理。通常企业会将物流活动的各种职能分派给市场、销售、财务、制造、采购等不同部门。但物流工作常常是交叉进行、相互影响的，有时还是反方向的，各部门的决策必须相互协调，以便达到最好的后勤服务水平。企业可以建立永久的物流委员会、物流经理或副总经理，把各个职能部门的物流活动联系起来。

②建立渠道合作关系。企业为建立与渠道成员之间的合作关系，可组建跨部门、跨企业的团队，也可通过共同项目进行合作，还可以采取信息分享和连续存货补充系统的形式。现在，越来越多的零售商都与供应商通过电子信息交换网络，分享销售网点传来的电子信息。其中沃尔玛是最早向供应商及时提供销售数据的公司，建立起了良好的渠道合作关系。

③第三方物流管理。第三方物流是指那些专门提供物流服务的企业，如我国的邮局系统、铁路运输系统、航空运输系统和各种快递公司等。这些整合性物流企业实际上可承担客户（包括制造商和分销商）所需要的部分甚至全部物流职能。企业可根据自己的需要将物流服务进行外包。

9.2.4 创业渠道管理的五个步骤

如果说创业是作战，渠道就像阵地，渠道管理体现了创业公司坚守阵地的能力。创业营销者可采取以下五个步骤进行有效渠道管理。

步骤 1 设定有效的渠道目标。首先目标分配要合理。创业营销者应在销售人员中建立渠道公信力，承诺一定兑现；避免鞭打快牛，表现越好，目标越高，但激励措施不到位。其次要充分沟通，目标一致。最后要跟踪进度。发现异常，及时采取对策。

步骤 2 激励渠道成员，也叫胡萝卜策略。包括三个方面：一是物质奖励，如返利、折扣等；二是用心服务，如送货及时、售后跟踪服务等。三是加强培训，如行业、产品、财务、管理等方面的知识培训。

步骤 3 维护市场秩序，也叫大棒策略。为维护市场秩序，大公司会出台具体的销售政策，比如不允许跨区域销售，避免低价窜货；不允许擅自降价、拖欠货款等。但很多渠道成员为了完成任务获得额外收益，故意违反公司政策。为此大公司会严惩违反销售政策的分销商，但对创业公司来讲，严惩分销商往往不现实，可采用产品型号区隔、阶段性交替支持等方法维护区域市场良性竞争。

步骤 4 做好渠道平衡。在分销商、生产商代理商、消费者代理商之间往往存在复杂的利益纠缠。为做好渠道平衡，需做好两个方面工作：一是做好渠道强弱管理，即弱渠道要扶持，强渠道要可控；二是做好上下级渠道管理，若遇利益冲突，要以我为重，兼顾双赢。

步骤 5 建立渠道联盟。这是创业公司的生存与发展之道，比如，麦当劳创业初期与可口可乐签订排他性分销协议，且在创业困难时期获得可口可乐的资金支持，二者的合作关系一直延续到现在。创业公司若能找到这样的合作伙伴，有助于克服创业初期的生存困难。

9.3 中国创业渠道发展的阶段与趋势

9.3.1 中国渠道发展的四个阶段

中国渠道自中华人民共和国成立以来以来发了巨大变化。如图 9.7 所示为中国渠道发展经历的计划经济、野蛮生长、外商入侵和电商冲击四个阶段。

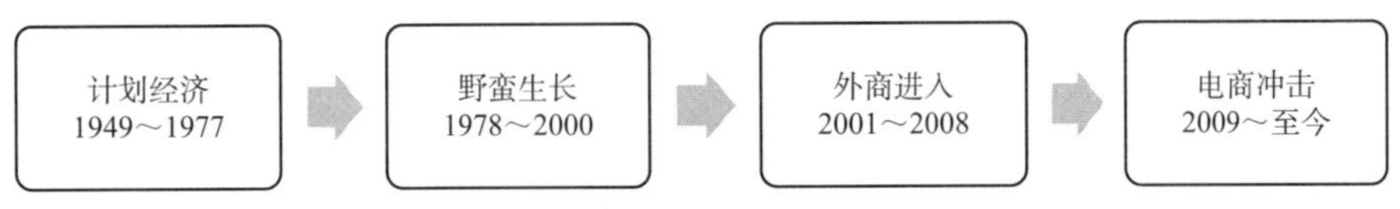

图9.7 中国渠道发展的四个阶段

阶段 1（1949 ～ 1977）：计划经济。在这个阶段，全国只有一个百货公司即供销社，层层分级，统购统销，一切按政府计划运行。

阶段 2（1978 ～ 2000）：野蛮生长。在这个阶段，许多企业建立由工厂、经销商和零售商组成的三级分销体系。在这种体系下，演绎出许多渠道冲突和成功的故事。各种百货商场如雨后春笋般崛起，又在一夜之间纷纷倒闭。

阶段 3（2001 ～ 2008）：外商进入。这个阶段的故事更精彩，沃尔玛、家乐福等外资零售商大举进入中国市场，上演渠道“世界大战”，许多中国消费品及家电企业高呼“狼来了”，纷纷向可口可乐等国际品牌学习渠道精耕策略。国美电器、苏宁电器等国内零售企业异军突起。

阶段 4（2009 ～至今）：电商冲击。这个阶段以淘宝、京东、拼多多等国内电子商务企业的崛起为标志，开启并引领中国零售的新时代。近年来兴起的社交电商、直播电商成为新零售的前哨，为电商行业持续发展增添新的动力。

9.3.2 中国渠道发展的三个大势

第一，移动端将成为主渠道。在即将到来的 4G 或 5G 时代，一个企业可以没有实体店、电脑端电商渠道，但不能没有移动端的渠道布局。移动端是未来企业建立渠道的标配，是主阵地，不能移动，就销不动。

第二，实体店借智能化再造获得新生。线下实体店可以在新的移动互联技术的支撑下，扩大覆盖和服务的范围，突破现在的商圈概念，找到新的盈利模式和出路。例如，苏宁易购的“沃尔玛 + 亚马逊”战略模式，即线下大卖场和线上电子商务相结合，就是一种有益的探索。

第三，平台型全渠道成大企业必争之地。平台型全渠道就是以社交媒体和云服务为基础、线上线下各渠道全覆盖的平台，这样的渠道是大企业必争之地，也是中国渠道发展的第三个大势。

【本章小结】

传统渠道结构按照有无中间环节可以分为直销渠道和分销渠道两种，根据中间商的数量可进一步分为零级、一级、二级、三级渠道。传统渠道主要包括研究、促销、接洽、配合谈判、实体分销、融资、风险承担等主要功能，涉及所有权流、物流、付款流、信息流与促销流五类流程。

创业管理要考虑互联网技术对传统渠道的诸多影响，具体表现在距离消失、经营时间同质化、经营位置的无关性对渠道重组、常规化、搜寻三种职能的影响。创业渠道设计包括缩小目标市场、适度分销策略、渠道试错、建立特色渠道、渠道迭代五个策略；整合物流管理，包括团队管理、建立渠道合作关系和第三方物流信息管理三个方面。创业渠道管理包括设定有效的渠道目标、激励渠道成员、维护市场秩序、做好渠道平衡、建立渠道联盟五个步骤。

中国渠道发展经历了计划经济、野蛮生长、外商入侵和电商冲击四个阶段。其发展有三个大势，一是移动端将成为主渠道；二是实体店借智能化再造获得新生；三是平台型全渠道成大企业必争之地。

【关键术语】

分销渠道（distribution channel）
直销渠道（direct sales channel）
零级渠道（zero-level channel）
一级渠道（one-level channel）
二级渠道（two-level channel）
三级渠道（three-level channel）
物流（logistics）
渠道设计（channel design）
渠道管理（channel management）
渠道冲突（channel conflict）
整合物流管理（integrating logistics management）
创业渠道（entrepreneurial channels）

【思考题】

1. 简述传统渠道结构和功能。
2. 简述创业渠道设计策略和创业渠道管理步骤。

3. 简述中国渠道发展四个阶段和三个大势。

【案例实训】

项目9　创业渠道决策

1.实训目的

（1）训练利用传统渠道进行创业的方法；

（2）掌握创业渠道决策技巧。

2.背景材料

案例9.2　格力董明珠的渠道创业

靠渠道创业起步

1990 年，36 岁的董明珠离开老家南京，进入珠海“海利”空调厂当销售员。不久，董明珠就被派到安徽，处理上任销售员遗留下来的 42 万元经销商欠款。与海利在安徽一年 100 多万的销售额相比，42 万元是个不小的数字。

董明珠别无选择，一个人上门追债，但经销商只是搪塞，继续赖账。董明珠急了，一边看着经销商卖空调，一边大吼大骂：要么退货要么还钱，不然你走到哪儿我跟到哪儿。这一跟就跟了 40 多天，最终老赖答应全部退货。

董明珠吸取这次教训，从此采取不同的卖空调方式。一般厂家先货后款。董明珠要把它反过来：商家先付款，厂家再发货。海利本来销量就不好，这样做难度可想而知。董明珠跑遍安徽，没有一家愿意接受。无奈董明珠改变策略，绕开现有经销商，直接找那些没卖过海利空调的店铺。好不容易说服淮南一个电器商店的女经理交了 20 万元的货款。

董明珠做成第一笔生意后，没有立刻拿钱走人，而是每天起早贪黑地去店里帮着售货员叫卖空调，售货员没见过这种拼命架势，20 万元的空调很快就卖光，然后接着进货。这一年她在淮南卖了 240 万元的空调，超过海利之前一年安徽全省的业绩。董明珠一战成名。

在后来的 20 多年里，海利更名为格力，董明珠越发重视经销商的力量，“先款后货”成为王牌策略，而渠道力量帮助格力坐上了空调行业的宝座，也帮董明珠登上了职场巅峰，最终成为这家千亿公司的掌舵者。

决胜渠道战

1993 年 5 月，南京苏宁公司老板张近东给刚当上格力江苏负责人的董明珠打了个电话，一开口就拿出 500 万元现金，希望董明珠绕过原来的经销商，直接把货卖给苏宁。经过深思熟虑，董明珠觉得，不能过度依赖张近东，于是一口拒绝其要求。互相问候 40 分钟后，被拒的张近东气急败坏，“你这个女人真不是东西，给你钱你还不要”。

当时，中国空调行业竞争惨烈，上游有春兰、华宝、格力等数百个品牌，产能过剩；下游消费者需求有巨大的升级空间。在这种形势下，谁能拥有渠道优势，谁就能反过来控制厂家。于是，董明珠开始着手扶植格力自己的经销商。考虑到空调产销明显的季节性，董明珠决定“去掉银行中间商，让经销商赚利息”，即经销商在冬天提前给钱，格力提前生产保障货源，到夏天空调利息一起给。第二年，格力取代春兰成为国产空调老大。

1996 年夏，长江、黄河、淮河、珠江同时发生洪水，空调严重滞销，春兰和华宝的经销商打起价格战。而提前拿到经销商货款的格力，不仅自己不缺钱，而且在董明珠断绝了给擅自降价的经销商供货后，守住了统一价格，让经销商有钱赚，保住了销售网络，一举成为国产空调霸主。这一年也成为国内空调行业的分水岭：渠道要么靠经销商，要么受制于苏宁和国美；格力属于前者，通过与各省经销商合作，组建省属销售公司，以统一的渠道和价格在各省销售。

令许多空调厂家没想到，扩张后的苏宁、国美一边用低价把空调卖给消费者，一边要求制造商用更低价卖给卖场。许多空调厂家因无议价能力而倒闭，全国空调厂商的数量从几年前的近千家骤降到 50 多家，陷入价格战和低质的恶性循环。此时，刚当上格力电器总经理的董明珠，在北京的报纸上打出广告：格力空调，请消费者看“心脏”。随后，亲赴北京，直面媒体，拆了一台格力空调：里边的核心零件，压缩机和控制器都是日本的，格力空调贵得有道理。

当时格力和大卖场的冲突也非常激烈。2004 年年初，国美突然对格力空调大降价。董明珠正在北京开会，立即指责国美是强盗做派，要求国美停止降价、向格力道歉。国美针锋相对，一边道歉，一边全国下架格力空调。当时，国美和苏宁已经是家电超级渠道，即使是有自己渠道的格力，在国美的销量也占到全年的 10%。两家公司开战后，格力的管理层觉得得罪大卖场太危险，建议董明珠放弃抵抗。董明珠的回答非常干脆，“如果跟国美合作，死得更快。”

为了避免被渠道卡脖子，董明珠和董事长朱江洪拿出 10% 的股份让格力在十大省份的经销商入股，使省级销售公司、代理商、经销商和格力彻底绑在了一起，成为一个庞大的利益共同体，成为格力称雄空调行业的核心竞争力。

应对渠道危机

2013 年，董明珠作为格力董事长兼总经理，到北京参加“中国经济年度人物”颁奖典礼。跟她同台领奖的，还有把智能手机价格砍到 1999 元的小米创始人雷军。央视主持人给二人抛出了一个问题：格力有 9 大工厂、7 万工人、3 万家专卖店，小米没有工厂、没有工人、没有门店，今年格力收入 1000 亿元，小米 300 亿元，为什么格力和小米会出现这种差异？

雷军说，小米只跟最好的工厂合作，而且在网上直接向用户卖手机，不仅可以省下销售成本，还可以贴近用户需求。随后董明珠提出质疑：要是没有工厂跟你合作，小米手机怎么交货，这样的轻资产运作，不算正经制造业。面对质疑，雷军提出赌一把：5 年后如果小米营收超过格力，董明珠就要输他 1 元钱。董明珠提出“要赌就赌 10 亿”。

2018 年，5 年赌期将至。小米在经历几次失败后又做了一款空调，这次找到日本厂商供应零件，由长虹代工，卖 1999 元，终于做出了爆款。在 2018 年上半年，小米收入 796 亿元，同比增速 75%，格力 909 亿元，同比增速 31%，这样下去，小米将在年底险胜格力。

就在2018年年底，和雷军的赌约快要出结果的时候，董明珠在演讲里痛批“轻资产经济”，并表示：年轻人不能都去搞抖音。

2019年4月，格力发布前一年度财报，收入2000亿元，压过小米的1749亿元，董明珠赢下了这场5年赌约，但代价是格力经销商的库存达到了5个月左右，而老对手美的的库存只有1个月。不巧的是，这时候铜、铁等主要金属价格下滑，空调制造成本随之下降，库存高企，难以及时跟进扩产的格力，显得举步维艰。相比之下，美的渠道优势明显。美的给每个高管都配了三个“90后”逆向导师，加速适应电商，还在空调事业部开始了以销定产的“T+3”模式。

美的接到客户订单后，“T+1”天买材料，“T+2”天制作，“T+3”天交货，这套高周转打法既可以降低库存，又可以根据原料价格变动而迅速调整生产计划，这种渠道模式比格力的“淡季返利”更先进。

2019年，格力全年利润也同比下降6.23%。面对对手的攻势和股东的压力，董明珠把目光重回渠道上。2020年年初，疫情突袭中国，线下门店奄奄一息，线上直播如火如荼。4月14日，面对格力一季度利润锐减70%的现实，有投资者问董明珠要不要试试直播，她说坚决不做直播带货，担心转型线上会让线下60多万门店员工失业。10天后，她身穿一袭深绿长裙，现身抖音的直播间。但这次直播因准备不足，出现卡顿、音画不同步等问题，虽有400多万观众，却只卖出了23万元的货。

20天后，董明珠拉上快手主播二驴夫妇，再次尝试带货。跟第一次直播只顾宣传格力品牌、走马观花地展示了几十款产品截然不同，这一次董明珠只带了3款产品上阵，一边讲空调性能，一边直接降价，最终卖出了3.1亿元，打了一个翻身仗。

试水成功后，格力动员庞大的基层经销商在自己周边小区地推，消费者扫描当地经销商的专属二维码进入董明珠直播间买空调，总部把钱打给经销商，经销商发货、安装。这套“去掉省级中间商，让用户和经销商赚差价”的方式，大幅缩小了格力空调与美的、奥克斯的价格差距，直播成交额也一路猛增，从7亿元到65亿元、101亿元、102亿元，前后6场直播带货超过格力一季度的总营收。

董明珠全国巡回直播带货，之所以能把空调价格压低，原因在于砍掉了省级销售公司，直接面对基层经销商，曾经为格力立下汗马功劳的省级销售公司被削藩。2020年6月18日，董明珠直播卖货102亿元。6月20日，格力公布了省级经销商京海减持的公告。

（资料来源：远川研究所.狠人董明珠[Z].新浪网，2020-09-04）

3.实训任务

（1）董明珠在格力利用渠道创业成功起步的关键决策是什么？

（2）董明珠是如何带领格力在传统渠道竞争中获得核心竞争力的？

（3）面对互联网对渠道的挑战，董明珠是如何进行创业渠道决策的？

4.实训步骤

（1）个人阅读

督促学生针对“实训任务”进行阅读，并在课前完成。针对中国学生的特点，课堂上老师或学生还需再花费 10 ～ 20 分钟对案例学习要点及相关背景进行简单的陈述。

（2）小组讨论与报告（20 ～ 30 分钟）

主要在课堂进行，围绕“实训任务”展开讨论，同时鼓励学生提出新的有价值的问题。要求每个小组将讨论要点或关键词按小组抄写在黑板上的指定位置并进行简要报告，便于课堂互动。小组所报告的内容尽可能是小组所达成共识的内容。

小组讨论与报告

小组名称或编号：________ 组长：________ 报告人：________ 记录人：________

小组成员：____

①小组讨论记录：

发言人1：____

发言人2：____

发言人3：____

发言人4：____

发言人5：____

发言人6：____

发言人7：____

发言人8：____

②小组报告的要点或关键词（小组所达成共识的内容）：

任务1：____

任务2：____

任务3：____

（3）师生互动（30～40 分钟）

主要在课堂进行，老师针对学生的报告与问题进行互动，同时带领学生对关键知识点进行回顾。并追问学生还有哪些问题或困惑，激发学生学习兴趣，使学生自觉地在课后进一步查询相关资料并进行系统的回顾与总结。

（4）课后作业

根据课堂讨论，老师要求每位学生进一步回顾本节所学内容，形成正式的实训报告。建议实训报告以个人课后作业的形式进行，其目的是帮助学生在课堂学习的基础上，进一步巩固核心知识，联系自身实际思考并解决问题，最终形成一个有效或学生自认为最佳的解决方案或行动计划。要求学生在制订方案时应坚持主见，学以致用。实训报告的提纲如下：

实训报告

格力的前身（海利空调厂）的渠道结构是：________________________________

董明珠在格力利用渠道创业成功起步的关键决策是：

____

____

董明珠带领格力在传统渠道竞争中获得核心竞争力的关键举措是：________________

____

____

互联网对格力渠道的主要影响表现在：________________________________

____

____

____

董明珠进行创业渠道管理的关键决策是：________________________________

____

____

____

（5）实训成果的考核：根据学生课堂表现和实训报告质量，评定实训成绩

【微课观看】

微课 9：创业公司如何设计渠道？

第10章　创业促销决策

强有力的广告是品牌价值银行里的存款，具有价值提升作用。

——宝洁公司

【学习目标】

1. 掌握创业者亲自推销并建立创业型销售队伍的技能；
2. 理解创业型广告策略；
3. 掌握创业促销组合决策。

【引例】

海王集团的创业促销

海王集团成立于1989年，核心业务是医药生产和销售。2000年下半年，海王实施大规模的品牌整合和促销活动。从2001年起，海王以央视春晚为首，开启大规模电视广告活动，促销其非处方抗感冒药旗舰产品——海王银得菲。随后，推出其他产品如海王金樽、海王银杏叶等中成药和卫生保健产品广告。虽然这些广告聚焦的产品不同，但活动的主题概念都是“全面健康”。

在活动期间，广告覆盖强度高达每天在全国范围内播出300次。同时，一个广泛的经销商进货计划也展开了，遍布全国的约5000家药店储存了大量的海王非处方药、处方药和卫生保健品。2001年，海王投放电视广告约1亿元，海王生物2001年主营业务收入为7.6亿元，比2000年增长了近四倍！仅海王金樽这一项产品，上市仅半年销售收入就达一个多亿。另外，海王银杏叶片的广告——“三十岁的人，六十岁的心脏”，被业内评为2001年十大赏心悦目电视广告。可以说，海王品牌整合初期战役相当不错，无论销售业绩还是品牌知名度、美誉度都有了一个质的飞跃。

2013年，海王以其鲜明的品牌定位、强大的品牌竞争力荣获“中国品牌500强”大奖，名列医药行业第一名。2019年8月，海王集团推出“易点药”平台，通过线上下单、实体药店配药的模式，把降药价成果推向全国，让更多老百姓便捷地拿到药。2019年，集团销售规模约774亿元，员工3万人，综合实力在中国医药产业位居前列。

（资料来源：作者整理）

思考：

1. 你认为海王公司 2001 年前后营销成功的关键因素是什么？
2. 你认为海王公司怎样在营销方面获得持续成功？

10.1 创业者的亲自推销

10.1.1 最好的推销员是创业者自己

新创企业往往做不起广告，大多数情况只能通过创业者亲自拜访目标顾客获得订单。例如，在美国成长性企业 500 强的调查中，只有 12% 的创业者是通过中间商取得早期收入的，另外 88% 的创业者则是向终端用户直接销售，而且几乎所有的创业者自身都是负责销售的中坚力量。

不少企业家都是从推销工作做起，对创业起步及生存起关键作用。例如，娃哈哈集团创始人宗庆后在创业初期骑三轮车推销娃哈哈口服液。新希望集团创始人刘永好创业早期亲自推销鹌鹑蛋和猪饲料。李嘉诚曾说过“我一生最好的经商锻炼是做推销员，这是我用10 亿元也买不来的。”比尔•盖茨也曾说：“我之所以会成功，不是因为我很懂电脑，而是因为我会销售。我在创业初期曾销售软件达六年之久。”马云早年创办“中国黄页”，由于没钱做广告，他就挨家挨户地演示、游说。回忆起那段经历，马云至今还是很感慨：“我那时名义上是总经理，其实就是个推销员。”

创业者在起步阶段做推销工作，不但可以更清楚地知道客户需要什么，什么产品才更适合他们，而且可以锻炼自己，提高客户交往的能力，能争取尽早获得第一笔收入，检验在最艰难的时候是否能靠自己的力量和努力坚持下去。更重要的是，创业初期创业者亲自冲在销售一线，也会鼓舞合作伙伴和员工的士气，让他们更有信心跟着一起干。

10.1.2 创业者亲自推销的三个技巧

技巧 1 克服心理恐惧。创业者在推销自己的产品时往往会产生心理恐惧，主要原因是创业产品通常总是有缺陷的，例如没有需求或需求不明确、产品功能单一、销售目标压力太大、竞争太激烈、社会偏见等。通常创业者都是推销新手，需要系统的训练，首先尽量不做陌生拜访，要努力找到你的早期客户，并获得小范围“试点展示”的机会。其次，要真正了解你卖的产品，销售高手都是产品知识专家，丰富的产品知识会给创业者推销带来自信。此外，要把拒绝当作成功的阶梯。被拒绝往往是一种宝贵的经验，创业者要通过客户反馈去分析被拒绝的真正原因。

技巧 2 优选客户。对创业公司来讲，客户可细分为内部客户与外部客户，内部客户包括合伙人、普通员工等；外部客户包括潜在投资者、潜在伙伴、潜在客户等。创业者在推销自己的产品时，要在对客户进行细分的基础上，从最容易获得支持的客户入手，选择最熟悉的内部客户或者外部客户，在战争中学习战争，在推销中学习推销。苹果电脑公司的创建者之一史蒂文•乔布斯曾说道："计算机是我们曾经制造过的最为非凡的工具，但最重要的事情却是将计算机送到尽可能多的合适顾客手中。"

技巧 3 让卖点与痛点相得益彰。创业者在推销产品时容易出现"卖点不痛也不痒的情况"。事实上，不同客户需求差别很大，潜在投资者最看重产品能否赚钱。对外部客户，由于创业初期资源匮乏，创业者应对于无法提供的服务进行相应的缩减处理，聚焦在核心卖点上来，将其做得与众不同、出类拔萃，获得客户的心理认同。同时注意，放弃其他一些并不能为消费者带来额外心理价值的内容，这样间接会形成隐形的痛点，发现新的创业营销机会。例如，某家厨房电器的吸油烟机，在初期上市后，收到大量投诉，问题集中在吸油烟机的滤油网上，后来企业决定每年都为用户免费更换一次油网，满足"免拆洗"的消费诉求，这样将原本的痛点变成痒点和兴奋点，极大提高了品牌的溢价和口碑传播。

10.2 建设创业型销售队伍并开展创业销售工作

10.2.1 销售管理新思路

传统销售管理的主要任务和步骤见图 10.1。销售部门的主要功能是按惯例为销售人员分派任务并进行培训，规定销售人员的工作权限、配额、奖惩措施等，销售人员被看作是可以替换的，对其进行管理的主要技巧就是"胡萝卜加大棒"，主要目标就是要完成销售额。

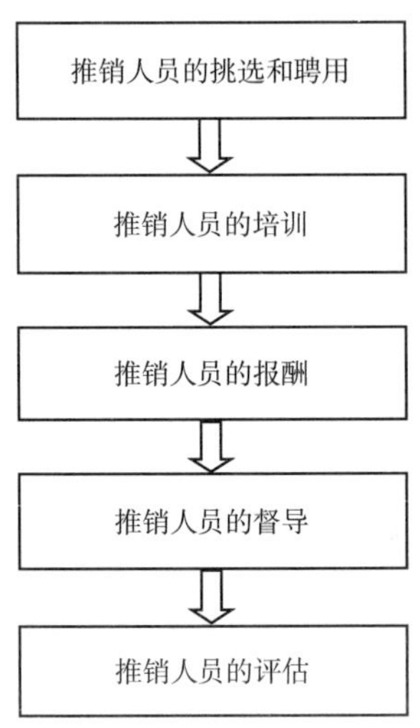

图10.1 传统销售队伍管理的主要任务和步骤

面对竞争加剧的环境，企业应对传统销售队伍管理方式进行大刀阔斧的革新，打造创业型的销售队伍，使其成为企业内部创造价值和创新的动力和源泉，具体思路如下：

- 视销售职能为公司竞争优势的源泉之一。
- 对销售组织具有战略远见并进行战略运营。
- 促进销售经理和销售人员转型为创业者，使销售部门成为公司最具创业精神的部门。
- 销售以机会为导向，而不是处处受限于资源条件。
- 把创新看作销售工作中最主要的责任之一。
- 把创建、拓展和管理客户关系资源的能力是销售人员创造市场价值的一项主要优势。

10.2.2　创业型销售组织

创业型销售组织包括创造型、探索型、授权型、战略型、技术型、协作型六种类型，见图 10.2。

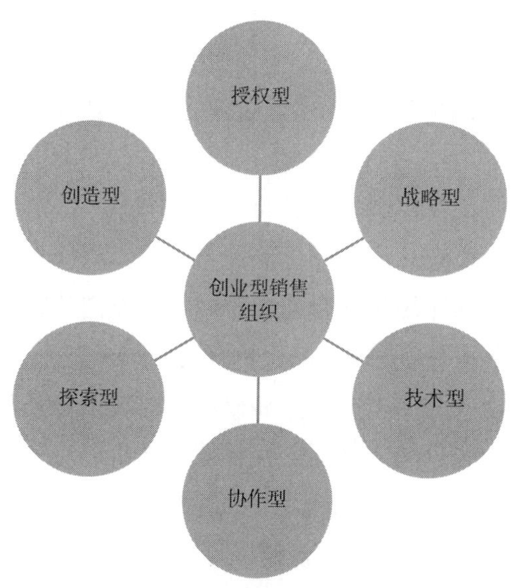

图10.2　创业型销售组织类型

（1）创造型销售组织

从个人销售角度，创造意味着放弃固有做法与规则，愿意挑战已经确立的方法体系，可能短期使销售人员的工作生活受到冲击，但长期会带来崭新的开始、全新的路径，冲破传统路径的束缚，帮助销售人员获得工作动力和自豪感。

从销售组织角度，销售经理应敢于打破惯例，跳出思维定式，对销售部门进行创造性的管理。一方面，创造是混乱的、随机的、非科学的行为；另一方面，组织为了产生更多好想法，需进行系统性创造。销售经理必须设定一些挑战性的任务，给销售人员一定的权限和资源，通过周密计划、团队合作来激发创新。这样就需要强化销售部门的组织价值、组织制度和组织结构。

另外，销售经理需鼓励创造性的摩擦，让不同的方法和观点彼此碰撞，但不厚此薄彼，最终使一种观点获胜。创造性摩擦不仅会激发销售部门自身的创造力，还会对相关部门（如设计部、采购部、财务部）产生积极的影响，有利于打破部门之间的职责界限，激发整个公司的创造力。

（2）探索型销售组织

传统销售组织在开发新客户时，首先会探寻顾客欲望，其次找到可以满足的方法，常常屈从于顾客。探索型销售组织会采取多种形式，探索各种新方法，以开创性地解决客户的一系列问题。由于新方法生命力通常较为短暂，很容易被更新的方法所取代，这就要求销售组织必须快速行动，洞察机会，不断发掘新的市场。

探索型销售组织能够引导客户、牵制竞争对手、引领自己的公司进军新的市场。引导顾客意味着密切联系客户，清楚公司战略、相关能力、竞争力及来自环境的挑战。

探索型销售组织不能忽视任何竞争者，必须对任何竞争行为进行适时反应，并且能够引领公司迅速改变眼前的商业环境，如描述当前的商业模式和趋势，应对可能的行业变革，实施新的战略计划，开拓和修正外部条件，识别市场信号并能在第一时间告知公司相关市场的最新动态。因此，探索型销售组织是引导企业管理和运营的工具性资源。

（3）授权型销售组织

传统销售组织有细致的预算控制，明确的工作范围，一些销售方法和补偿方式也会事先确定。在这种组织中，销售副总经理或总监做出决策，销售人员只负责执行。对有才能的销售人员来讲，销售经理的作用是在合适的时间，把他们放在合适的位置上，并以合适的方式激励他们，使他们能够把合适的产品卖给合适的顾客。

传统的授权希望给销售人员更多的责任和权利，但因销售任务的复杂性、公司与销售人员之间缺乏信任以及销售经理缺乏必要的授权技能而难以奏效。此外，一些授权设定过高的业绩标准，导致销售人员难以完成；而另一些授权也只是象征意义，经理只是允许员工做一些临时的决策，一旦出现错误，便撤销该特权。

授权型销售组织努力在公司控制的松与紧之间寻找动态的平衡点。把销售经理和销售人员看作创业者，激励他们识别机会，创造性地解决问题。首先，要在具体的销售工作信任销售人员。销售工作涉及面很广，必须给销售人员在产品设计、定价、顾客沟通、物流等方面充分授权，他们才可能真正为顾客创造价值，为公司创造新的收益。其次，要进行"虚指放弃，实指加强"式的授权，虚指是指销售人员的决策权利，实指是指清晰的目标。例如，当销售经理放弃制定收益分配和价格谈判的控制权时，销售人员通常会更加努力地工作、更有成效地创新，这样不但控制的目标实现了，而且提高了工作的满意度。

（4）战略型销售组织

传统销售组织把工作重点不是放在战略的思维和行动上，而是放在战术运作以及业务层面上，例如销售人员的招聘、激励、寻求卖点、完成目标的效率等。事实上，效率并不意味着效益。效率强调具体行动路线，而效益则强调正确的战略方向，强调利用合适的机会，创造性地实现预期目标。

战略型销售组织把销售部门看作一个密切合作的、具有战略意图的组织。公司的总体战略确定了公司的核心价值主张，以此在市场、客户、产品等方面与竞争者区分开来。为落实公司总体战略，销售经理应在销售人员的雇用、销售方式、销售队伍类型与组织方式等方面进行具体的战术安排。首先，销售部门的目标应与公司的总体战略相一致，销售人员应推动公司的创新，并把这些创新方式有效地运用到具体的工作中去。其次，公司的战略方针能真正指导各个地区的销售组织，使销售工作渗透到生产、市场、后勤以及其他核心职能部门，从而使销售部门对顾客关系方面投资符合公司的战略意图，能够得到其他部门的精诚合作并为顾客创造新的价值。

（5）技术型销售组织

技术型销售组织能够将科学技术运用于销售管理和人员推销中。在销售管理方面，利用现代信息技术，销售经理能够更好地评估顾客的终生价值和公司的财务状况，也可以协助公司培训销售人员，适时评估销售人员的绩效。新技术还可以帮助销售部门管理顾客关系，密切买卖双方之间的联系。在人员推销方面，能够使销售人员“聪明地卖”，少花钱多办事，节省时间，大大提高销售工作效率，如客户与竞争者的背景调查、现场演示设计、快速响应顾客询问等。

（6）协作型销售组织

协作型销售组织通过销售部门的内部合作，推出创造性的解决方案，为顾客创造更大的价值。这需要公司各个层面的共同努力：高层经理应营造协作的企业文化，使销售经理、销售人员的价值观、信仰与之相一致；一线销售经理应改变老套的命令式的管理方式，强调平时的培训、平等交流、相互尊重、分享权力和股权，而不是单纯地检查和监督；销售人员要与销售经理同心同德、彼此信任，以应对销售过程中的一切冲突与环境挑战。同时，通过更加专业的销售技能来建立公司与顾客之间的战略伙伴关系。

10.2.3　开展创业销售工作

销售工作与创业有许多共同点。首先，表现在工作性质方面。二者都涉及大量的人际交往、相对自由的行动、快节奏的工作、高强度的压力、强烈的结果导向，并有可能获得大量的财务奖励。其次，销售是一个很有创业特质的职业，如自信、独立、成功动机、容忍不确定性、风险偏好、对组织内部强有力的控制与协调。最后，销售绩效往往是一个创业者所追求的最重要的指标。事实上，区域销售工作和创业实践更为类似，见表 10.1。

表10.1 区域销售工作与创业实践的相似性

1. 该区域是一个自行管理的单位，并承载一定的价值
2. 销售人员通过谈判和既定的交易来确定该区域的价值
3. 绩效的衡量是根据一定时期内的销售利润
4. 成功或失败有赖于销售人员的绩效
5. 销售人员必须与其他销售区域进行竞争
6. 销售人员通过对不同活动分配资源来试图管理该区域
7. 销售人员为该区域寻找投资（从销售经理那里）
8. 为达到目的，销售人员从公司的其他部门或者外部环境获得优势资源
9. 可能通过创新来挖掘区域扩张的潜力
10. 销售人员的工作就是创新性地满足客户的需求

创业销售就是把创业和销售工作融合在一起开展相关活动。一方面，在创业企业中，创业者可把公司的部分所有权授予销售人员，并让其充分理解该做法的战略意义。销售人员利用公司资源（生产、物流、信息技术、营销、客户服务等）进行业务运营，包括现场管理、产品取样、定制解决方案、客户奖励等，为创业企业创造价值。另一方面，销售人员应评估其所在区域的发展前景和投资价值。销售经理在某种程度上像风险投资家一样投资其感兴趣的企业，其总体销售增长类似于一种风险投资基金，在该领域投入资金的多少取决于该领域销售人员努力的程度。案例 10.1 描述了思科、IBM、AT&T 的创业销售。

案例10.1 思科、IBM、AT&T的创业销售

思科公司给予销售组织高度的授权，给销售人员设置很高的职位。职位直接和报酬挂钩，许多销售人员身价百万。公司有很多创新性的销售方法，如销售中运用科技，创造性地解决顾客的具体问题。通过网页定制，销售经理及其团队能够与顾客更紧密地联系，能够有效地处理所有的交易账户，监控当前的绩效水平，评价培训的视频和文字。不但改善了内部沟通的效果，而且能有效地解决顾客的具体问题。此外，公司还鼓励销售部门与其他部门的内部竞争，寻求更好的电子商务方式。

IBM 公司发现，为销售人员腾出更多时间与顾客交流，可以促进销售队伍的创新。通过销售团队服务重点客户，建立报告制度，使用相同的绩效指标，让每个销售人员遵循相同的销售过程，减少内部会晤。这样，销售人员有更多的时间与顾客交流，从而可以适时

开发出创新性的解决方案。

AT&T 开发出一种全新的“Dealmaker”工具，来解决销售人员谈判技巧方面的具体问题。该工具通过引入线上线下培训和一些活生生的事实来强化谈判成功的技巧。当销售人员与顾客接触后，该工具会提供相关知识协助谈判，并最终签订协议。这些知识能帮助销售人员查明顾客未满足的需求，想方设法回答顾客提出的复杂问题，制定可行的战略，并在谈判时给出一个周全的方案。此外，公司鼓励销售人员的经验共享，销售人员可通过个案研究来提高谈判技巧。

（资料来源：作者整理）

这里需强调，营销的终极目标是达成交易，但简单地达成交易是不够的。营销的目标必须是达成长期有利可图的交易。这可能意味着对不同客户采取不同的营销方法，如图10.3所示为五种不同的客户营销方法。创业营销者应努力与客户建立战略伙伴关系，共担风险，共享资源，不断提高创业营销绩效。

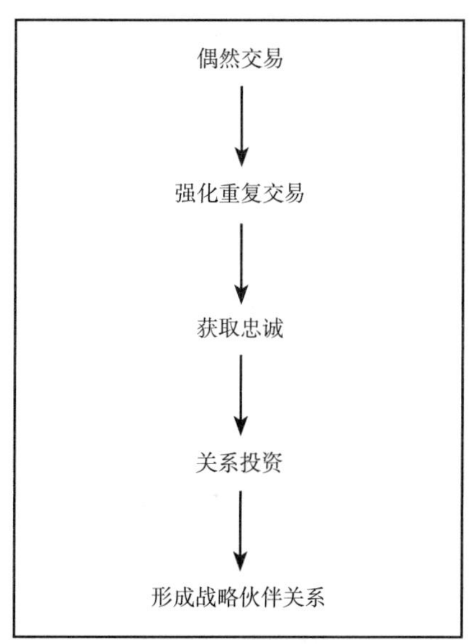

图10.3　客户营销方法

10.3　创业广告策略

10.3.1　广告创意策略

广告创意的策略可概括为“五个YI”：创忆、创议、创异、创艺、创益，见图10.4。

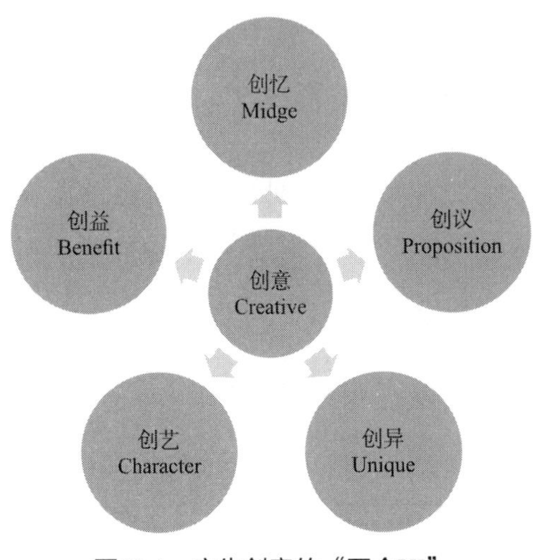

图10.4 广告创意的“五个YI”

- 创忆，即创造记忆，让目标消费者容易记住。这要求广告必须简洁名了，如“保护嗓子，请用金嗓子喉宝”的广告。
- 创议，即创造生活的议案。根据消费者的使用时机、场合，可提出不同的生活提案。如蒙牛公司的早餐奶和晚上好奶。
- 创异，即创造差异。如农夫山泉有点甜，把本来没有味道的水与竞争对手区分开来。
- 创艺，即创造艺术性效果。如麦当劳的“婴儿篇”广告，当婴儿看见麦当劳标志时笑了，当婴儿看不见麦当劳标志时哭了，产生了较好的艺术效果。
- 创益，即创造收益，如雀巢咖啡的广告“味道好极了”，就向消费者明明白白地承诺它的好处。

10.3.2 媒体选择策略

（1）认识全媒体时代的特征

现在是全媒体时代，也称媒体爆炸时代，如果不知道怎么选择媒体，即使企业烧再多钱，收效也会甚微。所谓全媒体，是指所有旧媒体和新媒体的总称。旧媒体包含传统大众媒体和传统小众媒体，传统大众媒体包括电视、广播、报纸、杂志等；传统小众媒体包括户外广告牌、售点广告（如海报、展柜等）、交通广告（如公交、地铁、航空等）、直接广告（如电话、传单等）。新媒体包括 QQ 空间、微博、微信、博客等，学术界称之为社交媒体，这两年比较流行的是微信公众号，使人人都可以自己拥有媒体，即自媒体。

创业营销者应认清全媒体时代的两个特征：

特征 1　人人都是自媒体，处处都是媒体。从理论上，通过微博、微信、短视频，人人都是自媒体。2020 年微信月活跃用户 11.5 亿，微信公众号创作者数量已超 2000 万。随着智能手机、平板电脑和穿戴式设备的快速普及，处处都是媒体也成现实，特别是物联网的推波助澜，物物相连和智慧地球也成为发展趋势。

特征2　信息过剩。旧媒体时代的显著特征就是信息短缺，慢慢转变到信息饱和，未来信息过剩肯定会越来越严重。你发一条消息，通常会很快淹没在弥漫的硝烟中，若有很多人关注，就可能蕴藏价值和商机。

（2）媒体选择的五个策略

策略1　塑造口碑为先。媒体选择的核心问题是如何与消费者发生关系。大众媒体侧重品牌知名度的建立。而社交媒体的重心变了，重点关注口碑的塑造。旧媒体时代的口碑主要靠在大众媒体烧钱获得曝光的机会，很多创业营销者也因此损失惨重，断送了创业生涯。自媒体时代的口碑靠许多微小的声音，通过耳语传播、微博、微信、短信、论坛、BBS等，被迅速串连形成强大的口碑力量。微博、微信及短视频成了人们等车、坐车、听演讲、等朋友、吃饭前、会议间等碎片化闲聊时间的最佳应用工具。

策略2　相信个体的力量。创业营销者若能实时建立自媒体，不断分享信息，随着每一个个体按下的转发键，一个个小圈圈变成了大圈圈。例如，央视《对话》栏目制片人罗振宇辞职创业时推出了《罗辑思维》知识型视频脱口秀节目，同时启动了同名微信公众号，节目录制到第19期时，就在优酷上获得累计超过1000万次的点击量，微信公众号关注用户超过10万。创业营销者若能充分利用个体的力量，让内容有料或故事有趣，有时受众明明知道是广告都愿意转，这才是创业营销者要追求的媒体策略。

策略3　选择投资人关注的热媒体。比如科技创业类媒体有虎嗅、36氪等；教育创业类媒体有芥末堆、多知网等；游戏创业类媒体有游戏陀螺、游戏茶馆、触乐网等；还有拓扑社（关注企业服务行业的创业）、零壹财经（关注金融行业的创业）等。创业营销者应经常关注这些媒体并适时进行融资或市场推广。

策略4　选择免费媒体。一些免费媒体效果很好，比如腾讯创业（是创投领域综合服务平台）；IT桔子（是创投行业产品数据库及商业信息服务提供商）；NEXT（36氪旗下的新产品平台）；Demo8（创业邦旗下新产品分享交流平台）。创业营销者应主动寻找适合自己的免费媒体。

策略5　媒体组合策略。组合策略很多，简单来讲，若营销预算多，考虑大众媒体与社交媒体相结合，若营销预算较少，以社交媒体为主，但要注意独立博客、微信公众平台、QQ空间和短视频的组合使用。近年来，短视频发展迅速，字节跳动异军突起；腾讯重启微视，领投直播平台快手，百度上线好看视频。创业营销者应积极探索适合自己的媒体组合方式。

这里需强调，创业营销者进行媒体推广的目的是引起关注，但引起关注不等于实际形成销售。创业营销者应选择线上线下相结合的媒体组合，不断摸索、不断试错，只有这样才能引发销售，突破初期创业的困境。

10.4　创业促销组合决策

营销学上将促销分为广告、人员推销、营业推广、公共宣传四种方式，见表 10.2。很多公司在实施促销活动时会出现四种方式严重冲突的现象，促销效果大打折扣，严重时使公司出现生存危机。这就要求对四种促销方式进行有效组合。创业促销组合决策包括以下四个步骤。

表10.2　各种整合营销沟通工具

广告	人员推销	营业推广	公共宣传
优点 • 单位成本较低 • 一条信息能重复多次 • 顾客较认可其合法性 • 表现性与吸引力强 缺点 • 非人员、单向沟通 • 总成本高	优点 • 便于购买者偏好建立 • 允许发展多种人际关系 • 便于购买者倾听并反应 缺点 • 需持续努力 • 最昂贵的促销工具	优点 • 顾客吸引力强 • 直接刺激购买 • 快速提升短期销量 • 刺激顾客反应 缺点 • 短期效应 • 对建立长期品牌效果不太好	优点 • 可信度高 • 受众广泛 • 使公司或产品引人瞩目 缺点 • 执行难度大

步骤 1　明确促销目的。以可口可乐公司的 3A 策略为例，第一个 A，即 Availability，买得到，即要让产品随处可买，即渠道策略。第二个 A，即 Affordability，买得起，要让所有消费者买得起，即价格策略。第三个 A，即 Acceptability，乐得买，就是要让消费者愿意买，即促销策略，它表明促销的主要目的就是要让消费者愿意买。创业公司进行促销的目的就是让目标消费者愿意买或愿意试用，偏离了这个目标可能导致整个创业的失败。

步骤 2　强化促销沟通。促销的本质是一种沟通，为了提高沟通效果，首先，要明确说给谁听？不是大众，也不是政府，而是目标客户，创业初期应聚焦天使客户。其次，搞清楚说什么？一定要说客户痛点，不痛不痒的事不说，还要注意选择合适的媒体。

步骤 3　注意推拉结合。所谓推，就通过人员推销和中间商促销等方式来促进销售；所谓拉，就是通过广告、公关宣传和消费者促销等来吸引消费者购买。创业公司应根据自己的营销费用选择合适的推拉结合策略，见图 10.5。

步骤 4　选择合适的促销工具。促销工具从大类上分为广告、人员推销、营业推广和公共宣传，每一大类又包含许多具体小类，可以说五花八门，见表 10.3。创业公司要根据自己的营销预算和实际情况选择最有效的促销方式，这是突破创业初期生存困境的关键。若选择多种促销方式，一定要进行整合营销沟通，就是让各种促销形式协同作用，提供明确、一致和最有效的影响力，像交响乐，发出一个声音，展示一种形象。切勿自相矛盾，否则会浪费本来就有限的创业资源。

续表

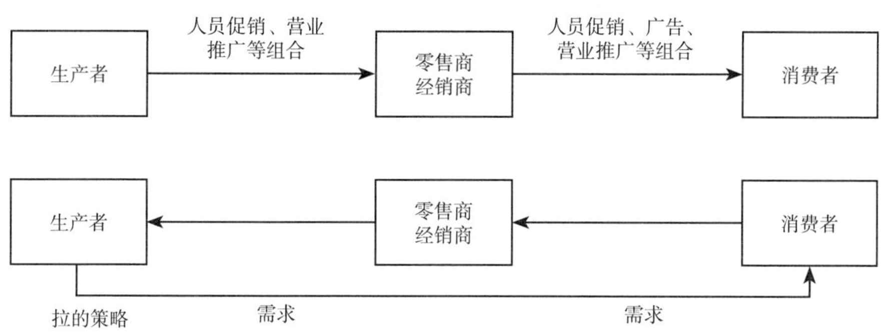

图10.5 “推”和“拉”的策略

表10.3 促销工具的具体形式

广告	人员推销	营业推广	公共宣传
报纸广告 / 杂志广告 广播广告 / 电视广告 电影广告 / 包装广告	推销介绍 推销会议 推销员示范	现场示范表演 有奖销售 / 折扣 广告制品	记者招待会 演讲 研讨会
产品目录 / 产品说明书 招贴 / 传单 广告册 / 广告牌 标语与标志 / 产品陈列 工商名录 / 陈列广告牌 视听材料 /POP 广告 网上广告 / 邮寄品	贸易展销 贸易洽谈 订货会 提供样品 推销刺激计划	优惠购物券 招待会 竞赛活动 / 摸彩票 赠送样品 商业信用 免费试用	年度报告会 各种庆典 慈善捐款 公益赞助 企业文化 企业形象

【本章小结】

最好的推销员是创业者自己，创业者亲自推销应掌握三个技巧：克服心理恐惧；优选客户；让卖点与痛点相得益彰。

面对竞争加剧的环境，创业者应对传统销售模式进行大刀阔斧的革新，打造创业型的销售队伍。创业型销售组织包括创造型、探索型、授权型、战略型、技术型、协作型六种类型。

创业型广告创意的策略可概括为“五个 YI”，即创忆、创议、创异、创艺、创益。

创业营销者应认清全媒体时代的两个特征：人人都是自媒体，处处都是媒体；信息过剩。媒体选择时应采取五个策略：塑造口碑为先；相信个体的力量；选择投资人关注的热媒体；选择免费媒体；媒体组合策略。

促销活动分为广告、人员推销、营业推广、公共宣传四种方式，很多公司在实施促销活动时会出现四种方式严重冲突的现象，促销效果大打折扣，严重时使公司出现生存危机。创业促销组合决策通过明确促销目的、强化促销沟通、推拉结合、选择合适的具体促销工具四个步骤来提高促销效果。

【关键术语】

创业型销售队伍（entrepreneurial sales force）

创业型销售组织（entrepreneurial sales organization）

创造型销售组织（creative sales organization）

授权型销售组织（empowered sales organization）

战略型销售组织（strategic sales organization）

战术型销售组织（tactical sales organization）

协作型销售组织（collaborative sales organization）

广告创意（advertising creativity）

媒体组合策略（media mix strategy）

自媒体（we media）

创业促销组合决策（portfolio decision of entrepreneurial promotion）

人员推销（personal selling）

营业推广（sales promotion）

公共宣传（public propaganda）

整合营销沟通（integrated marketing communication）

【思考题】

1. 简述创业型销售组织的六种类型。
2. 简述创业型广告创意的五种策略。
3. 简述创业促销组合决策的四个步骤。

【案例实训】

项目10　创业促销决策

1.实训目的

（1）认识广告对创业成败的影响；

（2）提高广告决策能力。

2.背景材料

案例10.2　爱多创业：成也广告，败也广告

“爱多VCD”由胡志标创立。20世纪90年代后期，“爱多VCD”红遍大江南北，是当时民营企业的光辉典范。爱多的发展曾创造了中国家电行业发展史上的一个奇迹，这个奇迹成也广告，败也广告。且爱多从无到有、从小到大、从辉煌走向破灭，仅用了4年左右的时间。

白手起家，靠广告发家

胡志标如千千万万的渔家孩子一样，迫于家庭生活重压，很小就出来“跑码头”。尽管没有上过几年学、读过几本书，但是却对家电有一种天生的嗜好，从小就以组装半导体为乐，梦想着要成为“中国的松下”。1986年，胡志标从民众镇求学到中山市一所职业中学学习电器专业，在那里他遇到了将要和他朝夕相处十多年，最终却反目的合作伙伴——陈天南。

毕业后胡志标回到民众镇租了一个小门面搞电器维修，而陈天南则留在东升镇一家小厂搞产品推销。胡志标向陈天南借2000元，与陈天南合办了一个小型变压器厂，后来工厂资金短缺，陈天南又拿出几万元投进了“艺通电器配件厂”。变压器很快生产出来了，胡志标和陈天南一人扛一袋到广州去卖，那时他们只有18岁，也不知道明天的生意会做大。几年后，羽翼渐丰的胡志标又改作游戏机、学习机。

不久，胡志标看到VCD的商机，当即筹集资金，赴香港，跑上海，招兵买马，1995年6月开发出VCD产品。有了自己的产品，胡志标和陈天南又共同投入80万元注册资金，成立中山市爱多电器公司，开始经营VCD，胡志标和陈天南各占45%的股份，益隆村占10%（干股）。胡志标任总经理，陈天南为法人代表。产品生产出来后，刚开始销路并不好，于是，胡志标选择了一条捷径——用高强度的密集广告轰炸市场，他将从银行贷的几百万元只留下一小部分买原材料，剩下的全部用来做广告。10月，“真心实意，爱多VCD”的广告便在当地电视台上像模像样地播出了；11月，胡志标把火力瞄准了广州，在《羊城晚报》上包了4天的1/2通栏，第一天，他登了两个字“爱多”，第二天、第三天还是这两个字，人们被这个奇怪的广告吊足了胃口，第四天，谜底出来了——“爱多VCD”。据说，这是国内第一条悬念广告。一年以后，爱多产销量就突破亿元；第二年接近15亿元；到了1998年，达到20亿元。企业的规模也由最初的几十人膨胀到4000人。

创标王辉煌

投放广告尝到甜头的胡志标把爱多定位在大营销公司，开始将巨额广告费用投进中央电视台，买下体育新闻前的5秒标版，这也是中央电视台的第一条VCD广告。通过广告轰炸，爱多迅速打开市场。6个月后，刚在广东市场站稳脚跟的胡志标就买了一张中国地图挂在墙上，他发誓要将爱多的红旗插遍全中国。由于资金极度缺乏，胡志标卖VCD走的是最

“霸道”的一步棋，就是要求所有经销商都“现款现货，款到发货”，这在别人看来几乎是不可能的事。然而胡志标和他的下属每到一地纠缠住人家谈理想，谈爱多的明天，谈VCD的广阔前景，让大家看中央电视台的爱多广告，再加上近乎暴利的批零差价，硬是让一家家比泥鳅还滑的经销商乖乖地拿出预付款来。胡志标在全国一圈跑下来，竟带回了2000万元的集资款。胡志标并不满足赚钱，他要创出品牌。1996年年底，再次在央视投放8200万元广告费用；同时花了几百万元请成龙出场拍摄“爱多VCD，好功夫”的广告片。与此同时，在全国掀起了降价风暴，从每台3700多元降到每台2000多元。

1997年是香港回归年，胡志标再次将价格降到1997元，迫使企业跟进，以此挤垮一些规模小、实力弱的竞争对手。到了次年春节前后，胡志标再次让那些还没有从“1997旋风”中缓过神来的同行瞠目结舌，他第二次实施“降价突袭”，将价格普遍下拉400～500元，这个被称为“阳光行动A计划”的降价狂潮再次震荡市场，迫使其他企业纷纷跟进，重掀价格战波澜，彻底击溃了业界的暴利防线，并借此“消灭”了一些规模小、实力弱的竞争对手……市场份额迅速上升，首度超过万利达而成为行业第二位，知名度跃居第一位。

没多久，爱多参加央视“标王”争霸。“新闻联播”后第一个5秒标版广告开价8000万元，每举牌一次上涨200万元。“1.08亿”第一个应价就把绝大多数的竞争对手抛在了圈外，是“步步高”的段永平。“1.82亿。”有人应了一声。“1.86亿。”段永平不假思索地挡了回去。会场开始躁热起来，连拍卖师也带头鼓掌，胡志标觉得是该出手的时候了。“1.98亿。”“2亿元。”段永平找到了真正的对手，场内有人偷笑道：“这回要看看‘真功夫’是不是敌得过‘好功夫’了。”“2.1亿。”连喊了3遍，无人应答，胡志标应声而起，夺得标王。他以1000万元的天价，聘请成龙和张艺谋两位顶尖巨星拍摄了一条新的爱多形象片：在空旷的郊野上，在滂沱的大雨中，成龙带着一群人向前奔跑，一个孩子突然跌倒了，所有人都为之停下，成龙将浑身泥浆的孩子扶起，一如既往地在雨中奔跑……“真英雄”的旋律在大雨中荡气回肠，“不经历风雨，怎么见彩虹，没有人能随随便便成功——我们一直在努力——爱多VCD”。2.1亿元实现了胡志标的“标王”梦。而“标王”也确实是一针“强心剂”，夺标后的一个月，爱多VCD的销量就翻了7倍。

爱多在不长的4年时间里，胡志标在爱多这个品牌里投进了将近3亿元的广告费，并一度使之成为中国家电业最成功的品牌，其知名度更高达90%。在爱多全盛时期，据称品牌的无形资产达到了8亿元，一种滞销多年的电话机在贴上了爱多的牌子后，竟在一年里卖出了20万台，一跃而成为电话机行业的老二，其标王的品牌光芒不能不说是璀璨！至此，胡志标和他的爱多到达了辉煌的顶峰。

“标王”末日

胡志标一心想使爱多成为真正的标王，但事实上并没有像胡志标预测的那样美好，投入2.1亿元的广告费，产出的是30亿元、60亿元的高额回报。这一年正逢整顿VCD市场的肉搏战，胡志标先是为争做行业老大，不惜血本与新科在市场拼搏，其结果并没有带来理想的市场回报与利润回报，以致造成相当一段时间顶着“标王”旗号的爱多却装不了多少台机子供应市场。最后爱多还是重演了上届标王“秦池”的梦魇。除了央视第一套节目黄金时段外，爱多广告还安排在其他时段，而其他时段的广告效果并不理想，加起来的效果并不值2.1亿元。各家媒体开始对爱多进行大曝光，爱多声誉大大受损，销售业绩也一落千丈。爱多成了黄金铺成的“标王陷阱”的又一个牺牲品。

急躁的胡志标并不甘心牺牲，开始“数字化生存”的梦想。他想把爱多组建成为一个集团公司，通信、音响、电视项目纷纷上马，准备走多元化发展之路。于是，一个庞大而激动人心的“阳光行动B计划”出笼了，胡志标的理想是把爱多做成“中国的松下”，在投入5亿元广告费之后，却忽略了几乎没有利润的企业如何发展，一味地陶醉于“做大”的快乐。爱多不仅欠供货商、销售商的账，还欠广告费，运转吃紧，于是开始大量减员，从高峰期的4000多人减至几百人，一批中高层管理者也相继离去。爱多的元气受到致命性损伤。

1999年1月，全国各地的爱多经销大户和各传媒的知名经济记者都接到了一份来自广东中山的喜帖。那是一场轰动的婚礼：胡志标和他的秘书结婚。

两个月后，爱多危机总爆发。当年出资2000万元同占爱多45%股份（另外10%股份为爱多工厂所在地的东升镇益隆村所有）的儿时玩伴陈天南与胡志标彻底决裂，艰苦谈判20天，胡志标被迫让出董事长和总经理的位子。

更令人伤心的是，一向以传媒策划自豪的胡志标突然发现，爱多以数亿元血汗钱堆起来的“品牌丰碑”居然是用沙子做的，让人一脚就能踹塌了。那些原本被捂在抽屉里的官司也纷纷浮出水面，一些讨债企业所在的地方法院纷纷赶来中山东升镇强制执行，胡志标入狱，爱多的办公楼一度被查封。至此，曾经轰动一时的民营企业家胡志标与他的“标王”爱多时代终于落下了帷幕。

东山再起

2006年1月，胡志标开始酝酿东山再起。经过市场调查，曾在中山发家的胡志标，看中了当地的灯饰行业，准备做节能灯。因为节能灯行业仍处于群雄混战的局面，有点类似20世纪90年代的中国家电业。行业内真正的大品牌并不多，却有上千厂家，创立品牌的空间比较大。于是，胡志标“做大企业”的梦想在节能灯行业重新点燃。他的旧部、朋友迅速凑了1500万元的“开张费”，共计股东10人，胡志标以“顾问”身份负责操盘。2006年7月，新公司成立，并借助当时热播的电影《夜宴》宣传而将公司的名称定为“彩宴”。随后，“新生儿”彩宴拉开了轮番的广告宣传攻势。伴随广告轰炸的是“人海战术”，彩宴一下子就发展了100多家专卖店，并号称一年内开到200家。人们似乎又看见了往日爱多“大投入＋大产出”的模式。不过，在逐步回归理性的市场，这一招并没有在短期内奏效。2007年春节前夕，彩宴资金链紧张，胡志标的“顾问”头衔被终止。之后半年，彩宴的股东“散伙”。2007年9月前后，胡志标加盟广州一家液晶电视驱动电路板的生产企业，被媒体报道后不久债权人纷至，胡志标又离开。

三度创业

沉寂几个月后，胡志标再次将目光投向家电行业。2008年4月，胡志标三度创业，成立了广州乐潮家电公司，一改前两次高调张扬的作风，行事谨慎低调，几乎从来没在媒体上做过任何宣传。公司主营专业 B2C 网站——“我耶”电器商城网。虽然不再高调宣传，但胡志标从来不吝为“我耶”发展吆喝呐喊，甚至不惜重提伤心往事。但时移世易，胡志标最终从公众的视线中消失，如今在一个企业做管理顾问咨询的工作。

（资料来源：作者整理）

3.实训任务

（1）你认为爱多广告成功吗？为什么？

（2）如何改进爱多的创业促销决策？

（3）试从媒体选择角度，为胡志标第三次创业提出建议。

4.实训步骤

（1）个人阅读

督促学生针对“实训任务”进行阅读，并在课前完成。针对中国学生的特点，课堂上老师或学生还需再花费 10 ～ 20 分钟对案例学习要点及相关背景进行简单的陈述。

（2）小组讨论与报告（20 ～ 30 分钟）

主要在课堂进行，围绕“实训任务”展开讨论，同时鼓励学生提出新的有价值的问题。要求每个小组将讨论要点或关键词按小组抄写在黑板上的指定位置并进行简要报告，便于课堂互动。小组所报告的内容尽可能是小组所达成共识的内容。

小组讨论与报告

小组名称或编号：________ 组长：________ 报告人：________ 记录人：________

小组成员：____

①小组讨论记录：

发言人1：____

发言人2：____

发言人3：____

发言人4：____

发言人5：____

发言人6：______________________________

发言人7：______________________________

发言人8：______________________________

②小组报告的要点或关键词（小组所达成共识的内容）：
任务1：______________________________
任务2：______________________________
任务3：______________________________

（3）师生互动（30 ～ 40 分钟）

主要在课堂进行，老师针对学生的报告与问题进行互动，同时带领学生对关键知识点进行回顾。并追问学生还有哪些问题或困惑，激发学生学习兴趣，使学生自觉地在课后进一步查询相关资料并进行系统的回顾与总结。

（4）课后作业

根据课堂讨论，老师要求每位学生进一步回顾本节所学内容，形成正式的实训报告。建议实训报告以个人课后作业的形式进行，其目的是帮助学生在课堂学习的基础上，进一步巩固核心知识，联系自身实际思考并解决问题，最终形成一个有效或学生自认为最佳的解决方案或行动计划。要求学生在制订方案时应坚持主见，学以致用。实训报告的提纲如下：

实训报告

请分析爱多广告的成败：
成功之处：______________________________
____
____
失败之处：______________________________
____
____
爱多创业促销决策的改进措施：______________________________
____
____
____

从媒体选择角度，为胡志标第三次创业提出建议：____
____
____
____
____

（5）实训成果的考核：根据学生课堂表现和实训报告质量，评定实训成绩

【微课观看】

微课 10：如何进行创业促销组合决策？

模块4
可持续创业营销

可持续创业营销是实现创业价值的保障。本模块分为两章：

第11章　创业营销道德

重复博弈实验表明：最大的赢家是那些从一开始就为他人着想的人。

——信誉楼百货集团核心价值观

【学习目标】

1. 了解评价创业营销道德的理论；
2. 认识创业营销道德失范的表现及影响；
3. 提高开明营销和管理灰色营销的能力。

【引例】

这两种公司行为符合创业营销道德吗

2016 年 3 月 15 日，央视“3·15”晚会曝光了淘宝、大众点评等网购刷单内幕。央视“3·15”记者在淘宝上开了一个卖面膜的店铺，只要支付给“刷客”千元佣金，便可在 3 天内马上升级为蓝钻，拥有 200 多条好评。即使店内没有一件真实商品，也可通过网上的“代发空包”服务，将一件件并不真实存在的包裹签收。

2016 年 7 月，在北京举行的国际设计体验大会上，听众对百度用户体验总监刘某在演讲中的粗制滥造，广告连篇不满意，被大喊“你太 low 了，下去吧”。此番尴尬后，刘某演讲 PPT 中的“产品”负责人发朋友圈表示“让我们一天之内获得 100 万的关注，知道我们最近直播就帮我们炒作，岂不知电影上映前都自己炒作绯闻博眼球”，刘某本人事后也发文“今天终于火了”。

（资料来源：作者整理）

思考：

1. 你觉得“刷客”和刘某的行为违反了创业营销道德吗？
2. 你认为怎么根治这些不道德或违法营销行为？

许多成功创业者相信道德高尚和正直是获得长期成功的重要条件。1983 年，美国学者杰弗里·蒂蒙斯和史蒂文森对参加哈佛商学院活动的 148 位企业总裁或创始人进行调查，这些人所经营公司的销售额从 500 万美元到 2 亿美元不等，平均 4000 万美元。这些创业者也都很有经验，平均年龄 45 岁，调查结果显示：72% 的总裁认为高尚的道德是长期成功的唯一最重要的因素。但在现实中，人们对创业营销道德的评价标准不同，创业营销道德失范问题普遍，且不少企业采取灰色营销策略，因此，解决创业营销道德问题充满挑战。

11.1　评价创业营销道德的理论

营销道德是调整企业与所有利益相关者之间关系的行为规范的总和，是客观经济规律及法制以外制约企业行为的另一要素。

判断某一创业营销行为是否合乎道德，在很多情况下并不像人们想象的那么容易。有些违背营销道德的行为，诸如虚假广告、合谋定价、贩卖假酒、假药等普遍为社会所痛恨，其不道德性一目了然。然而对某些营销行为，如儿童广告、以顾客身份从竞争对手处获得营销情报、对购货大户实行价格优惠等是否合乎道德，并不容易弄清，人们的判断往往也不一致。

道德学家们提出功利论与道义论两大理论。功利论主要以行为后果来判断行为的道德合理性，如果某一行为能给大多数人带来幸福，则该行为就是道德的，否则就是不道德的。道义论则从直觉和经验中归纳出人们应当共同遵守的道德责任或义务，以这些义务的履行与否作为判断行为是否合理的标准。在市场营销实践中，企业有时根据功利论，有时则根据道义论对自身行为做出道德判断。下面介绍三种道德理论：

（1）显要义务理论

显要义务是指在一定时间、一定环境中人们自认为合适的行为。通常有六条基本的显要义务，即诚实、感恩、公正、行善、自我完善、不作恶。该理论认为在大多数场合神志正常的人往往不需推敲便明白自己应当做什么，并把它们看作一种道德义务。

（2）相称理论

相称理论认为，判断一项行为或一项决定是否道德，应从目的、手段和后果三个方面加以综合考察，通常遵循这样几条原则：

①如果所用的手段和意欲达到的目的均未产生副作用则无可挑剔，否则，行为就是不道德的。

②无论是作为手段还是作为目的，旨在对他人造成“大恶”是不道德的。

③允许或放任一种“大恶”，或给他人造成重大损害，且提不出相称理由，这是不道德的。

④希望、允许或放任一种对他人的“小恶”或小害发生，且提不出与之相称的理由也是不道德的。

（3）社会公正理论

社会公正理论试图从一种被称为“起始位置”的状态出发，来构建一个理想的社会公正系统。起始位置是指社会中的每个人并不知道自己将来在社会上居于哪一个层次，处于什么样的地位，只有这样才会对权利和义务做出合理的安排。该理论通常遵循自由原则和差异原则。自由原则是指在保持社会和谐、稳定的条件下，最大限度地使人们行使同样平等的权利，尽可能让每一位成员享受更多的自由。差异原则是对自由原则的一种修正和补充，要求任何社会的制度安排一方面普遍适合社会的每一个成员；另一方面要使社会底层的人们获得最大利益，不应出现强者剥夺弱者而使弱者更弱的状况。表 11.1 对三种道德理论进行了比较。

表11.1　三种营销道德理论的比较

理论	优点	缺点
显要义务理论	鼓励创业营销人员如实履行凭借直觉意识所应承担的责任和义务，并强调这些责任和义务贯穿创业营销活动的全过程，避免只问结果不问过程的片面性	将创业营销中的道德责任和义务完全归结为正常人的直觉和意识的反映，难免带有主观色彩
相称理论	综合的考察方式为创业营销行为道德合理性的判断提供了思考框架；要求创业营销人员不要从事会给他人造成利益损害又提不出正当理由的创业营销活动；提出了“大恶”“小恶”，提醒创业营销人员将道德建设的重点放在可能对顾客造成严重不道德行为的活动领域	带有主观臆断的含混不清的色彩
社会公正理论	公正原则强调了人的权利与责任，任何消费者都有权选择安全、可靠的产品和服务，企业的创业营销活动应尊重和维护这些权利。差异原则要求树立道德公正的创业营销观念，重视处于弱势地位消费者的需求	两条原则有时会相互矛盾，不能完全解决创业营销活动中的道德冲突

11.2　创业营销活动中的道德失范问题

在多数情况下，创业营销活动中的道德失范问题可根据显要义务理论进行判断，但有时情况复杂，需根据相称理论或社会公正理论才能判断清楚。

（1）创业营销调研中的失范问题

创业营销调研中的失范问题主要表现在：在进行创业营销调研时，不能为客户保守业务秘密；调研工作不可靠，如问卷设计不认真，访问次数偷工减料，调研人员未经严格培训，收集的资料不真实；不尊重受访者的尊严和隐私权，泄露受访者身份；未经许可，随意公布受访者提供的资料。对委托调研一方来说，不能公正全面地发表调研成果，断章取义等。

（2）产品策略中的失范问题

产品策略中存在许多道德问题，首先，存心欺骗消费者，将假冒伪劣商品充当优质商品出售给消费者；其次，操纵消费者的需要，过分刺激消费者的欲望，并刺激社会成本的增加；再次，产品的包装及标签提供虚假商品信息；最后，产品在生产或使用过程中给员工带来身心的伤害，给社会造成环境污染和危及居民的正常生活。这些行为若过于严重，会超越道德范畴，从而构成犯罪。案例 11.1 介绍了权健公司“火疗”的营销骗局。

案例11.1　权健“火疗”的营销骗局

权健集团是一家凭借天价保健鞋垫和负离子卫生巾起家的公司，拥有 7000 多家加盟火疗店，用 14 年时间在中国构建起一个年销售额接近 200 亿元的保健帝国。其创始人甚至放言，要在 5 年内让权健的营业额达到 5000 亿元。根据该公司官网介绍，2005 年，以中医熏蒸、热敷、火烧为基础的权健火疗问世，集团一期产业园正式落成并投入；2006 年，权健创新传统骨疗，研发出了新型骨疗产品——骨正基；2007 年，权健负离子磁卫生巾、护垫问世。多年来，权健对外宣称，公司创始人从民间搜集了 600 多个中医秘方并进行现代化生产，包括耗资 8000 万元的治疗肿瘤秘方。

《科技日报》援引从事中医研究治疗 50 多年的知名中医杨晓东的说法称，权健宣传的这种“火疗”属于“无稽之谈”“中医的火疗不是谁都能操作的，与中医其他疗法一样，操作者首先必须是经验丰富的医师。其次，具体疗法需要结合具体症状进行中草药的配置，且操作难度极大。最为关键的，世界上绝不可能有一种疗法能够包治百病，火疗也不例外。”杨晓东表示，这种疗法无异于玩火自焚：“无论从中医还是西医角度来看，人体绝大多数部位是无论如何不能遭遇高温的，更何况是直接用火烧。比如眼睛，高温灼烧后会立即导致角膜坏死而失明，面部的危险三角区，高温会使这里的神经坏死。”

2019 年，针对权健公司在营销活动中涉嫌传销犯罪和涉嫌虚假广告犯罪，公安机关已依法对其立案侦查。在媒体报道和司法判决书里，各地大约 20 起烧伤严重的权健火疗事故的共同点是：严重烧伤、高昂的治疗费、可怕的后遗症。经销商通常要为这些事故负责，而权健公司却全身而退。

（资料来源：作者整理）

（3）价格策略中的道德问题

价格策略中的道德问题主要有三种情况。一是欺诈性定价，如故意抬高标价，然后声称酬宾大减价或对无货的商品故意定低价，以造成廉价的错觉，行高价之实；或低价引进，然后漫天要价。

二是掠夺性定价，即把产品的销售价格定得远远高于生产成本，如服装、药品和保健品、化妆品等常常是销售价格高于生产成本好几倍。

三是垄断性定价，有些同类产品的生产商或销售商为了阻止产品价格的下降而实行价格共谋，要求此类产品必须按协议高价销售。以上这些都严重地损害了消费者的利益，扰乱了正常的市场经济秩序。

（4）分销策略中的道德问题

分销策略中的道德问题主要表现为生产商与经销商不履行双方签订的合同，或生产商不按时供货、不如数供货给经销商，或经销商不按期付款给生产商，或生产商与经销商相互推诿产品售后服务的责任等。另外，还存在零售商为了自身利益不顾合约的规定，销售其他企业的产品，或生产者利用自己的垄断地位，损害中间商的利益等不道德问题。

（5）促销策略中的道德问题

促销策略中的道德问题突出表现在产品、价格、渠道和促销策略的运用中。

产品包装“金玉其外，败絮其中”，包装上的产品宣传言过其实或言不符实，或过度包装，加大成本，造成资源浪费。

播放欺骗性广告推销产品，使消费者做出错误的购买决策；或播放攻击竞争者的广告；或制作夸大其词或隐瞒缺陷的广告；或是采用含糊其辞、模棱两可的广告或欺诈性承诺。案例 11.2 描述了百度医疗广告的道德失范问题。

在人员推销中诱惑消费者购买不需要的产品或不想买的产品，或推销伪劣产品和滞销产品，或在交易中贿赂送礼等。

在促销中也有诸多不道德问题。有的商家有意安排“托儿”，制造产品“紧俏”的假象，诱使不明真相的消费者上当或搞有奖销售，如“买一赠一”而非同一商品；或炒作概念，利用人们对新科技产品的依赖和追求心理，故意将开发的新产品冠上科技新概念的头衔。例如，无法证实其功效的节能型、抗菌型、绿色环保型的冰箱、空调，以及延寿型的营养品、化妆品和药品，纳米水、纳米衣等。

案例11.2　百度医疗广告的道德失范

“那些对疾病侃侃而谈的客服，可能没有任何医学知识。他们的目标很明确：忽悠搜索者到医院就诊并想方设法掏他们兜里的钱。”新华社曾曝光了卷土重来的百度医疗竞价广告，公然将正规名牌医院名称售卖给他人，为“高仿”冒牌医院“揽客”；或者表面在计算机端下架了医疗广告，转眼却在移动端 App 中将广告置顶，以精准算法推送。

几年前，大学生魏则西的遭遇揭露了医疗信息“竞价排名”的内幕：在搜索引擎上排名靠前的医疗信息，靠的不是医疗技术和患者口碑，而是花钱多少。经有关部门查处，百度随即承诺，“撤除疾病搜索置顶推广”。仅两年，承诺下线的医疗置顶广告公然回归。

针对百度搜索中存在的医疗广告竞价排名、搜索名称与出现内容不符、网页移动版搜索结果不一致等问题，新华社记者以普通用户身份向百度公布的客服邮箱去函进行问询。截至 2018 年 5 月 9 日 18 时，未收到任何回应。据百度官方公布的客服称，就搜索引擎中发现的各种问题，用户只能通过网络渠道进行反映并等待回复，没有人工投诉和反映的方式。

（资料来源：新华社揭露百度医疗广告卷土重来：想方设法忽悠患者 [Z]. 搜狐网，2018-05-11.）

（6）市场竞争中的道德失范问题

首先，以不道德的方式获得竞争对手的知识产权和商业秘密。例如，近年来出现了多起商标抢注案例，有的抢注并非为了生产、销售产品，而是为了投机、获利。有的企业以合作、洽谈、考察为幌子，乘机获取对手的商业秘密；有的在对手企业安插“侦察员”；有的贿赂、收买对方工作人员；有的使用“商业间谍”；有的利用高新技术窃取对手商业秘密，等等。其次，利用“权力营销”，不仅污染社会风气，为各种腐败现象提供了温床，而且给正当经营造成了冲击。最后，开展恶性竞争。例如，开展价格大战或有奖销售战；相互攻击、诽谤，制造谣言，诋毁竞争对手企业形象和产品形象。案例 11.3 描述了腾讯与 360 竞争中的道德失范问题。

案例11.3　腾讯与360之争

腾讯 QQ 和奇虎 360 是目前国内两大客户端软件。腾讯以 QQ 为基础，向各领域发展。拥有强大的市场占有率，强大的客户群体。奇虎 360 以安全闻名，其 360 安全卫士采取永久免费的策略，使其在很短的时间内占有了绝大多数安全市场份额。

2010 年 5 月 31 日，腾讯悄然将 QQ 医生升级至 4.0 版并更名为“QQ 电脑管家”，涵盖了云查杀木马、系统漏洞修补、安全防护、系统维护和软件管理等功能，而这也是目前 360 安全卫士的主流功能。而凭借 QQ 庞大的用户基础，QQ 电脑管家将直接威胁 360 在安全领域的生存地位。

9 月 27 日，360 发布直接针对 QQ 的“隐私保护器”工具，宣称其能实时监测曝光 QQ 的行为，并提示用户“某聊天软件”在未经用户许可的情况下偷窥用户个人隐私文件和数据，引起了网民对于 QQ 客户端的担忧和恐慌。

2010 年 11 月 3 日晚，腾讯发布公告，在装有 360 软件的计算机上停止运行 QQ 软件。360 随即推出了“WebQQ”的客户端，但腾讯随即关闭 WebQQ 服务，使客户端失效，事件仍在紧张发展。

2010 年 11 月 10 日下午，在工信部等三部委的积极干预下，腾讯与 360 已经兼容。2011 年 4 月 26 日，法院对“腾讯起诉 360 隐私保护器不正当竞争案”做出判决，奇虎被判停止发行 360 隐私保护器，赔偿腾讯 40 万元。2012 年 4 月，腾讯 360 之争再升级，双方闹上法庭，互相诉讼索赔过亿元，案件于 2012 年 4 月 18 日一审开庭，但因“案情复杂”，未进行当庭判决。

（资料来源：作者整理）

11.3 创业营销道德失范的影响

（1）对消费者利益造成损害

一些营销活动通过高价、欺骗行为、高压销售、次品、有害品或不安全品、故意过期以及对弱势消费者的低质服务而伤害消费者，见图 11.1。

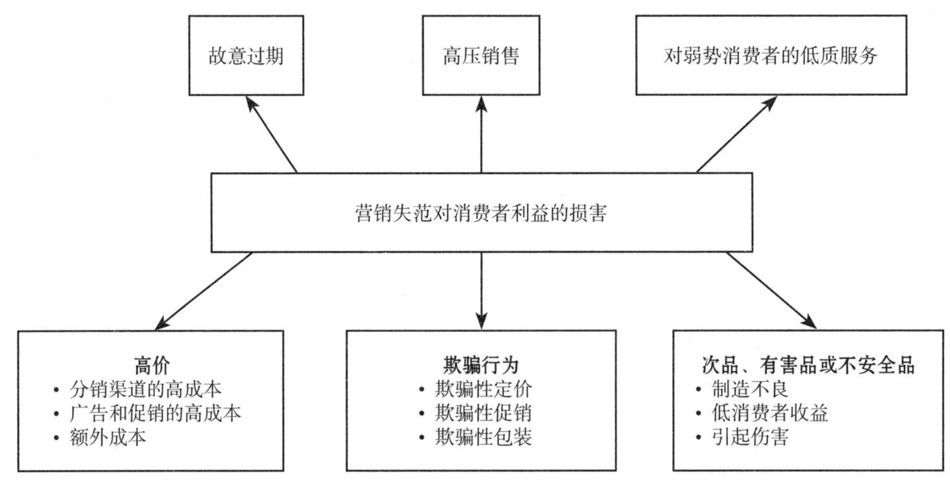

图11.1 营销失范对个体消费者的影响

（2）对社会造成的不良影响

一些营销活动会给社会带来种种“罪恶”，对形成不良社会风气推波助澜，见图 11.2。

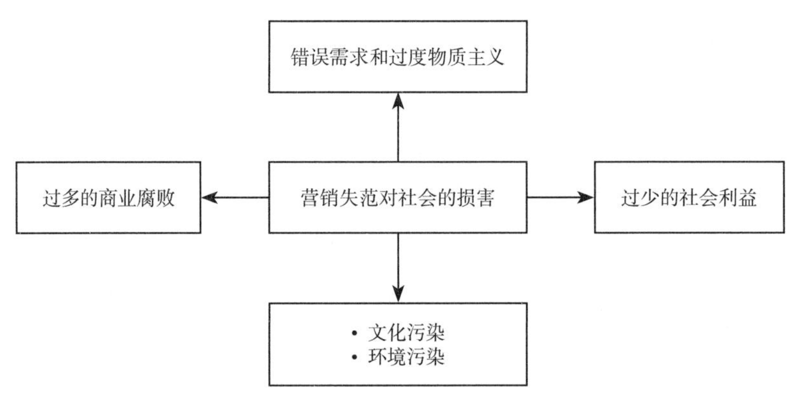

图11.2 营销失范对社会的影响

（3）对企业自身及其他企业的不利影响

对企业自身来讲，不道德的营销手段可能在短期内带来不正当的利益，但从长远来看必定有损企业形象，影响企业的信誉度、美誉度。对其他企业来讲，不道德的营销可能引发企业之间的恶意并购、进入障碍及不公平竞争的行为。

11.4　开明营销

伟大的创业者应采取开明营销的方式。开明营销是坚守营销道德底线的行为，它支持企业营销体系的最佳长期绩效，它包含五项原则：顾客导向营销、顾客价值营销、创新营销、使命感营销和社会营销，见图 11.3。

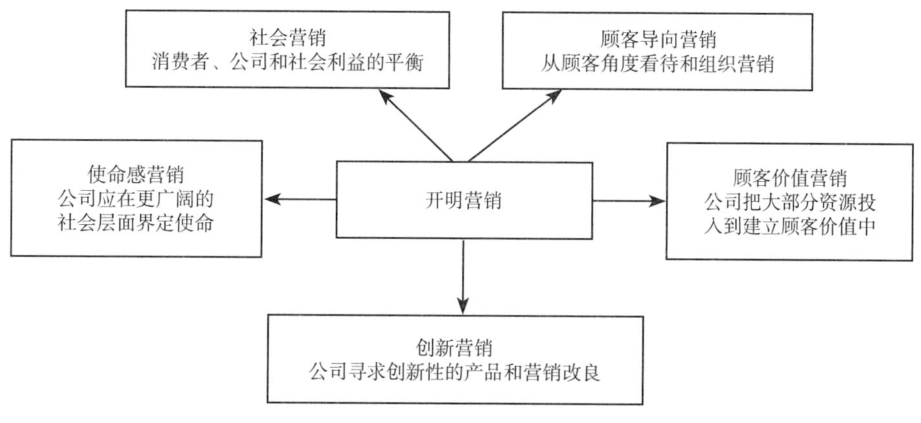

图11.3　开明营销的五项原则

开明营销是可持续营销的基础。从长远来看，营销道德失范会伤害消费者和整个社会的利益，最终毁坏企业的声誉、效率甚至危及企业生存。因此，只有实施开明营销，才能维持长期顾客关系，实现企业长期发展。

开明营销者会面临许多营销道德困境，需制定分销、广告、客服、定价、产品开发等方面的详细准则，才能真正坚持开明营销的原则。但再细的准则也不能解决所有营销道德难题，表 11.2 所示为营销活动中的一些实际道德困境，如果创业营销者采取短期促销行动，会被视为道德失范。但若不采取行动，会面临更大的销售业绩压力。开明营销者要学会坚持底线原则，获取个人、企业和社会的长期利益最大化。

表11.2　创业营销活动中的一些实际道德困境

（1）某个重要区域的最佳经销商最近遇到一些家庭问题，导致销售额下滑，并且看起来他需要很长时间去解决这些问题，而在此期间你将会损失很多销售额，在法律上你可以选择终止该经销商的代理权并找人取代他，你会怎么做呢
（2）你在考虑雇用一名刚从竞争对手公司离职的产品经理，她很乐意告诉你竞争对手下一年的所有计划，你会怎么做呢
（3）你在一家烟草公司工作，过去很多年的公共政策使你心中坚定不移地认为吸烟与癌症有密切的关系，尽管你的公司目前正在进行一项“如果你不抽烟，就别去碰它”的活动，你还是认为其他公司的宣传活动或许会使不吸烟的年轻人染上烟瘾，你会做些什么呢
（4）你正在面试一位颇有能力的申请销售员工作的女性，她比你刚刚面试过的那位男性更有资格获得这份工作，然而你的客户更喜欢同男性打交道，如果雇用她的话，可能会失去一些生意，你会怎么做呢

续表

(5）你听说竞争者的产品具有让销量大增的新特色，他会在一个秘密的经销商会议上展示这一特色，你可以很容易派出一名探子参加这次会议以了解这一特色，你会怎么做
(6）你需要在你的代理商描述的三种广告活动中选择一种：①说服式推销，完全真实的信息广告；②带有情感诉求并夸大了产品的好处；③包含一则有些令人愤怒的但是肯定能吸引观众注意力的商业片。预计活动的有效性顺序为③、②、①，你会怎么做呢 (7）2014 年杜国楹创立小罐茶品牌，2018 年零售额为 20 亿元。小罐茶 4 克一罐，10 罐一盒，金罐每盒价格 500 元，折合 6250 元 / 斤；黑罐每盒的价格为 1500 元，折合高达 18750 元 / 斤。小罐茶之所以卖这么贵，是号称每罐茶都是由中国八大名茶的 8 位泰斗级制茶大师制作并通过广告加以宣传，有人认为这是夸大宣传，你觉得杜国楹该怎么办

11.5 灰色营销

(1）灰色营销的概念及形式

灰色营销介于失范营销和开明营销之间，它是指营销人员通过向采购人员提供回扣或其他有形、无形的好处而销售产品的一种营销方法。说它是“灰色的”，是因为它介于合法与不合法、道德与不道德之间，很难界定；或者即使能够明确界定，相关的法律也难以执行。

灰色营销的典型形式是回扣。所谓回扣，就是在买卖双方交易时，买方按照卖方的出价支付货款，然后卖方再从得到的货款中拿出一定比例返还买方的交易行为。从具体操作上讲，又分为几种不同方式：买者先付款，卖者后给回扣；卖者先给回扣，买者后付款；付款时，买者直接从应交货款中扣下；付款和回扣同时。

灰色营销也会以其他非典型形式出现。比如请吃、请喝、请玩，送昂贵的礼品，或提供其他不直接以金钱表示的好处，如提供子女上学的费用等。灰色市场营销不管以什么形式出现，其效果是相同的：对于卖方来说，意味着商品价格的扣除；对于买方来说，意味着购买成本的节约或额外利益的获得。

(2）灰色营销产生的原因

采购代理制 如果每一个人都是自己花自己的钱，买自己需要的东西，那么灰色营销就不可能出现。采购代理制使采购代理人有了利用采购代理权为自己谋利的可能性。

商品供过于求 供大于求，是灰色营销产生的市场因素。随着市场经济的发展，我国商品市场已由过去计划经济体制下商品短缺的卖方市场，逐渐转变为今天市场经济条件下商品品种、数量繁多的买方市场。在这种供大于求的状态下，如果市场经济法治建设不健全，商家缺少商业道德，灰色营销易于出现。

传统文化的负面影响 灰色营销在我国有很深的文化基础，人们注重礼尚往来，讲求人情法则，“关系”这个因素在交往中被看得很重，人们在办事的时候会想方设法找关系。似乎办事不找关系心里就不踏实。这使关系营销在我国往往被灰色营销所“异化”。

企业短视　随着企业竞争的不断加剧，企业为了实现当期利益最大化，在营销手段上通常采取灰色营销的方法，这已经成为不少行业的“潜规则”。目前在我国的医药、建筑等行业这种“潜规则”更为盛行。企业采用灰色营销，从短期来看，对于企业的销售业绩确实能够起到明显的促进作用。但从长期来看，由于“踮脚尖效应”的存在，行业内的企业必将纷纷效仿，造成生产和营销成本的提高，导致产品质量下降，最终造成整个行业的萎缩。

交易双方内部组织因素　买卖双方内部组织因素也是影响灰色营销的一个重要因素，对于买方来说，如果企业内部没有一个完善的组织采购制度、严格的奖罚制度以及强有力的执行机制和监督机制，其采购代理人倾向于接受灰色利益。对于卖方来说，那些比较注重自己声誉、制定了正式的行为道德守则的企业，会较少地鼓励其推销人员使用灰色营销手段。这类企业往往内部都有严格的订货与出货程序，比如会计制度与票据管理制度，这样就难于进行灰色营销。反之，对于那些不太重视自己声誉的企业，其推销人员发生灰色营销的可能性更大些。

（3）国外治理灰色营销的方法

日本　对交易行为制定严格的标准。日本在打击灰色营销行为方面，连微小事件也不放过。凡是能够满足人的需要或者欲望的一切利益都可算作贿赂，包括提供性服务以及高规格的宴请和接待等。利用手中掌握的权限，在经济活动中要求他人给予金钱、物品或者提供其他好处的，以及接受或者约定接受利益和好处的都属于受贿行为，必须承担刑事责任。

德国　对交易行为制定明确的标准。以德国的医药行业为例，为了避免医药公司向医生行贿，德国医学科学专业协会、联邦药物生产商协会、联邦医院药房联合会、德国大学联合会等 12 个相关协会在 2001 年制定了《企业同医疗机构合作的刑事评估要点》，其中部分内容专门对宴请和送礼作了规定。医药企业员工以私人名义宴请医生是不允许的，但是可以在举办某种活动或者举行工作餐时邀请医生参加。每次邀请都应记录备案。另外，医生收受小额礼品也是合法的，但是超过一定金额被视作受贿行为。医生一旦被发现收受贿赂，就会被医院开除。

美国　三个机制遏制灰色营销。一是反垄断机制。垄断行为是市场不公平竞争的最大体现。为了从垄断者手中获得产品和服务或者向垄断者出售产品和服务，不正当的幕后交易由此产生，从而很容易导致灰色营销行为的发生。二是舆论监督机制。在公开和严格的舆论监督下，任何形式的贿赂都成为丑闻被公布于世，使行贿和受赌者及公司本身遭到媒体曝光、道德谴责和法律制裁。三是法律机制。严格的反腐败立法和执法是预防灰色营销最重要的手段。

韩国　全民抵制灰色营销。2005 年 3 月，由韩国政府、政界和经济界共同签署了《透明社会协约》，其目标是建立没有腐败的先进型透明社会。该协约规定了公共部门、政界、经济界和公民社会建立透明、廉洁机制的办法。公共部门的任务是国家清廉委员会、监察院、检察所（院）、公职人员道德委员会的分工协作，建立防止腐败、信息公开、公众监督和纳税人诉讼等机制，加强票务管理，实行公营企业透明经营，加强对公职人员的道德教育等。政界的任务是清除非法政治资金，防止金元选举。经济界的任务是实行道德经营、透明经营，绘制“反腐败地图”以切断商业贿赂的关系网。加强会计制度的透明度，建立企业内部举报制度。公民社会的任务是协助建立与反腐败有关的居民传唤制、居民投票制、纳税人诉讼制等机制，制定《透明社会实践市民参与宪章》，参与反腐败社会行动等。

【本章小结】

判断某一创业营销行为是否合乎道德，在很多情况下并不像人们想象的那么容易。可根据三种道德理论（显要义务理论、相称理论和社会公正理论）来判断。

道德失范问题在诸多创业营销活动（如调研、产品策略、价格策略、分销策略、促销策略、市场竞争）中普遍存在，对消费者、社会、企业自身及其他企业均造成不利影响。

开明营销是可持续营销的基础。伟大的创业者会采取开明营销的方式，坚持顾客导向营销、顾客价值营销、创新营销、使命感营销和社会营销五项原则。开明营销者会面临许多营销道德困境，需制定分销、广告、客服、定价、产品开发等方面的详细准则，才能真正坚持开明营销的原则。但再细的准则也不能解决所有营销道德难题。

灰色营销介于失范营销和开明营销、合法与不合法、道德与不道德之间，很难界定；即使能够明确界定，相关的法律也难以执行。其产生的原因是多方面的，包括采购代理制、商品供过于求、传统文化的负面影响、企业短视、交易双方内部组织因素，需要政府和企业联手进行综合治理。

【关键术语】

营销道德（marketing ethics）
道德失范（moral anomie）
欺诈性定价（fraudulent pricing）
掠夺性定价（predatory pricing）
垄断性定价（monopoly pricing）
高压销售（high-pressure sales）
开明营销（enlightened marketing）
道德困境（moral dilemma）
顾客导向营销（customer-oriented marketing）
顾客价值营销（customer-value marketing）
创新营销（innovative marketing）
使命感营销（sense-of-mission marketing）
社会营销（societal marketing）
灰色营销（gray marketing）

采购代理制（procurement agency system）

【思考题】

1. 简述三种道德理论。
2. 简述开明营销的五项原则。
3. 简述灰色营销产生的原因。

【案例实训】

项目11　应对灰色营销困境

1.实训目的

（1）理解灰色营销的危害及根源；
（2）训练学生在复杂的环境下寻找规避灰色营销的有效方法；
（3）强化开明营销准则的理解。

2.背景材料

案例11.4　临床药的灰色营销：一位医药公司营销总监的自白

上午 9 点，王先生像上班一样，出现在杭州某医院门诊部门口。下午 5 点，“下班”了，王先生离开医院，回家。这样的“作息时间”已经执行了半个月。

王先生从事医药营销已经有 10 年之久，从医药代表一直做到营销总监。2010 年，王先生的公司与一家制药公司签订了代理协议，在浙江地区推广该款产品。在医院门诊部“上班”，王先生的目的是让公司的药品摆上医院的药房架子，并且出现在医生的处方里。

“从制药企业，到代理公司，再到商业公司；从医药代表，到医院领导，再到临床医生，每一个环节都有着极其迫切的利益冲动，而我就是那个串起这条链的人。”王先生说，他的任务是“搞定”杭州的三家医院。

（1）医院“公关术”

在医院“盘踞”了半个月之后，王先生和一些医生混了个脸熟。“要先找到愿意和自己说话的医生，要从医生的口中套取有用的信息，比如这家医院谁说话算数。”王先生告诉《浙商》记者，他后来找到了该医院的药剂科主任李某，因为要将所代理产品打入该医院，医院药库是进药和发药的渠道，作为主任的李某至关重要。他负责医院药品采购，把好药品价格关、质量关，保证临床及时、足量、足库用药。

王先生直接来到李某的办公室，他将产品说明书给了李某。李某看了说明书未置可否。王先生见状起身告辞，顺手将一个信封放在李某的办公桌上，信封里是 1000 元现金。

过了一段时间，王先生打电话请李某吃饭。李某如约而至，与他一起来的还有李某的妻子以及医院的妇科主任。吃饭时，王先生向李某透露了产品回扣比例等信息。“一定要让他印象深刻。”

过了几天，王先生打电话给李某，李某说：“你把药拿过来好了。”

当然，仅搞定李某还远远不够，因为如果临床医生不用他的药或少用他的药，他就会前功尽弃。王先生的策略是，找李某与科室负责人联系上，将整个科室医生的回扣集中交给他，由他分给每个医生。临床医生每用一支他的产品，付不等的回扣。王先生说，自己共付给这家医院外科回扣 23000 元，妇产科回扣 4000 元，小儿科回扣 2000 元。

“有时候，也要找到该医院主管药事的副院长甚至是院长。定期召开的药事委员会会议，拥有最终是否进药的最高权力。”王先生说，当然在药事会之前，还需要找到能说上话的医生，请他们“提单”，他们会在药事会上表达对各类药品的临床意见。最后的药事会就会象征性地走过场，所有工作都在之前完成了。

药事会确定进药后，医院药房就会通过计算机网络向对其供货的商业公司进货。药品能够进入商业公司的前提，是在各级药品招标采购时中标。

使用同样的手段，王先生搞定了另一家医院的药剂科副主任俞某。他付出的“代价”仅是 5000 元的银行卡和价值 1000 元的利群牌香烟 5 条。而送给该医院外科医生的回扣是 4700 元，送给内科医生的回扣是 5000 元。经过半年时间，王先生成功地将该款产品打入杭州市的三家医院。

（2）利益分配法

在心照不宣中，药品销售已经成为一条运作高效、利益均沾的利益链条。

根据目前医疗价格政策规定，除实行“零差率”销售的医院外，其他医院可以施行“药品加成”政策，即在进药价格基础上加价 15% 卖给患者。

以王先生推广的药品为例，医院给患者的价格是每盒 30.5 元，其从商业公司的进货价应该在 26.5 元左右；商业公司从王先生所在公司的拿货价格大约是 25 元，除去 10 元 / 盒的药品出厂价，剩下的 15 元就是他们的营销费用。换言之，每盒药品里有一半的钱都留在了药品流通领域的中间环节。

王先生的公司自建了医药代表队伍，只通过商业公司发货。如果他们的药品委托代理公司来销售，则需给代理公司更高的折扣，而代理公司在获得药品的代理权之后，就会通过自己的医药代表负责向医院推广。

医院进药之后，王先生除了按月兑现的回扣之外，还要不定期地邀请医生参加各类活动，比如学术研讨会、旅游等，以巩固医生对本公司药品的印象。

“药房负责具体进药的人也不能得罪。”王先生经常送给他们一些礼品，维持良好的关系，这样就不会因为晚进货而使药品断货了。”每个月月底的时候，王先生还有求于药房的出纳，打印出每个医生开药的电脑单。电脑单会准确地显示出哪个医生开了多少药，王先生就会根据这个数据给医生支付回扣。这一业内称为“统方”（统计处方）的过程自然也产生了一笔“统方费”。

如果以平均 50% 的药价作为流通领域的中间环节的费用计算，其中的 5% 要确保药品招标过程顺利中标；5% 用于“开发费”和打点医院各类人员，医生的回扣一般会占 10%，某些药品可能高达 20%，各级医药代表的工资和提成要占 10% 左右，剩下的 10% ～ 20% 就是公司的利润。

“一般来说，各类型药品中，抗生素类的药品利润最大，它们的实际成本不到申报价的 1/10。例如，某药的供货价为 2 元 / 支，医院拿到的批发价为 21.80 元 / 支，零售价为 24.30 元 / 支。从区区 2 元暴涨至 24.30 元，表面上看，药企每销售一支药就能拿到 19.80 元的利润，但是药企要将其中 50% 的利润‘献’给医院。而在医院，这部分利润的分配模式已基本成为惯例：院长、药剂科科长 5% ～ 10%；开单医生 20% ～ 30%；药剂科工作人员 5% ～ 10%。”王先生说。

（3）“潜规则”盛行

“药企与医生是什么样的关系？”王先生说：“我做了这么多年，还没有碰到不收回扣的医生。医药代表再有钱，在医生面前还是像条狗一样。”他坦言，药品经销一般都要经过这样的流程：药企—医药代表—医院—医生—患者，药品价格就此一路飞涨，这样，回扣链条就产生了。

王先生对医药回扣很无奈。“我不给医生回扣，他们就不用我的药。有的科室还向我要额外的回扣，门诊的个别医生知道了也向我要，我就酌情增加了回扣，给了回扣后我的药用量就大增，所以利润也增多了。”

在王先生进入医药销售行业时，他对自己的职业有一个规划：医药代表—成立销售公司—做制药企业。如今，已经完成第二步的石先生，却显得迷茫。

“在这样的环境下，制药企业生存环境也很差，尤其是规模小的药企。”2010 年 9 月，王先生本来是想通过收购的方式涉足制药，但是未能如愿。“很犹豫，之前有家企业说要 5000 万元整体收购，还在谈。”让王先生感到却步的，是目前医药流通过程中的灰色链条给药企带来的生存压力。

由于新医改政策规定，今后药品集中招标采购将以省为单位，这意味着一旦药厂不能中标，将是对一个省医药市场的丧失。为此，一些药品生产、流通企业面对医院回扣潜规则，只能被动接受。

“医药商业面临最为核心的问题，是多数医药流通企业的竞争模式还停留在过去，导致医药商业在整条价值链的博弈中凸显劣势。”

近年来，卫生部出台了一系列治理药品回扣的措施，但回扣之风依然屡禁不止。2010 年 11 月，杭州某知名网站惊曝回扣案，涉及 6 家医院数十名医生。就在同年 5 月，行风建设先进单位浙江省宁波市第一医院部分医生刚刚因收受药品回扣被网络曝光。

“如果少数医生收回扣，可能是道德问题；如果收回扣成了行业‘潜规则’，就应该从制度上反思了。”王先生说。

（资料来源：作者整理）

3.实训任务

（1）王先生的不道德营销行为有什么危害？

（2）王先生的不道德营销行为产生的根源是什么？

（3）从医院、医药生产企业、政府三个角度提出治理灰色营销的方案。

4.实训步骤

（1）个人阅读

每位学生课前认真阅读背景材料。针对“实训任务”进行阅读，督促学生在课前完成。针对中国学生的特点，课堂上老师或学生还需再花费 20 ～ 30 分钟对背景材料的关键信息及相关背景进行简单的陈述。

（2）分组

在授课教师指导下，以 6 ～ 8 人为单位组成一个团队，要求学生选出组长、记录人、报告人等角色。

（3）小组讨论与报告

30 分钟，主要在课堂进行，围绕“实训任务”展开讨论，同时鼓励学生提出新的有价值的问题。要求每个小组将讨论要点或关键词按小组抄写在黑板上的指定位置并进行简要报告，便于课堂互动。小组所报告的内容尽可能是小组所达成共识的内容。

小组讨论与报告

小组名称或编号：________________　组长：________________

报告人：________________　记录人：________________

小组成员：____

____

①小组讨论记录：

发言人1：____

发言人2：____

发言人3：____

发言人4：____

发言人5：______________________________

发言人6：______________________________

发言人7：______________________________

发言人8：______________________________

②小组报告的要点或关键词（小组所达成共识的内容）：

任务1：______________________________

任务2：______________________________

（4）师生互动

主要在课堂进行，30 分钟，老师针对学生的报告与问题进行互动，同时带领学生对营销道德和灰色营销的关键知识点进行回顾。

（5）课后作业

要求每位学生进一步回顾本节所学内容，并以个人课后作业的形式撰写实训报告，进一步巩固核心知识。报告提纲如下：

实训报告

医药灰色营销的危害：

①______________________________

______________________________；

②______________________________

____

医药灰色营销的根源：

①______________________________

______________________________；

②______________________________

______________________________；

从医院角度，治理灰色营销的建议：

①______________________________

______________________________；

②______________________________

______________________________；

③____

____;

从医药生产企业角度，治理灰色营销的建议：

①____

____;

②____

____;

③____

____;

从政府角度，治理灰色营销的建议：

①____

____;

②____

____;

③____

____;

假如你是王先生，营销应坚持的道德底线是：

①____

____;

②____

____;

③____

____;

（6）考核实训成果：根据学生课堂表现和课后作业完成情况，评定实训成绩

【微课观看】

微课 11：创业者如何应对营销道德困境？

第12章　创业品牌管理

随便哪个傻瓜都能达成一笔交易，但创造一个品牌却需要天才、信仰和毅力。

——大卫·奥格威

【学习目标】

1. 理解品牌本质与价值；
2. 掌握创业品牌建设的六个步骤。

【引例】

海尔，一部中国企业品牌创业史

1985 年，海尔创业刚起步时，从德国利勃海尔公司引进先进电冰箱生产技术和设备，将“琴岛－利勃海尔”作为公司的第一代商标，设计了象征中德儿童的吉祥物“海尔兄弟”。到 20 世纪 80 年代末 90 年代初，“琴岛－利勃海尔”冰箱在中国已是家喻户晓，成为优质产品的代名词。

1991 年，企业名称改为“青岛琴岛海尔集团公司”，产品商标也同时改为“琴岛海尔”，实现企业名称与产品商标的统一，同时导入 CIS 理念，推出以“大海上冉冉升起的太阳”为设计理念的新标志，中英文组合标志“琴岛海尔”，“海尔蓝”为企业专用颜色，形成了集团 CI 的雏形。这是海尔的第二代识别标志。

琴島海爾

QINGDAO-HERR

1993 年 5 月，经过深入的调查研究，决定将第二代识别的中文标志去掉，直接将企业名称简化为“海尔集团”，把英文 Haier 作为主识别文字标志，集商标标志、企业简称于一身，设计了英文“Haier”作为标识，新的标识更与国际接轨，设计上简洁、稳重、大气，这是第三代海尔企业识别标志。

2004 年 12 月 26 日，集团开始启用新的海尔标志，由中英文组成，既延续了海尔 20 年发展形成的品牌文化，又强调了时代感。其中“a”减少了一个弯，表示海尔人认准目标不回头；“r”

减少了一个分支，表示海尔人向上、向前决心不动摇。

2013 年 7 月 28 日，海尔在全球创新论坛上，发布了步入网络化战略阶段之后品牌的新形象，其中新口号是“你的生活智慧，我的智慧生活”。体现了海尔对科技创新与智慧洞察的视觉感受，“I”上的点由方点变为圆点，象征着地球，体现了海尔创互联网时代的全球化品牌理想，也表现了海尔对网络平台中每一个个体的关注，也正是个体的智慧汇聚成海尔的网状平台。

2019 年 12 月，海尔开户生态品牌战略阶段，其实质就是要跟用户交互，借助区块链、物联网等新工具，提供用户所需要的产品和服务。

（资料来源：作者整理）

思考：

1. 你认为海尔品牌的本质是什么？
2. 你认为海尔为什么要不断更新品牌标志？

12.1 品牌本质

品牌是指商品或服务的名称（Name）、术语（Term）、记号（Sign）、符号（Symbol）、设计（Design）或它们的组合，用来识别一个卖主或一群卖主并与其竞争对手区别开来。这是美国市场营销协会早期关于品牌的定义。

在现代营销中，品牌的内涵经历了一个不断转变的过程，体现了人们对品牌本质认识的四个层次，见图 12.1。

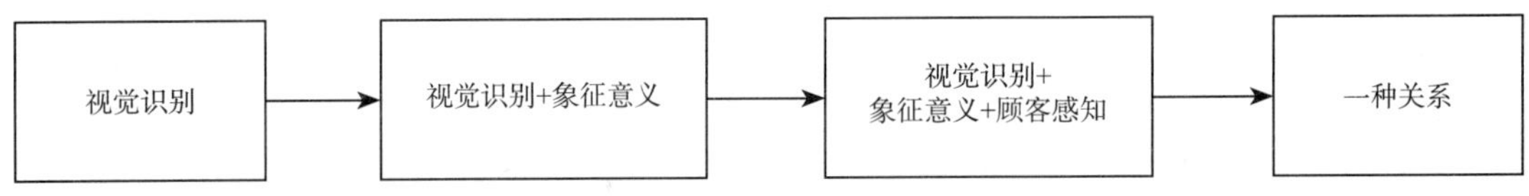

图12.1　关于品牌本质认识的四个层次

层次 1：品牌是一种视觉识别

由美国市场营销协会关于品牌的早期定义可以看出，品牌是一种视觉识别。比如，康师傅这个品牌，就是名称、胖师傅和标志的组合运用，其目的是帮助消费者辨认某个销售者的产品或服务，并使之与竞争对手的产品或服务区别开来。如果品牌的本质就是标志，那么建设品牌就是视觉设计，许多公司专注视觉形象设计，就是基于品牌本质这样的认识。显然，品牌的本质没这么简单。

层次 2：品牌 = 视觉识别 + 象征意义

随着人们对品牌认识的加深，许多学者认为品牌除了视觉识别价值，还具有象征意义。比如,google 的原始含义很简单，就是一个数学名词,10 的 100 次方，后来赋予其象征意义，即海量信息。现在 Google 品牌很特殊，在不同的节日，品牌标志会有变化。比如，在情人节、万圣节对品牌标识做相应改变，google 的这种做法为互联网品牌建设提供了新的思路，就是让品牌的视觉识别和象征意义适时而变，使冷冰冰的科技品牌变得富有活力。

层次 3：品牌 = 视觉识别 + 象征意义 + 顾客感知

有学者提出品牌本质的第 3 个层次，即品牌是视觉识别、象征意义和顾客感知的综合体。有人提出情感品牌的五官模型，即品牌有眼、耳、鼻、舌、嘴五官，用眼睛看品牌的包装，用嘴巴讲品牌名称，用舌头尝品牌的品味，用鼻子闻品牌的香味，用耳朵听品牌的故事。这个层次较为全面地概括了品牌的本质，但这样的概括显得复杂。

层次 4：品牌是一种关系

第 4 个层次认为品牌是一种关系。这个表述非常简练，更能抓住品牌的本质。事实上，品牌除了与其消费者发生关系，还要与各个利益相关者发生关系，如媒介、政府、上下游企业、其他消费者、竞争者、专家等，所以品牌是一种复杂的关系，这是目前关于品牌本质的最好概括。因为它能抓住品牌的本质，且对品牌建设具有实际指导意义。许多创业者由于片面理解品牌的本质，而不能有效地建设品牌。若创业者能从该层次上认识品牌的本质，就能全面地进行品牌建设，既与目标消费者建立良好的关系，又与其他利益相关者之间建立良好关系，这样才能建设百年伟大的品牌。

12.2　品牌价值

品牌可为创业者带来源源不断的价值，中国企业或产品的品牌自改革开放以来尽管取得了长足进步，但与世界知名品牌还有一定差距。案例 12.1 介绍了 2020 年世界品牌价值 10 强。

案例12.1　福布斯2020全球品牌价值10强

根据美国《福布斯》杂志 2020 全球品牌价值 100 强排行榜，华为以 85 亿美元居第 93 位，成为唯一入围的中国企业。以下是 10 强品牌简介：

第十名，麦当劳（金拱门），品牌价值 461 亿美元。美国餐饮巨头，创建于 1955 年，总部位于芝加哥，其品牌影响力在餐饮界位居全球第一。几乎世界的各个角落都能看到麦当劳餐厅，它的大 M 标志深入人心。

第九名，路易•威登，品牌价值 472 亿美元。创建于 1854 年，以卓越的品质与杰出的创意，代代相传、享誉全球。路易•威登被誉为奢侈品品牌时尚艺术的象征。

第八名，三星，品牌价值 504 亿美元。创建于 1938 年，是排名第一的亚洲品牌。三星集团产品线非常广，手机业务只是一部分。从家用电器到电脑设备，再到通信领域，甚至军工，三星都拥有全球领先的技术以及广泛的客户群。

第七名，迪士尼，品牌价值 613 亿美元。创立于 1923 年的美国加州，现在是全球第一大娱乐业公司。从传统的电视媒体、电影制作，到现在的传媒网络、游乐园和酒店业，从最初的米老鼠、唐老鸭，到后来的白雪公主、花木兰，我们的生活中遍布着迪士尼的可爱形象。

第六名，可口可乐，品牌价值 644 亿美元。诞生于 1886 年，在 21 世纪初，高科技公司崛起之前，长期占据品牌价值榜的第一名。目前仍是全世界最知名的品牌之一。

第五名，Facebook，品牌价值 703 亿美元。由马克•扎克伯格于 2004 年创立，目前是全球第一大社交媒体网络工具，其品牌价值渗透到了全球很多网民移动互联网生活里的每一分钟。

第四名，亚马逊，品牌价值 1354 亿美元。诞生于 1994 年，起初是一个卖书的网站，后来逐渐发展成为全球最大的电子商务平台，业务涵盖了零售、批发、物流、仓储、网络金融服务等。

第三名，微软，品牌价值 1629 亿美元。1975 年比尔•盖茨创建了微软。在人类开始大规模使用计算机的近 30 年里，微软几乎统治了世界上所有办公桌上各种品牌的电脑。目前业务涵盖为计算机系统提供整体软件的解决方案、视频游戏、在线广告等。

第二名，谷歌，品牌价值 2075 亿美元。1998 年成立，是全球最大的互联网服务公司。起步于搜索引擎，后来的业务涵盖手机安卓操作系统、Chrome 浏览器、Youtube 视频网站和大量的互联网服务，近几年引领了云计算和人工智能等尖端领域。

第一名，苹果，品牌价值 2412 亿美元。由史蒂夫•乔布斯等人于 1976 年创立，业务涵盖手机、个人计算机、移动互联网应用等领域等。

（资料来源：作者整理）

品牌价值是指一个品牌可量化的价值，高价值的强势品牌能够为企业带来许多竞争优势，可以享受消费者高水平的认知度和忠诚度，还能够轻松地、成功地进行品牌延伸，例如，保洁（P&G）产品成功地被延伸到清洗餐具专用清洁剂等。品牌价值一般是依据其品牌忠诚度、品牌意识、感知品质、品牌联想以及专利、商标、渠道关系等品牌的其他资产来评估的，见图 12.2。

产品价值的最好量度就是它在顾客身上所产生的忠诚度，即重复购买和口碑；品牌意识是品牌价值的最简单形式，即熟悉度。一个熟悉的产品给顾客一种信任感，所以顾客就更可能会考虑并且购买它；感知品质是指一个知名品牌通常会表达它的品质（好的或是坏的）。品质联系可以是超范围的类型，比如惠普公司的声望不仅在于它的产品，而且在于所在地。尽管品质联系是很重要的，然而更主观、更感性的品牌联想也是品牌价值的重要组成部分。这些联想包括个人的、感性的和许多其他的联系，这些联系共同构成了品牌的特征。品牌的其他资产，诸如专利和注册商标对产品和服务来说也是很有价值的。

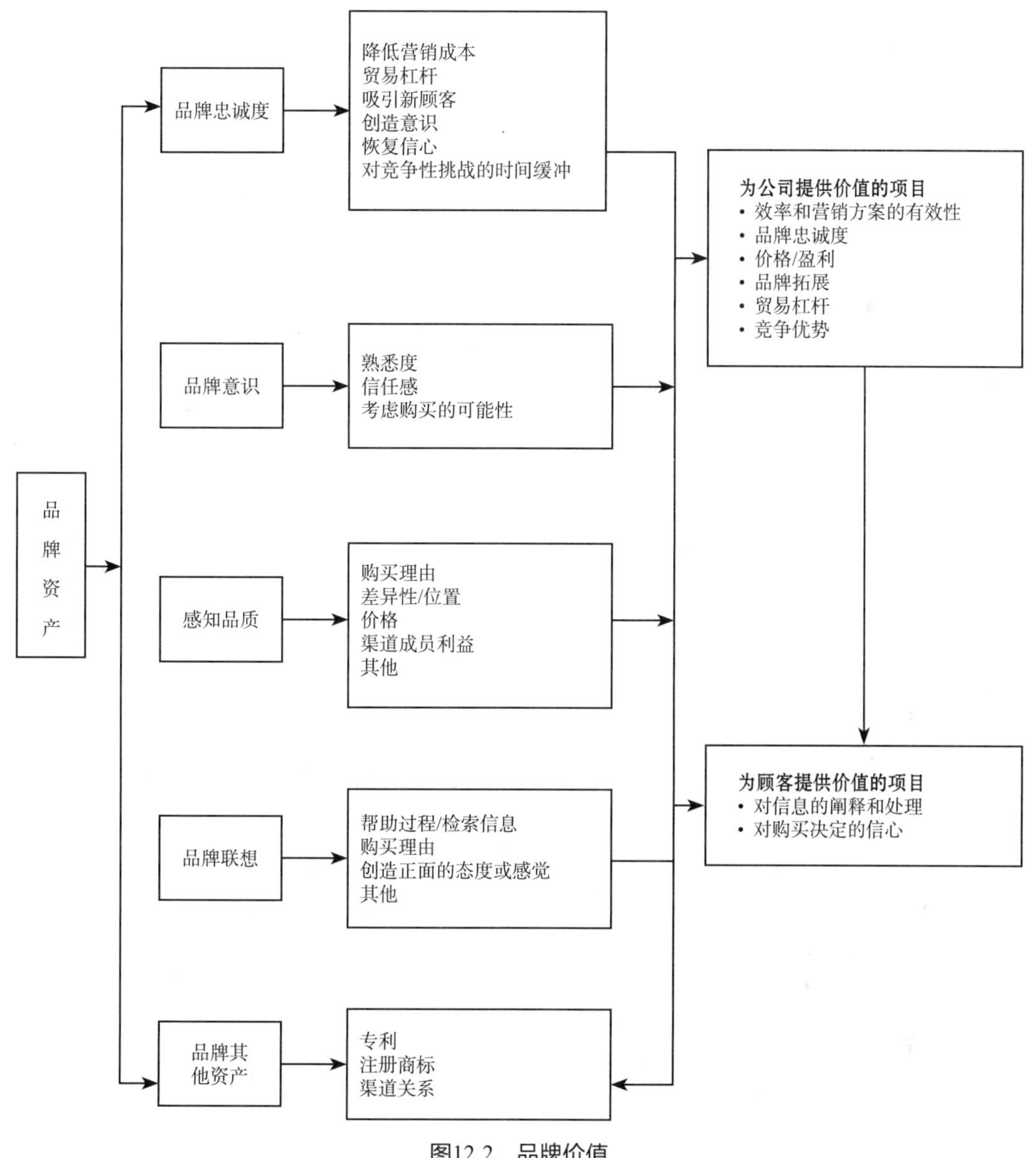

图12.2　品牌价值

资料来源：David A. Aake. Building Strong Brands. New York: Free Press, 1996.

12.3　创业品牌建设的六个步骤

创业品牌建设是围绕品牌价值，在选择品牌战略的基础上，然后进行品牌定位、品牌设计、品牌保护、品牌传播、品牌评估与更新的过程。百年伟大品牌通常都是在岁月的历练中一步一步打造出来的。创业者切记：品牌建设没有捷径。品牌建设需要步步为营，通常遵循以下六个步骤并循环往复，见图 12.3。

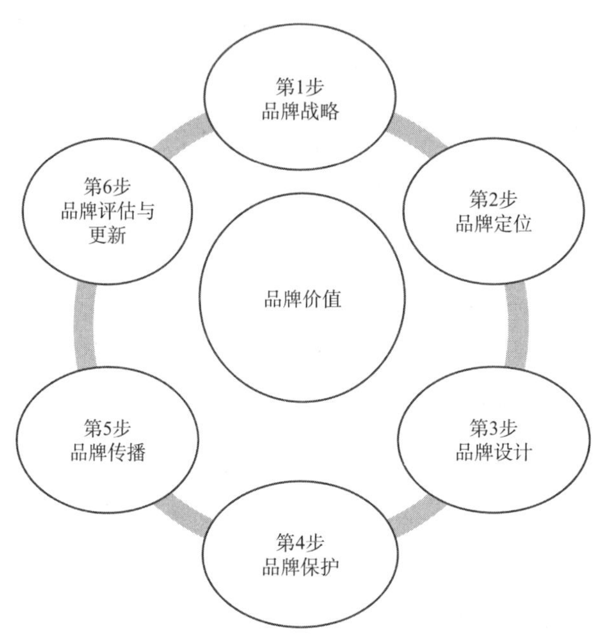

图12.3 创业品牌建设的六个步骤

第 1 步 品牌战略

一方面，要考虑品牌使用者战略。若创业者是制造商，通常可以有四种品牌使用者选择：

①制造商品牌（或全国性品牌）。它是指制造商使用自己创建品牌的情况，我国消费者所熟悉的国内品牌，大多是制造商品牌，如海尔家电产品、联想电脑、格力空调、华为或小米手机等。

②中间商品牌（或自有品牌）。它是指由产品或服务的中间商创立并拥有的品牌。许多西方零售商采用自有品牌出售商品。在美国的超级市场中，40% 的杂货类产品都使用零售商自有品牌；在英国的超级市场中，有 36% 使用自有品牌；在法国是 24%。中国零售商采用自有品牌的少见。近年来，华润万家创建了一些自有品牌，包括润之家（食品类）、VICTOR（服装）、简约组合（以日化品为主，也有少量文具）、家 • 足迹（一站式男 / 女 / 童鞋品专区）等。

③特许品牌。它是指拥有盛誉的企业将其著名品牌（商标）租借给别人使用，收取一定的特许费。美国玩具零售额大约有一半来自著名电视剧或电影品牌的特许经营，如《狮子王》和《星球大战》等。麦当劳是特许经营模式运用得最成功的全球化品牌之一。1955 年，雷 • 克洛克（Ray Kroc）用从麦当劳兄弟手中买下的特许经营权，在美国开设了第一家麦当劳餐厅，并通过品牌特许将麦当劳变成了世界最大的餐饮企业。

④共用品牌是指对同一产品使用两个不同企业共同创建的品牌名称。例如，麦当劳联合可口可乐推出可乐杯，或者可口可乐向特定顾客赠送麦当劳巨无霸包装可乐，并邀请他们在社交网络上发布相关内容。

另一方面，要考虑品牌统分战略。创业营销者要决定所有产品使用一个或几个品牌，还是不同产品分别使用不同的品牌，大致有以下三种品牌决策：

①个别品牌。个别品牌是指企业不同产品分别使用不同的品牌。企业采取该策略的主要好处是企业的整体声誉不至于受其某种商品声誉的影响。若企业原来一直生产某种高档产品，后来推出较低档的产品，如果这种新产品使用自己的品牌，也不会影响这家企业名牌产品的声誉。例如，通用汽车从低到高采用雪弗兰、别克和凯迪拉克三个等级的品牌。

②统一品牌。统一品牌，也称家族品牌，是指企业所有的产品都统一使用一个品牌名称。例如，美国通用电气公司的所有产品都统一使用“GE”这个品牌名称。娃哈哈集团生产含乳饮料、饮用水、碳酸饮料、果汁饮料、茶饮料、保健食品、罐头食品、休闲食品八大类 100 多个品种的产品，无一例外地坚持统一品牌战略。企业采取该战略的主要好处是：一是企业宣传介绍新产品的费用开支较低；二是如果企业的名声好，所有产品也易于畅销。

③统一与个别品牌并存。企业可采取统一品牌和个别品牌并用的战略，不同产品有不同的品牌，同时各种产品前面又有企业的统一品牌，这种战略兼收了两者的优点。例如，宝洁公司在每一种产品上都有其企业品牌“P&G”，同时各类产品又有小品牌“飘柔”“海飞丝”“潘婷”等。海尔从家电的长线产品考虑，将各类家电产品统一以海尔（Hairer）总商标统筹，结合各产品特征，策划确定出产品主题词，以该主题词为中心，根据品种、型号扩充、演绎出一系列行销商标，如冰箱的王子系列。海尔采用该战略的目的是最大限度地发挥海尔品牌的连带影响力，强化品牌形象，降低广告宣传成本。

第 2 步　品牌定位

品牌定位通常通过品牌的广告语得以体现。品牌定位有三个层次：最低层次是根据产品属性定位。例如，某化妆品公司可以将其产品定位为具有天然、环保成分以及独特的香味等。这是定位的最低层次，竞争者易于复制。在这个层次上，经典的广告语有“农夫山泉有点甜”“七喜非可乐”。较高层次是将品牌名称与期望利益联系起来。例如，该化妆品公司可以不谈产品成分，而强调其美容的效果。在这个层次上，经典的广告语是“怕上火喝王老吉”。最高层次是将品牌定位在强烈的信念和价值上，从而带来强烈的情感冲击。例如，该化妆品公司可以强调美化心灵或产生情感共鸣。在这个层次上，经典的广告语是“麦当劳，我就喜欢”。

一个优秀的品牌常将品牌定位与其使命及愿景关联起来，向顾客持续传递特色、利益、服务和体验的承诺。例如，农夫山泉的“我们不生产水，我们只是大自然的搬运工”广告，强调天然矿泉水的产品属性，将品牌使命与品牌特色定位巧妙结合起来。

第 3 步　品牌设计

品牌设计主要包括品牌命名、设计品牌标志和口号三个方面内容。

一个好的品牌名称可以大大增加产品营销的成功率，但找到一个最好的品牌名称并非易事。创业营销者应在认真地分析产品性质、特点、产品的功效、目标市场和已确定的营销战略的基础上，从创业之初就选择一个理想的品牌名称。品牌命名通常考虑下述要求：

①体现出产品的功效、利益和质量。例如三九胃泰，明显表明其功能和提供给消费者的利益。

②文字简短，容易拼写、辨认和记忆。例如，华为、格力、海尔、美的等品牌名称。但有时也不排除稍长一点的名称，如美国的“Love My Carpet”，就是一种地毯清洁器品牌名称。

③品牌名称应该特色鲜明。例如，康师傅、小米、三只松鼠等名称。

④应该便于或易于翻译成外文名称。例如，日本松下（National）电器，在西方国家的品牌名称就不得不换成Panasonic；海尔（Haier）的出现，也是为了容易打入国际市场。

⑤易于注册登记并受到法律保护。如果品牌名称违反了有关法律，它就不会被批准注册。

品牌命名不能太随意，可采取头脑风暴搜集尽可能多的名称，然后进行法律商标调查、美学检查、语言学检查，最后还要进行市场测试。否则，修改名称不但太麻烦，而且要付出高昂的代价。

品牌标志要简洁且有象征意义，比如青岛啤酒标志中的麦穗和水代表啤酒原料，栈桥代表青岛，太阳代表光明的发展前景，英文代表国际化。象征意义挺好，但太复杂，不好记，虽经多次重新设计，仍比较复杂。所以品牌设计最好在创业初期就设计得简洁一些。

品牌口号需要提炼，最重要的是要和品牌定位一致。例如“百事，新一代的选择”，既是品牌口号，也体现其品牌的定位。

第 4 步　品牌保护

品牌保护的最重要手段就是通过商标注册获得合法身份。很多中国老字号商标在品牌保护方面有深刻教训，例如“青岛啤酒”曾在美国被抢注；“同仁堂”曾在日本被抢注；“竹叶青”曾在韩国被抢注。这里，需要强调的是，注册商标时一定要包含文字、图形、符号及其组合，否则保护不全面。还要注意类似名称的注册，比如娃哈哈品牌就同时注册了哈娃娃、哈娃哈等类似商标。

第 5 步　品牌传播

品牌传播就是要把广告、人员推销、营业推广和公共宣传等方式整合起来进行整合传播，具体内容详见本教材“第 10 章　创业促销决策”。

第 6 步　品牌评估与更新

即使企业已经建立一个优秀的品牌，也需要不断进行评估与更新。否则，会面临品牌老化现象，导致跟不上时代发展甚至被淘汰。

品牌评估除了销售额、利润等财务指标外，还要从品牌强度视角来综合评价品牌的价值。INTERBRAND 将品牌强度评估分为企业内部和外部评估两个方面。

首先，公司内部评估着重品牌方的内在管理，包含 4 个评价要素：

①承诺明确度（Clarity）。品牌承诺是公司初心、愿景、价值观、资源在用户层面的体现，是外化的公司文化。公司从高层到基层应对品牌带给顾客的承诺完全理解而且能够深入人心。

②承诺兑现度（Commitment）。要求公司在向顾客提供产品或服务以及各种活动中能够体现出品牌的承诺，比如“向顾客提供更健康生活方式”的品牌承诺，需要在产品品类、产品功能上有所体现。

③执行严格性（Governance）。要求公司在品牌使用时，严格遵守 LOGO 的字体、颜色、大小比例、图片使用要求、文字排版要求，包括但不限于销售终端展现、产品外观设计、宣传海报、公司官网、服装、移动展示道具等，只要有公司品牌展露的地方，就必须严格执行 VI 的使用规范。

④应变及时性（Responsiveness）。现在的市场变化很快，但品牌的承诺不可能经常改变，所以，品牌的承诺要能适度应对快速变化的市场。比如，以“驾驶的乐趣”为品牌承诺的，在未来 10 ～ 15 年内可能面对无人驾驶车辆的出现，品牌承诺应体现这种变化趋势。

其次，企业外部评估重点在于顾客感觉和体验，包含 6 个评价要素：

①真实性（Authenticity）。顾客对于品牌完全的信任和信赖，感觉品牌有正向价值观和正向能量，产品、服务等体验完全与品牌承诺相符，言行一致，知行合一。

②关联性（Relevance）。顾客对于同一品牌下的不同品类（子品牌）容易识别。比如 iphone，ipad，itune。对于公司而言就是要考虑品牌能否无限延伸，而且各子品牌名之间要有互相的对应和关联，强化顾客的品牌记忆。

③差异性（Differentiation）。顾客能体验和感受到产品、服务所带来的和其他品牌所不同的价值，品牌、产品及服务的差异化。

④一致性（Consistency）。顾客对于品牌的感受和体验在较长时间内是一致的、连贯的。这也是品牌承诺不能经常变化的原因之一。

⑤展露性（Presence）。顾客能够比较容易地主动或被动接收到品牌的信息。比如，品牌专卖店、综艺节目、网红传播、官方网站、微信、微博、短视频等。由于顾客有“忘记”曲线且会受到其他品牌的干扰，所以需要一定的展露来提醒、提示顾客“我还在，我很好，不要忘记我”。

⑥参与性（Engagement）。顾客愿意参与品牌社群、品牌活动的讨论，甚至给予产品开发的建议，高度认同品牌，愿意向熟人推荐，成为品牌的粉丝。

品牌更新是指用新的品牌来替代或升级原来的品牌。根据品牌名称和产品类别，品牌更新有以下四种常见战略，见图 12.4。

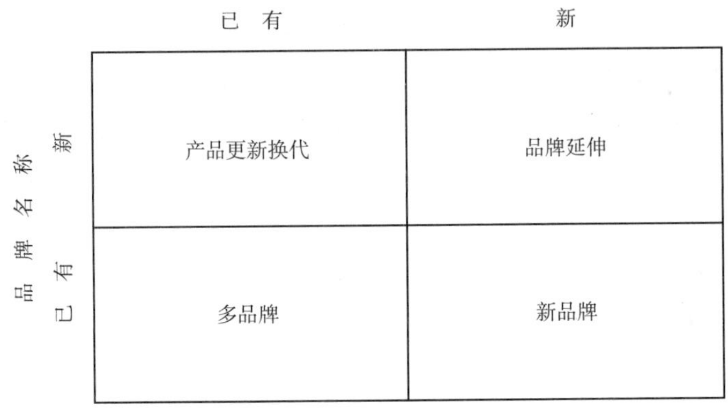

图12.4　品牌更新的四种常见战略

①产品更新换代。企业的品牌想要在竞争中处于不败之地，就必须保持技术创新，不断地进行产品的更新换代。比如，“汰渍”洗衣粉已推出多代新产品，其技术水平呈升高趋势，这也是众多消费者偏爱该品牌的缘故。再如，微软的 Windows 和苹果的智能手机系列产品。

②品牌延伸。它是指将现有产品成功的品牌名称延伸使用到一种新的或革新过的产品类别。例如，娃哈哈就是在儿童营养液取得成功后，延伸到矿泉水等诸多产品领域。康师傅是在方便面取得成功后，延伸到纯净水、绿茶、饼干等诸多产品领域。海尔是在电冰箱出名后，逐渐延伸到空调机、电视机、微波炉和计算机等其他类别的产品。

③新品牌。品牌创新有两种情况。其一，当企业开发生产出一个新品类时，可以创建一个全新的品牌。例如，丰田创立了一个独立的雷克萨斯品牌来锚定奢侈汽车的消费者。其二，当企业认为现有的品牌声誉已变得弱化，于是需要创立一个新的品牌以替代弱化的品牌。

④多品牌。企业经常在同样的产品类别中引入多个品牌。例如青岛啤酒至少有青岛、山水、汉斯、崂山四个啤酒品牌。

此外，品牌更新还可采用以下两种战略：

①品牌形象更新。它是品牌不断创新形象，适应消费者心理的变化，从而在消费者心目中形成新的印象的过程。例如，随着人们环保意识的增强，消费者已开始把无公害消费作为选择商品与品牌的标准，企业这时可更新品牌形象为环保形象。再如，日本小汽车在美国市场的形象，就经历了由小巧、省油、耗能低、价廉形象到高科技概念车形象的转变，不断为品牌成长注入新的生命力。

②品牌定位修正。它是企业在建立品牌之后，会因竞争形势、时代特征、社会文化的变化而修正市场定位。例如，美国“七喜”饮料，在进入软饮料市场后，经研究发现，可乐饮料总是和保守型的人结合在一起，而那些思想新潮者总是渴望能够找到象征自己狂放不羁思想的标志物。于是该饮料开始以“非可乐”的定位重新包装上市，寻找到市场空隙，为品牌带来了新的生机。

【本章小结】

关于品牌本质认识包含四个层次，层次一认为品牌是一种视觉识别；层次二认为品牌是视觉识别与象征意义的结合；层次三认为品牌是视觉识别、象征意义和顾客感知的综合体；层次四认为品牌是一种关系。

品牌价值是指一个品牌可量化的价值，通常依据品牌忠诚度、品牌意识、感知品质、品牌联想以及专利、商标、渠道关系等品牌的其他资产来评估。

创业品牌建设一般经过选择品牌战略、进行品牌定位、品牌设计、品牌保护、品牌传播、品牌评估与更新六个步骤。

品牌使用者战略大致有制造商品牌、中间商品牌、特许品牌和共用品牌四种选择；品牌统分战略大致有个别品牌、统一品牌和统一与个别品牌并存三种选择。

品牌定位有三个层次：最低层次是根据产品属性定位；较高层次是将品牌名称与期望利益联系起来；最高层次是将品牌定位在强烈的信念和价值之上，从而带来强烈的情感冲击。

品牌设计主要包括品牌命名、设计品牌标志和口号三方面内容。品牌保护的最重要手段就是通过商标注册获得合法身份，注册商标时一定要包含文字、图形、符号及其组合，否则保护不全面。

根据品牌名称和产品类别，品牌更新可采取产品更新换代、品牌延伸、新品牌和多品牌四种常见战略；品牌更新还可采取形象更新、定位修正两种战略。

【关键术语】

品牌视觉识别（brand visual identity）
品牌价值（brand equity）
创业品牌（entrepreneurial brand）
品牌战略（brand strategy）
品牌定位（brand positioning）
品牌设计（brand design）
品牌命名（brand name）
品牌标志（brand logo）
品牌口号（brand slogan）
品牌保护（brand protection）
品牌传播（brand communication）
品牌评估与更新（brand evaluation and update）
品牌使用者战略（brand users strategy）
制造商品牌（manufacturer brand）

自有品牌（private brand）
特许品牌（franchise brand）
共用品牌（co-branding）
个别品牌（individual brand Strategy）
统一品牌或家族品牌（family brand）
品牌延伸（brand extension）

【思考题】

1. 简述品牌本质认识的四个层次。
2. 简述创业品牌建设的六个步骤。
3. 简述品牌更新的六种战略。

【案例实训】

项目12 管理创业品牌

1.实训目的

（1）了解创业品牌管理中容易出现的问题；
（2）加深对品牌价值的理解；
（3）掌握创业品牌建设的关键步骤。

2.背景材料

案例12.2 加多宝品牌建设的难题

加多宝集团是一家港资饮料生产及销售企业，1996年经广药集团授权许可获得“红罐凉茶”商标使用权，2010年合同到期。加多宝用“怕上火，喝王老吉”这一广告语，将市场从局部扩张到全国，将销售额从2000年大概1亿元，做到2008年100亿元，到2011年突破200亿元。但当2010年“王老吉”商标被估值达到1080亿元时，加多宝失去王老吉品牌使用权。2012年加多宝推出自有品牌加多宝凉茶，调整营销战略并推出了新的广告词：“怕上火，现在喝加多宝，全国销量领先的红罐凉茶改名为加多宝”。通过品牌重新定位，加多宝很快又赢回了市场，并声称其销售额在2015年到2017年分别为250亿元、240亿元和150亿元。2018年加多宝经营陷入谷底。2019年，位列“2019国产食品品牌排行榜”TOP10。

曾经的品牌建设难题

2002年以前，从表面看，红色罐装王老吉（以下简称“红罐王老吉”）是一个发展得很好的品牌，在广东、浙南地区销量稳定，盈利状况良好，有比较固定的消费群，红罐王老吉饮料的销售业绩连续几年维持在 1 亿多元。发展到这个规模后，加多宝的管理层发现，要把企业做大，要走向全国，就必须克服一连串的问题，甚至原本的一些优势也成为困扰企业继续成长的障碍。而在所有困扰中，最核心的问题是企业不得不面临一个现实难题——红罐王老吉当"凉茶"卖，还是当"饮料"卖？

难题一：广东、浙南消费者对红罐王老吉认知混乱。

在广东，传统凉茶（如颗粒冲剂、自家煲制、凉茶铺煲制等）因下火功效显著，消费者普遍当成"药"服用，无须也不能经常饮用。而"王老吉"这个具有上百年历史的品牌就是凉茶的代称，可谓说起凉茶想到王老吉，说起王老吉就想到凉茶。因此，红罐王老吉受品牌名所累，并不能很顺利地让广东人接受它作为一种可以经常饮用的饮料，销量大大受限。

另外，加多宝生产的红罐王老吉配方源自香港王氏后人，是经国家审核批准的食字号产品，其气味、颜色、包装都与广东消费者观念中的传统凉茶有很大区别，而且口感偏甜，按中国"良药苦口"的传统观念，消费者自然感觉其"降火"药力不足，当产生"下火"需求时，不如到凉茶铺购买或自家煎煮。所以对消费者来说，在最讲究"功效"的凉茶中，它也不是一个好的选择。

在广东区域，红罐王老吉拥有凉茶始祖王老吉的品牌，却长着一副饮料化的面孔，让消费者觉得"它好像是凉茶，又好像是饮料"，陷入认知混乱之中。

而在加多宝的另一个主要销售区域浙南，主要是温州、台州、丽水三地，消费者将"红罐王老吉"与康师傅茶、旺仔牛奶等饮料相提并论，没有不适合长期饮用的禁忌。加之当地在外华人众多，经他们的引导带动，红罐王老吉很快成为当地最畅销的产品。企业担心，红罐王老吉可能会成为来去匆匆的时尚，如同当年在浙南红极一时的椰树椰汁，很快又被新的时髦产品替代，一夜之间在大街小巷上消失得干干净净。

面对消费者这些混乱的认知，企业亟须通过广告提供一个强势的引导，明确红罐王老吉的核心价值，并与竞争对手区别开来。

难题二：红罐王老吉无法走出广东、浙南

在两广以外，人们并没有凉茶的概念，甚至在调查中频频出现"凉茶就是凉白开""我们不喝凉的茶水，泡热茶"这些看法。教育凉茶概念显然费用惊人。而且，内地的消费者"降火"的需求已经被填补，他们大多是通过服用牛黄解毒片之类的药物来解决。

做凉茶困难重重，做饮料同样危机四伏。如果放眼整个饮料行业，以可口可乐、百事可乐为代表的碳酸饮料，以康师傅、统一为代表的茶饮料、果汁饮料更是处在难以撼动的市场领先地位。

而且，红罐王老吉以"金银花、甘草、菊花等"草本植物熬制，有淡淡的中药味，对口味至上的饮料而言，的确存在不小的障碍，加之红罐王老吉 3.5 元的零售价，如果加多宝不能使红罐王老吉和竞争对手区分开来，它就永远走不出饮料行业"列强"的阴影。这就使红罐王老吉面临一种极为尴尬的境地：既不能固守两地，也无法在全国范围推广。

难题三：推广概念模糊

如果用“凉茶”概念来推广，加多宝公司担心其销量将受到限制，但作为“饮料”推广又没有找到合适的区隔，因此，在广告宣传模棱两可。很多人都见过这样一条广告：一个非常可爱的小男孩为了打开冰箱拿一罐王老吉，用屁股不断蹭冰箱门。广告语是“健康家庭，永远相伴”。显然这个广告并不能够体现红罐王老吉的独特价值。

在红罐王老吉前几年的推广中，消费者不知道为什么要买它，企业也不知道怎么去卖它。在这样的状态下红罐王老吉居然还平平安安地度过了好几年。出现这种现象，外在的原因是中国市场还不成熟，存在许多市场空白；内在的原因是这个产品本身具有一种不可替代性，刚好能够填补这个位置。在中国，容许这样一批中小企业糊里糊涂地赚得盆满钵满。但在发展到一定规模之后，企业要想做大，就必须搞清楚一个问题：消费者为什么买我的产品？

重新定位

2002 年年底，加多宝找到成美营销顾问公司（以下简称“成美”），初衷是想为红罐王老吉拍一条以赞助奥运会为主题的广告片，要以“体育、健康”的口号来进行宣传，以期推动销售。成美经初步研究后发现，红罐王老吉的销售问题不是通过简单的拍广告可以解决的——这种问题目前在中国企业中特别典型：一遇到销量受阻，最常采取的措施就是对广告片动手术，要么改得面目全非，要么赶快搞出一条“大创意”的新广告——红罐王老吉销售问题首要解决的是品牌定位。

红罐王老吉虽然销售了七年，其品牌却从未经过系统、严谨的定位，企业都无法回答红罐王老吉究竟是什么，消费者就更不用说了，完全不清楚为什么要买它——这是红罐王老吉缺乏品牌定位所致。这个根本问题不解决，无论多么“有创意”的广告片都无济于事。正如广告大师大卫•奥格威所说：一个广告运动的效果更多的是取决于你产品的定位，而不是你怎样写广告（创意）。经一轮深入沟通后，加多宝公司最后接受了建议，决定暂停拍广告片，委托成美先对红罐王老吉进行品牌定位。

为了解消费者的认知，成美的研究人员一方面研究红罐王老吉、竞争者传播的信息，另一方面与加多宝内部、经销商、零售商进行大量访谈，完成上述工作后，聘请市场调查公司对王老吉现有用户进行调查。以此基础，研究人员进行综合分析，厘清红罐王老吉在消费者心目中的位置——即在哪个细分市场中参与竞争。

在研究中发现，广东的消费者饮用红罐王老吉主要在烧烤、登山等场合。其原因不外乎“吃烧烤容易上火，喝一罐先预防一下”“可能会上火，但这时候没有必要吃牛黄解毒片”。

而在浙南，饮用场合主要集中在“外出就餐、聚会、家庭”。在对当地饮食文化的了解过程中，研究人员发现：该地区消费者对于“上火”的担忧比广东有过之而无不及，如消费者座谈会桌上的话梅蜜饯、可口可乐都被说成了“会上火”的危险品而无人问津。（后面的跟进研究也证实了这一点，发现可乐在温州等地销售始终低落，最后两乐几乎放弃了该市场，一般都不进行广告投放。）而他们对红罐王老吉的评价是“不会上火”“健康，小孩老人都能喝，不会引起上火”。这些观念可能并没有科学依据，但这就是浙南消费者头脑中的观念，这是研究需要关注的“唯一的事实”。

消费者的这些认知和购买消费行为均表明，消费者对红罐王老吉并无“治疗”要求，而是作为一个功能饮料购买，购买红罐王老吉的真实动机是用于“预防上火”，如希望在品尝烧烤时减少上火情况发生等，真正上火以后可能会采用药物，如牛黄解毒片、传统凉茶类治疗。

再进一步研究消费者对竞争对手的看法，则发现红罐王老吉的直接竞争对手，如菊花茶、清凉茶等由于缺乏品牌推广，仅是低价渗透市场，并未占据“预防上火的饮料”的定位。而可乐、茶饮料、果汁饮料、水等明显不具备“预防上火”的功能，仅是间接的竞争。

同时，任何一个品牌定位的成立，都必须是该品牌最有能力占据的，即有据可依。如可口可乐说“正宗的可乐”，是因为它就是可乐的发明者，研究人员对于企业、产品自身在消费者心目中的认知进行了研究，结果表明，红罐王老吉的“凉茶始祖”身份、神秘中草药配方、105年的历史等，显然是有能力占据“预防上火的饮料”这一定位的。

由于“预防上火”是消费者购买红罐王老吉的真实动机，自然有利于巩固加强原有市场。而能否满足企业对于新定位“进军全国市场”的期望，则成为研究的下一步工作。通过二手资料、专家访谈等研究表明，中国几千年的中医概念“清热祛火”在全国广为普及，“上火”的概念也在各地深入人心，这就使红罐王老吉突破了凉茶概念的地域局限。研究人员认为：“做好了这个宣传概念的转移，只要有中国人的地方，红罐王老吉就能活下去。”

至此，品牌定位的研究基本完成。在研究一个多月后，成美向加多宝提交了品牌定位研究报告，首先明确红罐王老吉是在“饮料”行业中竞争，竞争对手应是其他饮料；其品牌定位——“预防上火的饮料”，独特的价值在于——喝红罐王老吉能预防上火，让消费者无忧地尽情享受生活：吃煎炸、香辣美食，烧烤，通宵达旦看足球……这样定位红罐王老吉，是从现实格局通盘考虑，主要益处有四：其一，利于红罐王老吉走出广东、浙南。由于“上火”是一个全国普遍性的中医概念，而不再像“凉茶”那样局限于两广地区，这就为红罐王老吉走向全国彻底扫除了障碍。其二，避免红罐王老吉与国内外饮料巨头直接竞争，形成独特区隔。其三，成功地将红罐王老吉产品的劣势转化为优势。淡淡的中药味，成功转变为“预防上火”的有力支撑；3.5元的零售价格，因为“预防上火”的功能，不再“高不可攀”；“王老吉”的品牌名、悠久的历史，成为预防上火“正宗”的有力的支撑。其四，有利于加多宝企业与国内王老吉药业合作。

正是由于加多宝的红罐王老吉定位在功能饮料，区别于王老吉药业的“药品”，因此能更好地促成两家合作共建“王老吉”品牌。两家企业共同出资拍摄一部讲述王老吉凉茶创始人行医的电视连续剧《岭南药侠》。

凭借在饮料市场丰富的经验和敏锐的市场直觉，加多宝董事长陈鸿道决定根据品牌定位对红罐王老吉展开全面推广。在维护原有的销售渠道的基础上，加大力度开拓餐饮渠道，在一批酒楼打造旗舰店的形象。重点选择在湘菜馆、川菜馆、火锅店、烧烤场等。

“开创新品类”永远是品牌定位的首选。一个品牌如若能够将自己定位为与强势对手所不同的选择，其广告只要传达出新品类信息就行了，而效果往往是惊人的。红罐王老吉作为第一个预防上火的饮料推向市场，使人们通过它知道和接受了这种新饮料，最终红罐王老吉就会成为预防上火的饮料的代表，随着品类的成长，自然拥有最大的收益。

确立了红罐王老吉的品牌定位，就明确了营销推广的方向，也确立了广告的标准，所有的传播活动就都有了评估的标准，所有的营销努力都将遵循这一标准，从而确保每一次的推广，在促进销售的同时，都对品牌价值（定位）进行积累。这时候才可以开始广告创意，拍广告片。

品牌定位的推广

红罐王老吉确定了推广主题“怕上火，喝王老吉”，在传播上尽量凸显红罐王老吉作为饮料的性质。在第一阶段的广告宣传中，红罐王老吉都以轻松、欢快、健康的形象出现，避免出现对症下药式的负面诉求，从而把红罐王老吉和“传统凉茶”区分开来。

为更好地唤起消费者的需求，电视广告选用了消费者认为日常生活中最易上火的五个场景：吃火锅、通宵看球、吃油炸食品薯条、烧烤和夏日阳光浴，画面中人们在开心享受上述活动的同时，纷纷畅饮红罐王老吉。结合时尚、动感十足的广告歌反复吟唱“不用害怕什么，尽情享受生活，怕上火，喝王老吉”，促使消费者在吃火锅、烧烤时，自然联想到红罐王老吉，从而促成购买。

红罐王老吉的电视媒体选择主要锁定覆盖全国的中央电视台，并结合原有销售区域（广东、浙南）的强势地方媒体，在 2003 年短短几个月，一举投入 4000 多万元广告费，销量立竿见影，得到迅速提升。同年 11 月，企业乘胜追击，再斥巨资购买了中央电视台 2004 年黄金广告时段。正是这种疾风暴雨式的投放方式保证了红罐王老吉在短期内迅速进入人们的头脑，给人们一个深刻的印象，并迅速红遍全国大江南北。

2003 年年初，企业用于红罐王老吉推广的总预算仅 1000 万元，这是根据 2002 年的实际销量来划拨的。红罐王老吉当时的销售主要集中在深圳、东莞和浙南这三个区域，因此投放量相对充足。随着定位广告的第一轮投放，销量迅速上升，给企业极大的信心，于是不断追加推广费用，滚动发展。到 2003 年年底，仅广告投放累计超过 4000 万元（不包括购买 2004 年中央台广告时段的费用），年销量达到了 6 亿元——这种量力而行、滚动发展的模式非常适合国内许多志在全国市场，但力量暂时不足的企业。

在地面推广上，除了强调传统渠道的 POP 广告外，还配合餐饮新渠道的开拓，为餐饮渠道设计布置了大量终端物料，如设计制作了电子显示屏、灯笼等餐饮场所乐于接受的实用物品，免费赠送。在传播内容选择上，充分考虑终端广告应直接刺激消费者的购买欲望，将产品包装作为主要视觉元素，集中宣传一个信息："怕上火，喝王老吉饮料。"餐饮场所的现场提示，最有效地配合了电视广告。正是这种针对性推广，消费者对红罐王老吉"是什么""有什么用"有了更强、更直观的认知。目前餐饮渠道业已成为红罐王老吉的重要销售传播渠道之一。

在频频的消费者促销活动中，同样是围绕着"怕上火，喝王老吉"这一主题进行。如在一次促销活动中，加多宝公司举行了"炎夏消暑王老吉，绿水青山任我行"刮刮卡活动。消费者刮中"炎夏消暑王老吉"字样，可获得当地避暑胜地门票两张，并可在当地度假村免费住宿两天。这样的促销，既达到了即时促销的目的，又有力地支持巩固了红罐王老吉"预防上火的饮料"的品牌定位。

同时，在针对中间商的促销活动中，加多宝除了继续巩固传统渠道的"加多宝销售精英俱乐部"外，还充分考虑了如何加强餐饮渠道的开拓与控制，推行"火锅店铺市"与"合作酒店"的计划，选择主要的火锅店、酒楼作为"王老吉诚意合作店"，投入资金与他们共同进行节假日的促销活动。由于给商家提供了实惠的利益，因此红罐王老吉迅速进入餐饮渠道，成为主要推荐饮品。

这种大张旗鼓、诉求直观明确"怕上火，喝王老吉"的广告运动，直击消费者需求，及时迅速地拉动了销售；同时，随着品牌推广的进行，消费者的认知不断加强，逐渐为品牌建立起独特而长期的定位——真正建立起品牌。

推广效果

红罐王老吉成功的品牌定位和传播，给这个有105年历史的、带有浓厚岭南特色的产品带来了巨大的效益：2003年红罐王老吉的销售额比上年同期增长了近4倍，由2002年的1亿多元猛增至6亿元，并以迅雷不及掩耳之势冲出广东。2004年，尽管企业不断扩大产能，但仍供不应求，订单如雪片般纷至沓来，全年销量突破10亿元，以后几年持续高速增长，2008年销量突破100亿元大关，2011年突破160亿元大关。

加多宝能否再造一个"王老吉"?

2012年母亲节，旷日持久的中国商标第一案、价值1080亿元的王老吉商标之争终于有了定论。"王老吉"商标归广药集团所有，加多宝彻底告别"红罐王老吉"。消费者却面临着"怕上火，我该喝什么？"的两难选择，两家企业面临双输局面。

加多宝岂肯轻易放弃凉茶这块好不容易做起来的大蛋糕。其实加多宝早已备了后手，去"王老吉"化运动正在火爆进行。有广告公司监测数据显示，仅2012年4月加多宝投入的广告费用就高达4亿元。从市场上看，加多宝已经开始在大张旗鼓地进行"去王老吉"运动。加多宝似乎有意通过广告轰炸使"加多宝出品正宗凉茶"深入人心。以此广告语为主题的新广告片被放在央视大力推广。无论是从广告画面还是熟悉的口号旋律，都与当年红罐王老吉脍炙人口的广告如出一辙。

不过，对于竞争惨烈的中国软饮料市场，一个新的品牌想突破重围谈何容易？试想，当你走进超市，发现两个外包装几乎一模一样的红罐饮料，会做何反应？加多宝虽自称是正宗凉茶，然而其品牌影响力毕竟太弱，消费者的第一反应可能还是会循着老牌子去选。一半是火焰，一半是海水，加多宝能否安然度过这段阵痛期，通过二次创业再造一个“王老吉”？

（资料来源：作者整理）

3.实训任务

（1）你认为加多宝公司创业初期选择王老吉品牌是正确的决策吗？为什么？

（2）你认为王老吉品牌是如何建成的？其价值体现在哪些方面？

（3）假如你是一位创业者，在品牌建设过程中应从加多宝公司吸取的最大教训是什么？如何重建加多宝品牌？

4.实训步骤

（1）个人阅读

督促学生针对“实训任务”进行阅读，并在课前完成。针对中国学生的特点，课堂上老师或学生还需再花费 10 ～ 20 分钟对案例学习要点及相关背景进行简单的陈述。

（2）小组讨论与报告（20 ～ 30 分钟）

主要在课堂进行，围绕“实训任务”展开讨论，同时鼓励学生提出新的有价值的问题。要求每个小组将讨论要点或关键词按小组抄写在黑板上的指定位置并进行简要报告，便于课堂互动。小组所报告的内容尽可能是小组所达成共识的内容。

小组讨论与报告

小组名称或编号：________ 组长：________ 报告人：________ 记录人：________

小组成员：________________________________

①小组讨论记录：

发言人1：________________________________

发言人2：________________________________

发言人3：________________________________

发言人4：________________________________

发言人5：________________________________

发言人6：____

发言人7：____

发言人8：____

②小组报告的要点或关键词（小组所达成共识的内容）：

任务1：____

任务2：____

任务3：____

（3）师生互动（30～40 分钟）

主要在课堂进行，老师针对学生的报告与问题进行互动，同时带领学生对关键知识点进行回顾。并追问学生还有哪些问题或困惑，激发学生学习兴趣，使学生自觉地在课后进一步查询相关资料并进行系统的回顾与总结。

（4）课后作业

根据课堂讨论，老师要求每位学生进一步回顾本节所学内容，形成正式的实训报告。建议实训报告以个人课后作业的形式进行，其目的是帮助学生在课堂学习的基础上，进一步巩固核心知识，联系自身实际思考并解决问题，最终形成一个有效或学生自认为最佳的解决方案或行动计划。要求学生在制订方案时应坚持主见，学以致用。实训报告的提纲如下：

案例分析报告模板

加多宝公司创业初期选择王老吉品牌是正确的决策吗？请从品牌使用者战略角度说明理由。

____

____

王老吉品牌的价值体现在哪些方面？

品牌为公司提供价值的项目：____

____

品牌为顾客提供价值的项目：____

____

假如你是一位创业者，在品牌建设过程中应从加多宝公司吸取的最大教训是：________

____

加多宝品牌重建方案建议：

品牌战略：____

品牌定位：____

品牌设计：____

品牌保护：____

品牌传播：____

品牌评估与更新：____

（5）实训成果的考核：根据学生课堂表现和实训报告质量，评定实训成绩

【微课观看】

微课 12：创业公司有必要为品牌而战吗？

参考文献

［1］贝索斯致股东信：永处潜力之初，绝不做 Day 2 公司［EB/OL］. 搜狐网，2017-04-13.

［2］软银孙正义：人类未来 30 年要么数字化要么灭亡［Z］. 网易财经，2014-07-17.

［3］金珞欣，金焕民 . 中国营销正在步入新时代［J］. 销售与市场（管理版），2020（12）：90-98.

［4］加里阿姆斯特朗，菲利普·科特勒 . 市场营销学（原书 12 版）［M］. 赵占波，王紫薇，译 . 北京：机械工业出版社，2016.

［5］米内特·辛德胡特，迈克尔·H. 莫瑞斯，莱特·F. 皮特 . 创业营销：创造未来的顾客［M］. 金晓彤，等译 . 北京：机械工业出版社，2009.

［6］毛蕴诗等 . 中国家电企业的竞争优势：格兰仕的案例研究 . 管理世界，2004（6）：123-133.

［7］张骁，胡丽娜 . 市场导向和创业导向的混合绩效效应研究前沿探析与未来展望［J］. 外国经济与管理，2012（3）：42-56.

［8］戴维·凯利，汤姆·凯利 . 创新自信力［M］. 北京：中信出版社，2014.

［9］王育琨 . 史玉柱：抓住了商业本质［J］. 现代企业文化，2008（7）：22-27.

［10］罗彪，夏李慧 . 从“抄”到“超”：华为创新发展之路［DB/OL］. 中国案例共享中心，2018.

［11］刘学辉，金梅 . 小红书五年发展史：三个阶段的进化与坚守［Z］. 亿欧网，2019-02-26.

［12］姚飞，谢觉萍 . 创业管理：演练、实训与微课［M］.2 版 . 大连：大连理工大学出版社，2018.

［13］杨仁文 . 奈飞：历次提价影响［Z］. 老虎社区，2019-01-16.

［14］远川研究所 . 狠人董明珠［Z］. 新浪网，2020-09-04.

［15］新华社揭露百度医疗广告卷土重来：想方设法忽悠患者［Z］. 搜狐网，2018-05-11.

［16］Hisrich R D，Eland R. Effective Entrepreneurial Management：Strategy，Planning，Risk Management and Organization［M］. Springer International Publishing，2017.

［17］Andreasen AR. Cheap but good marketing research. Homewood，IL Dow-Jones Irwin，1998.

[18] Schindehutte M, Morris M, Pitt L. Rethinking Marketing [M]. Upper Saddle River, NJ: Pearson Education, 2009.

[19] Tarun Pandeya.Entrepreneurial Marketing: Prospects and challenges [J]. Management Edge, 2010, 4(1): 57-65.

[20] Ahmed Shakir Al-Askari. The impact of entrepreneurship and innovation on developing the marketing strategy in business organizations: an analytical study [J]. Journal of Business and Retail Management Research, 2011, 5 (2): 105-117.

[21] Mandla Adonisi, R. van Wyk. The influence of market orientation, flexibility and job satisfaction on corporate entrepreneurship [J]. International Business & Economics Research, 2012, 11 (5): 477-485.

[22] Osiri J K. Entrepreneurial marketing: activating the four p' s of marketing strategy in entrepreneurship [J]. Entrepreneurial Executive, 2013 (18): 1-6.

[23] Alex Maritz, Howard Frederick, Michael Valos. Adiscursive approach to entrepreneurial marketing: Integrating academic and practice theory [J]. Small Enterprise Research, 2009–2010 (17): 74-86.